La guerre des cancres

Bertrand MATOT

La guerre des cancres

Un lycée au cœur de la Résistance et de la collaboration

Ouvrage publié avec le concours
du Centre national du livre

PERRIN
www.editions-perrin.fr

Sauf mention particulière, les documents
proviennent de collections privées.
Table des légendes et crédits p. 367.

ISBN : 978-2-262-03334-7

A Edith
A ma fille Apolline
Aux Invisibles

Préface

L'école de la Résistance

Jusque-là, les lycées me semblaient aussi tristes que les pensionnats, du moins ceux que j'avais connus au début des années soixante. Leur régime de semi-liberté, je le trouvais encore plus difficile à vivre que l'enfermement des pensionnats : au moins, dans les dortoirs et les réfectoires, vous étiez « bouclés », vous deviez prendre votre mal en patience, et cela faisait travailler l'imagination.

Mais après la lecture du livre de Bertrand Matot, j'ai vraiment regretté que mon passage dans un lycée ait si peu compté pour moi. C'est à peine si je me souviens de ceux que j'ai côtoyés dans les classes et les salles d'études, et j'ai oublié le nom de la plupart des professeurs. J'aurais bien voulu qu'il en soit autrement et qu'il m'ait été possible de nouer au lycée les belles amitiés que Bertrand Matot évoque. Il faut dire que ce livre très émouvant est consacré au lycée Jacques-Decour dans la période de l'immédiat avant-guerre et celle de l'Occupation.

La subtilité et le grand mérite de Bertrand Matot, c'est d'avoir choisi ce lycée-là, qui tranche sur les autres établissements parisiens. « Jacques-Decour », qui s'appelait encore « Rollin » pendant l'Occupation, doit en effet sa singularité à son emplacement au nord de Paris, dans une zone composite. Il diffère des grands « collèges » immémoriaux de la rive gauche – Louis-le-Grand, Henri-IV, Saint-Louis ou Sainte-Barbe – qui existaient depuis quelques siècles quand on commença à percer le boulevard Saint-Michel. Le collège Rollin, aujourd'hui lycée Jacques-Decour, lui, se dresse à la lisière de plusieurs mondes : à l'est, Lariboisière et le quartier ténébreux de la Chapelle avec ses voies ferrées ; au sud, le IXe arrondissement des diamantaires et de Paul Léautaud et, à l'époque romantique, des lorettes, des peintres et des musiciens ; vers l'ouest, à quelques centaines de mètres, le cirque Medrano, Pigalle et ses boîtes de nuit ; au nord, la butte Montmartre. Cette situation géographique explique pourquoi dans les années trente et quarante les élèves de Rollin différaient les uns des autres par leurs milieux et même leurs origines et n'étaient pas faits sur le même moule « bourgeois » que ceux de Condorcet, de Carnot et de Janson-de-Sailly. Il y avait, à Rollin, plus d'électricité parisienne dans l'air que dans les autres lycées, et voilà sans doute pourquoi il fut pendant l'Occupation « l'école de la Résistance », que nous dépeint l'auteur de ce livre.

« Une bande de cancres désobéissant à leur milieu et une poignée de professeurs marginaux », écrit Bertrand Matot. Il travaillait lui-même au lycée Jacques-Decour comme assistant d'éducation quand il découvrit en classant des archives quelques caisses en carton remplies de documents qui remontaient aux années quarante. Grâce à ces documents oubliés, il retrace en détail l'histoire de cette bande de cancres qui furent des héros et souvent des martyrs, l'histoire aussi de leurs professeurs « marginaux », dont la figure la plus lumineuse est ce Daniel Decourdemanche dont le lycée porte maintenant le nom qu'il avait choisi pour signer son premier roman à l'âge de 21 ans : Jacques Decour.

Bertrand Matot a eu l'intuition que l'étude détaillée de ce lycée de 1938 à 1945 pouvait rendre encore plus proche à un lecteur d'aujourd'hui l'atmosphère trouble du Paris de l'Occupation. Dans les classes du lycée Rollin se retrouvaient quelquefois aux mêmes pupitres ceux qui furent des héros, d'autres qui ne furent que de bons ou de médiocres élèves, et d'autres qui prirent de mauvaises routes, échouant même en 1945 à Berlin, sous l'uniforme allemand... Et dans les mêmes classes, aussi, de nombreux élèves juifs qui furent déportés, comme Norbert Bernheim dont Matot a réuni quelques lettres poignantes et qui était venu d'Allemagne en 1933 avec sa sœur et ses parents, et habitait au 60 de la rue de Provence.

Parmi ces cancres, je suis ému de retrouver le nom de Jacques-Francis Rolland, dont le père, l'écrivain Louis Francis, était professeur au lycée Rollin. J.-F. R. – comme on l'appelait – a beaucoup compté pour moi au cours de mon adolescence, puisqu'il me recueillait dans sa maison près de Beauvais et me laissait consulter les livres de sa bibliothèque. Lui aussi entra dans la Résistance avec ses camarades de classe Edgar Morin, Joseph Récanati, Claude Dreyfus, et plus tard, avec Roger Vailland qui s'inspira de lui dans son roman *Drôle de jeu* pour le personnage du jeune homme, Rodrigue.

Grâce à son livre, Bertrand Matot m'a fait reprendre le chemin du lycée Jacques-Decour, le « chemin des écoliers » pour employer le titre d'un roman de Marcel Aymé qui se passe dans le quartier. Je n'y étais pas retourné depuis l'époque lointaine où les élèves de Jacques-Decour retrouvaient les filles du lycée Jules-Ferry sur la terrasse du café Bastos, boulevard de Clichy, avant de les emmener un peu plus loin au cinéma Mexico où – selon l'expression courante – des flirts s'ébauchaient dans la pénombre. Ces cancres du début des années soixante ignoraient combien d'autres cancres de leur lycée, vingt ans auparavant, avaient été héroïques devant les tribunaux et les pelotons d'exécution. Ils le sauront désormais s'ils lisent ce livre.

Patrick MODIANO

Avant-propos

Je travaillais au lycée Jacques-Decour à Paris comme assistant d'éducation quand une équipe de télévision est venue faire un reportage. J'en profitai pour classer des archives. Dans une armoire, derrière des manuels informatiques des années quatre-vingt, je suis tombé sur des caisses en carton. Je les ai ouvertes : papiers jaunis, photos sépia, articles de journaux. Il s'agissait de documents oubliés qui remontaient aux années quarante. Totalement bouleversé, je refermai cette boîte de Pandore, bien décidé à l'ouvrir à nouveau le plus vite possible. Ses documents inédits racontaient l'histoire du lycée sous l'Occupation.

A Paris, au cours des années trente, le lycée Rollin fut une « fabrique » d'antifascistes qui inventa la résistance. Une bande de cancres désobéissant à leur milieu et une poignée de professeurs marginaux ou de parents d'élèves, comme Berty Albrecht et Yvonne Le Tac, allaient sauver l'honneur de la France.

La Seconde Guerre mondiale a fortement marqué ce lycée. De jeunes audacieux qui se sont connus sur les bancs de l'école trouvent l'appui de quelques professeurs. Une trentaine d'élèves et quelques enseignants entrent en résistance. En contrepoint, des gamins et des universitaires vont se fourvoyer dans la collaboration.

Au sein de la cité scolaire, des potaches s'illustreront par leur courage et deviendront des héros. L'un des pionniers du combat antinazi, Claude Lalet, fut fusillé avec son ami Guy Môquet. Les autres jeunes martyrs de la résistance sont Olivier Souef, Tony Bloncourt, Karl Schoenhaar, Jean Gay, Gaston Béraud, Clément Roche, Claude Dreyfus, Joseph Récanati, Blaise Réties, André de Craponne, Charles Gélinet. Certains élèves échappent de peu à la mort : Edgar Morin, Jacques-Francis Rolland, Dionys Mascolo, Jean-Claude Levy, Charles Peyre, Jean Rollin, Henri Alleg, Rouben Melik, André Bessière, Freddy Menahem. D'autre part, vingt-sept élèves juifs ne reviendront jamais des camps d'extermination.

Certains enseignants du lycée vont aussi se battre pour la Liberté, au premier rang desquels Daniel Decourdemanche, Jean Baby, René Maublanc, Jean-Toussaint Desanti, Maurice Thiédot, Pierre Angrand.

En 1944, à la Libération, seul le lycée Rollin est débaptisé : il devient le lycée Jacques-Decour, pour honorer la mémoire de Daniel Decourdemanche, dit Jacques Decour, professeur agrégé d'allemand, engagé dans la résistance. Celui-ci est le fondateur des *Lettres françaises* clandestines. Arrêté, il est fusillé par les nazis le 30 mai 1942 au mont Valérien. Les professeurs de l'après-guerre comme Lucie Aubrac, Jean-Pierre Vernant, Edmond Lablénie et Annie Hervé voudront perpétuer l'esprit de la résistance.

L'histoire de la résistance et de la collaboration dans ce lycée, où se côtoyèrent « héros » et « salauds », ressemble à une tragédie grecque, avec ses exploits hors du commun et le destin croisé de ses héros de l'ombre.

1936-1939

LA FORTERESSE ANTIFASCISTE

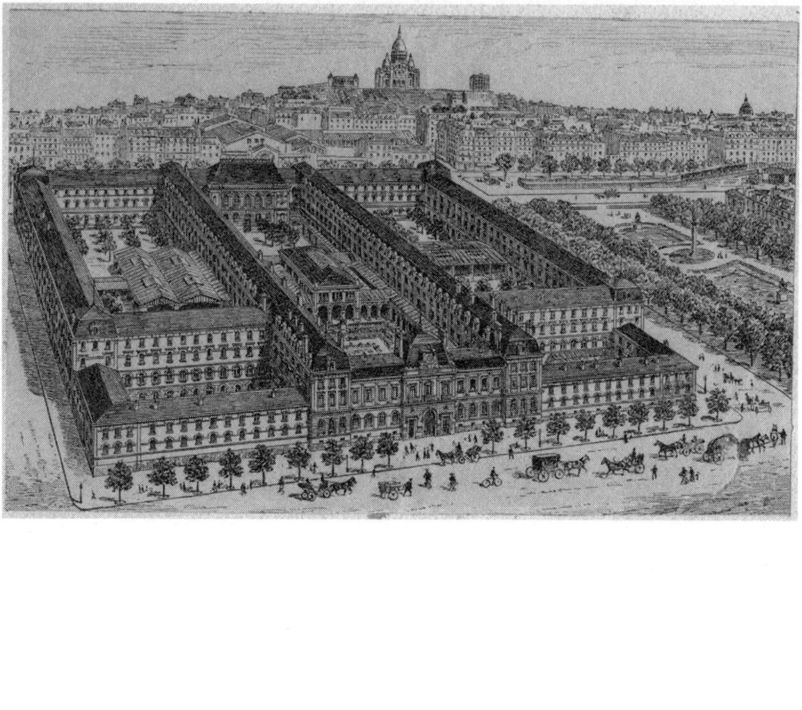

Au cœur du quartier des plaisirs

Année scolaire 1938-1939. Au-dessous de Montmartre, il n'y a pas de monuments historiques à visiter. Pourtant, sur d'anciens terrains vagues d'usines et d'abattoirs se dévoile le quartier le plus chaud de Paris.

De tous les arrondissements de la capitale, le IXe est le plus animé. Partout on y entend les cris des vendeurs de journaux dont les bureaux sont implantés un peu plus bas. La rédaction du quotidien *Le Matin* se situe boulevard Poissonnière, le magazine *L'Illustration*, rue Saint-Georges. Les grands magasins, les banques d'affaires, les compagnies d'assurances ont édifié des immeubles « de prestige » inspirés par les buildings de New York. Diamantaires et bijoutiers ont ouvert aux abords de la rue Lafayette et de la rue de Châteaudun. L'hôtel des ventes de la rue Drouot attire le commerce d'art. Antiquaires, galeries, philatélie prospèrent. Le siège du Grand Orient de France s'est installé rue Cadet. Au 44, rue de la Victoire se dresse l'une des plus grandes synagogues d'Europe. Le 44, rue Le Peletier, carrefour Châteaudun, abrite le siège du Parti communiste, un bâtiment moderne de cinq étages à la façade monumentale. Et puis, en remontant vers la butte Montmartre, le haut du quartier se dresse comme une « usine à plaisir » : cabarets, dancings, bars, bistrots, restaurants poussent comme des champignons. Le boulevard Rochechouart et le boulevard de Clichy, avec son terre-plein central, marquent la limite entre le IXe et le

XVIIIe arrondissement. De Barbès au square d'Anvers, du square d'Anvers à Pigalle, de Pigalle à la place Blanche, ce long boulevard ne comporte que des établissements de spectacles, ouverts surtout la nuit. En face du lycée Rollin, on aperçoit la façade « gâteau à la crème » de l'Elysée-Montmartre, qui cache à la fois une salle de danse et une salle de boxe. Le Trianon Lyrique programme des opérettes. Un peu plus loin, après le bastringue à l'enseigne du Néant, le cabaret Le Ciel et l'enfer est très recherché : on y entre par une grande porte peinte en noire représentant la bouche du diable...

Evidemment, entre la place d'Anvers et la place Blanche, une zone est devenue absolument incontournable : la place Pigalle et ses rues adjacentes, lieu mythique des « petites femmes de Paris ». On y voit une fille alignée tous les mètres, à toute heure du jour ou de la nuit. Les boîtes de nuit s'appellent L'Eve, Le Florida, Le Perroquet. Le Zellys, où les touristes américains s'encanaillent, tandis que les Parisiens préfèrent L'Abbaye de Thélème ou le Rat Mort, plus authentiques. Rue Pigalle, on trouve surtout des cabarets tels le Pigall's, le Savoy, le Monico. Le Château Caucasien accueille les Russes blancs ayant fui la révolution. Partout, les maisons closes ont investi les derniers mètres carrés disponibles. La tournée continue place Blanche devant le bar Le Cyrano et le Moulin Rouge, le plus célèbre cabaret du monde. Rue Victor-Massé, Le Tabarin se veut une autre cathédrale du plaisir où le Tout-Paris organise des fêtes costumées.

Dernière étape de la traversée du quartier, le très sérieux lycée de jeunes filles Jules-Ferry, qui jouxte la place Clichy. Les potaches du lycée Rollin sont irrémédiablement attirés de ce côté-ci. Et puis, au 84, rue de Clichy, les gamins et les petits voyous peuvent disputer une partie de billard dans une salle décorée de boiseries démodées.

Aux alentours, on tombe sur le théâtre Fontaine, rue Fontaine, la Comédie Mondaine rue Lepic, le théâtre

Saint-Georges rue Saint-Georges, le théâtre La Bruyère rue La Bruyère, et le théâtre de l'Atelier, place Dancourt.

Sur les boulevards se concentrent aussi un nombre invraisemblable de cinémas. Les music-halls en perte de vitesse se sont adaptés au goût du jour en installant des écrans géants. De Barbès à Clichy, le travelling est le suivant : le Louxor, le Barbès, la Gaîté-Rochechouart, le Delta, le Palais-Rochechouart qui diffuse les actualités, le Rexy, le Rochechouart, le Coliseum puis le Montmartre-Ciné, La Cigale ; place Pigalle, le cinéma Pigalle. Sur le boulevard de Clichy, le Lynx, le Cinémax, l'Agora. Enfin, place Clichy, le Gaumont-Palace, le « plus grand cinéma du monde », comme le prétend la réclame. Installé par la firme Gaumont sur l'emplacement de l'ancien hippodrome de la place Clichy, le Gaumont-Palace contient 4 000 places. En première partie, des chanteuses réalistes comme Fréhel ou Damia font pleurer le public. L'édifice monumental en granit rose est également le siège du Ciné-Journal. La vingtaine de salles obscures attirent comme un aimant les cancres qui sèchent l'école, et la ménagerie du cirque Medrano est un spectacle fabuleux pour les enfants. Le soir, les éléphants sortent se promener dans les rues étroites. Au début du siècle, Picasso, Max Jacob, Apollinaire, assistaient régulièrement aux représentations.

Plusieurs fois par an, les jours de fête, les boulevards Clichy et Rochechouart accueillent une foire où s'alignent toutes les baraques foraines. Manèges, marchands de gaufres, loteries, astrologues, magiciens, cracheurs de feu, femmes à barbe, tirs à l'arc, tirs au fusil, et baraques de boxeurs avec les cris correspondants : « Aux luttes, aux luttes, aux luttes » et les appels aux amateurs : « Avec qui voulez-vous lutter ? » Jacques Brillot, qui usa ses fonds de culotte au lycée Rollin de 1935 à 1939, se souvient du lutteur de foire sur le boulevard devant le square faisant la quête une demi-heure pour moins de cinq minutes de démonstration de force. « Nous regardions béats après la sortie de 16 heures ou 16 heures 30, moment de la distribution en libre-service de petits pains pour les demi-pensionnaires qui restaient à l'étude[1]. »

Jean-Louis Blum, le copain de Jacques Brillot, précise : « La fête s'installait avec ses manèges, sa chenille, son balancing-boat, ses autos tamponneuses. Cela sentait le graillon… Sur le terre-plein du boulevard, on voyait un haltérophile au maillot de corps noir, le poignet muni d'un bracelet de cuir. Il rameutait les badauds, raillait leur radinerie : "Allez : dix sous à droite, et dix sous à gauche, non mais voyez-les tous ! Ils sont constipés du porte-monnaie. Pas étonnant, ils préfèrent garder leur oseille, pour le gros numéro du 106, boulevard de la Chapelle, où ils vont lancer leur torpille !" Le lutteur de foire faisait allusion à l'adresse connue d'une maison close[2]. »

Pour accéder à la Butte sacrée, les moyens de communication avec les autres quartiers ne manquent pas. A Barbès, le métro aérien s'enfonce sous terre et débouche à la station Anvers à quelques mètres du lycée Rollin. Sur les murs du tunnel, se succèdent les affiches publicitaires « Dubo-Dubon-Dubonnet ». Plusieurs lignes d'autobus passent à proximité. La gare du Nord et la gare de l'Est, toutes proches, déversent chaque matin leurs milliers de banlieusards.

Situation étrange : alors que les boulevards conduisent vers les lieux de débauche, un monde interlope, le quartier Rochechouart reste parsemé d'îlots résidentiels, tranquilles et bourgeois. Ainsi le square d'Anvers, au centre de la place limitrophe du lycée Rollin, offre un peu de verdure, et les statues de Sedaine, de Diderot et de la Paix armée haute de 8 mètres accueillent parents et enfants en mal d'air pur. Le kiosque à musique, typiquement Napo-

1. Entretien avec l'auteur, octobre 2008.
2. *Ibid.*, août 2009.

léon III, donne même au jardin un aspect provincial. En levant la tête, les badauds aperçoivent le Sacré-Cœur perché sur la butte. Parfois, un aveugle joue de l'accordéon ou de l'orgue de Barbarie. Seule fausse note de cette carte postale : parfois, un type bizarre à l'allure négligée arrête les écoliers en leur proposant des photos de femmes nues.

En contrebas, l'avenue Trudaine, avec ses larges trottoirs plantés d'arbres, son terre-plein central de gazon et de fleurs, fait la joie des bambins. Un vendeur de bonbons dans sa baraque, le père Coco, propose réglisse, Zan et roudoudous. La façade du lycée Rollin, austère et majestueuse, s'impose au numéro 12. Au 15 habite l'acteur français le plus populaire de son temps, Fernandel, que les collégiens tentent désespérément d'apercevoir. Pas loin, l'auteur dramatique Jean Anouilh s'est installé pour être au plus près du théâtre de l'Atelier. Une librairie-papeterie, située au 23, fournit aux potaches ce dont ils auront besoin pour étudier. Au 28 et au 30, les restaurants désuets, L'Ane Rouge et l'Auberge du Clou vivotent tant bien que mal alors qu'à la Belle Epoque, Verlaine, Courteline, Toulouse-Lautrec, Claude Debussy y dînaient régulièrement. Aux numéros 37-39 se dresse l'Ecole commerciale de Paris, édifiée sous le patronage de la Chambre de commerce. L'établissement, qui compte près de 1 000 élèves en 1939, est destiné à former des employés de banque et de commerce. Rue Bochart-de-Saron, perpendiculaire au lycée Rollin, a habité le chanteur Maurice Chevalier.

Mais en réalité, le bas Montmartre se défait peu à peu de sa magie. La vie de bohème n'existe plus, même si on s'amuse et s'enivre encore. Dans les bistrots, l'écrivain Marcel Aymé retrouve le docteur Destouches, dit Louis-Ferdinand Céline, et toute une bande de joyeux fêtards. Dans sa nouvelle *Avenue Junot,* Marcel Aymé immortalisera l'atelier du peintre Gen Paul où toute une faune bizarre se donnait rendez-vous : « Parmi les familiers de la maison comme Daragnès, Villebœuf, Le Vigan, Ralph Soupault, Fauchois, Louis Francis (professeur au lycée Rollin), Max Revol, Bourdat, Chervin, Jean Perrot, Boquillard, des visiteurs plus rares s'entassaient dans le boudoir, entre autres des hommes qui avaient des parapluies ou des têtes de cette forme curieuse qu'on voit aux gens de la rive gauche[1]. »

Le pape du surréalisme André Breton, qui s'est transporté rue Fontaine, continue de tenir ses conclaves au café Cyrano, près du Moulin-Rouge ou au café des Oiseaux en face du bahut. Le poète Paul Eluard n'avait-il pas créé la revue *Proverbe* rue Ordener ?...

Depuis longtemps déjà, le quartier Rochechouart a perdu de son prestige. La rue des Martyrs, avec son marché, fait figure d'artère bruyante. La population du bas du XVIIIe arrondissement est composée d'artisans, de petits commerçants, d'employés. Dans le haut du IXe arrondissement réside une bourgeoisie déclassée, fonctionnaires, médecins, avocats.

A mi-chemin de la bourgeoisie et du prolétariat, le quartier est devenu une sorte de no man's land, une zone indécise. François Truffaut, inscrit en 1938 dès l'âge de six ans à la petite école du collège Rollin, n'oubliera jamais les rues bigarrées de son enfance : « J'habitais au croisement de la rue Henri-Monnier et de la rue Frochot, à Pigalle. Il y avait des musiciens dans la rue avec lesquels je jouais en rentrant de l'école. Il y avait aussi du sang, des coups de feu, des règlements de comptes, beaucoup d'histoires passionnelles[2]. »

A cette époque, les prostituées sont 8 000 à proposer leurs charmes sur le trottoir parisien, 1 500 travaillent dans les maisons closes, sans compter les clandestines

1. Marcel Aymé, *En arrière*, Gallimard, 1950.

2. *Le Cinéma selon François Truffaut*, textes réunis par Anne Gillain, Flammarion, 1988.

ou les occasionnelles. L'arrondissement est connu pour l'abondance de ses bordels. Le 50, rue Saint-Georges, Chez Marguerite, abrite un magnifique immeuble Art déco où de nombreux fils à papa viennent se déniaiser. Au 10, rue des Martyrs est mort de plaisir un président du Sénat. Au 9, rue Navarin, derrière une maison qui ressemble à une église gothique, se cache un boxon sadomasochiste. Les hôtels de passe sont si nombreux qu'il est impossible de les recenser.

Si Pigalle incarne à tout jamais le quartier des plaisirs, il demeure la plaque tournante du trafic de drogue provenant de Marseille. Depuis la crise économique de 1929, le proxénétisme rapporte de moins en moins, et la pègre se tourne désormais vers le trafic de stupéfiants. Les premières victimes sont les filles qui s'adonnent à la coco dans les boîtes de nuit ou dans les arrière-salles des cafés miteux. On trouve les sachets de cocaïne et d'héroïne fixés avec des punaises sous les lavabos ou dans les cabines téléphoniques. Tauliers, portiers de nuit, barmen, musiciens, chanteurs, entraîneuses, effeuilleuses, dames pipi, tous participent au commerce de la « reniflette ». Milieu corse et milieu marseillais se partagent le territoire, entre le Pigall's, le Rat Mort, le Monico, et le Tahiti. Un des bars les plus dangereux demeure La Boule Noire, au 120, boulevard de Rochechouart, dont la clientèle est composée de séduisants messieurs habillés avec soin, portant le fameux borsalino, le chapeau à large bande de tissu. Les scandales politiques, à la une des journaux, ont alors bien souvent pour décor les clubs tenus par les malfrats.

Le peuple des dancings est surtout composé de touristes américains, anglais et provinciaux, auxquels s'ajoutent militaires en permission, jeunes en mal de vivre, hommes et femmes mûrs à la recherche de la jeunesse, gigolos, danseuses, garçonnes, travestis, ivrognes et toxicomanes.

Le peuple du jour, celui qui se lève tôt, est très différent. Presque un tiers des habitants sont d'origine étrangère : Polonais, Ukrainiens, Russes, Roumains, Arméniens, Nord-Africains, Kabyles, surtout. Parmi les réfugiés, la communauté juive d'Europe centrale demeure la plus importante. Paris apparaît ainsi comme une « nouvelle Jérusalem ». Conséquence du démantèlement de l'Empire ottoman, les négociants judéo-espagnols de Turquie et de Grèce s'établissent au faubourg Montmartre. Tailleurs, fourreurs, marchands de tissu créent le marché Saint-Pierre au bas du Sacré-Cœur à quelques mètres du lycée Rollin. Les juifs allemands commencent à arriver depuis 1933.

A l'abri de ces tumultes, accroché sur le flanc de la butte Montmartre, l'établissement se dresse comme une forteresse, un sanctuaire...

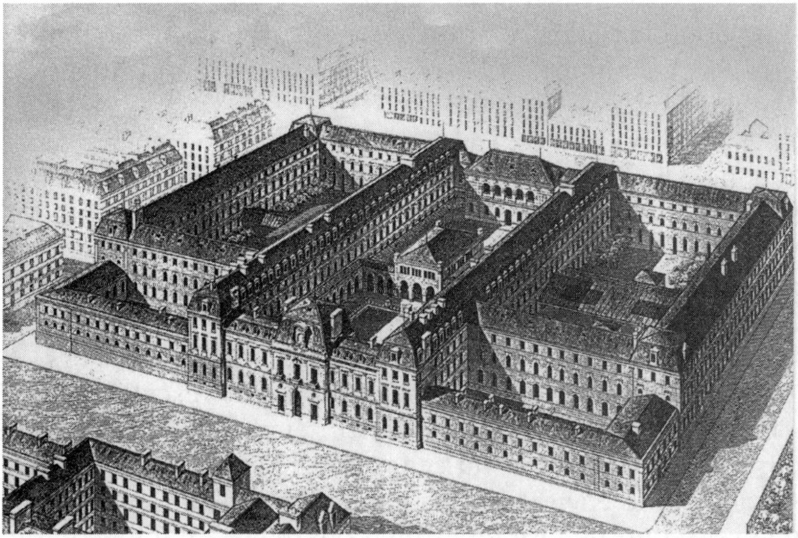

Le lycée-caserne

L'animation du boulevard longeant le lycée Rollin n'est pas de nature à favoriser le recueillement nécessaire aux études. Les murs sont heureusement assez épais pour que les échos de cette animation n'y parviennent que très assourdis.

Les bâtiments, séparés des immeubles environnants par les artères qui les entourent, forment un quadrilatère vaste et régulier, délimité au nord par le boulevard Rochechouart, à l'est par le square d'Anvers, au sud par l'avenue Trudaine, à l'ouest par la rue Bochart-de-Saron. A l'exception de la façade nord et d'une portion de la façade ouest, l'immeuble est inondé de soleil soit le matin, soit à midi, soit le soir. Les bruits du dehors ne constituent pas une gêne notable : la circulation n'est intense que sur le boulevard Rochechouart, et les salles de classes sont munies de doubles fenêtres.

Passé le porche de l'avenue Trudaine, on pénètre dans la cour d'honneur, où la statue en bronze de Charles Rollin (janséniste exclu de l'université en 1720, déjà un « rebelle ») domine le jardin entouré de sa galerie à colonnes. Le grand parloir, à droite, est occupé par le Cercle des professeurs. A gauche, en entrant, la salle d'attente sert de lieu de rencontre entre parents et professeurs. A gauche de la cour d'honneur, on aperçoit l'escalier dit de « l'administration ». Au premier étage se situent les bureaux du proviseur, du censeur et le secrétariat général. Au deuxième étage de l'escalier réservé à l'administration, une porte qui ne ferme pas bien ouvre sur un long couloir étroit menant à la bibliothèque générale. Des rayonnages de livres s'étendent à perte de vue. La vieille maison aurait accumulé ici 30 000 ouvrages. Quant aux élèves, ils doivent emprunter un autre escalier pour accéder aux salles de classe du premier étage. En avançant dans un couloir mal éclairé, les enfants passent devant les salles de langues. Au fond du couloir, on atteint le quartier des sciences naturelles. Dans une grande pièce fermée à clé s'entasse la collection d'histoire naturelle. Fossiles, minéraux, coquillages sont stockés sur des étagères. Dans une vingtaine de tiroirs sont déposées des plantes séchées. Oiseaux, reptiles et mammifères empaillés s'alignent dans des armoires vitrées. Un moulage en papier mâché d'un buste de chimpanzé semble vous observer. Certaines vitrines ferment mal car le bois a joué. D'autres, trop déformées, refusent de s'ouvrir. Le plus spectaculaire est l'écorché en carton bouilli, un homme grandeur nature posé sur son socle ! En redescendant vers les bureaux de l'administration, en tournant à gauche, on accède aux classes d'histoire, tandis qu'à droite un autre escalier conduit à l'infirmerie et aux salles d'examens du deuxième étage. Les salles d'histoire dominent les deux cours du collège des petits avec un préau qui menace de s'écrouler à tout moment. Au troisième étage, sous les combles, ce sont les salles de dessin et leurs collections de copies d'antiques, bustes, statues en plâtre. Depuis la cour d'honneur, en prenant à droite, on aboutit à la cour de l'intendance, où se trouvent l'économat et les cuisines. On passe ensuite devant la cantine, qui a besoin d'être modernisée et située trop loin de la cuisine – les plats doivent être transportés du sous-sol par voitures chauffantes. En continuant sur la droite de la cour d'honneur, on remarque l'atelier de menuiserie et la grande salle de gymnastique, avant d'arriver dans la cour du lycée et des classes préparatoires. Au premier étage, c'est le monde de la physique, peuplé d'innombrables instruments scientifiques à la Jules Verne. Une imposante lunette astronomique occupe le laboratoire. Au fond de l'établissement s'élève le dernier bâtiment. A l'intérieur, la salle des fêtes sert à la remise des prix ou peut être transformée en théâtre de 300 places. Au premier étage, une chapelle à structure métallique est laissée à l'abandon : l'administration laïque pense en faire un musée.

Les bâtiments ont été conçus, à l'origine, pour recevoir 300 élèves internes. Bien que la suppression de l'internat en 1920 ait permis d'augmenter le nombre de salles de classe, les locaux sont loin de répondre à tous les besoins d'une population scolaire composée de 1 959 élèves en 1939. Les mêmes pièces servent à la fois de salle de classe et d'étude. Les quatre cours, conçues pour accueillir chacune une centaine d'élèves, en reçoivent chacune près de 500 au moment des récréations. Les trois salles d'éducation physique sont nettement insuffisantes, et c'est sous les galeries de la cour d'honneur qu'une partie des exercices physiques doivent se dérouler.

L'écrivain Jacques Madaule, agrégé d'histoire, dressera un portrait étonnant du lycée Rollin : « Un énorme bâtiment gris, plutôt noir, géométrique comme un camp romain, assis au pied de Montmartre, austère et triste, serré à jamais entre quatre rues : c'est le lycée Rollin. Mais à l'intérieur règne ce à quoi l'on s'attend le moins, une certaine chaleur humaine. La salle des professeurs, à droite en entrant, est accueillante. On y voit des tables de bridge et, dans un coin, d'acharnés joueurs de trictrac. On y parle aussi des événements. Fin janvier 1933 un de mes collègues me dit : « Ça ne va pas, n'est-ce pas ? — Non, certes, Hitler vient d'être nommé chancelier d'Allemagne. — Ah ! mais ce n'est pas de ça que je voulais parler ! Je pensais à ce ministère que Paul Boncour ne parvient pas à former[1]. »

Le proviseur et une bonne partie du personnel habitent dans le lycée même. Personnage original, Emile Brucker, proviseur à Rollin de 1921 à 1937, en subit les conséquences : certaines pièces de l'établissement ont été transformées en chambres louées à des étudiants. Or, ces garçons descendent par la gouttière sur le toit de la galerie qui entoure la cour d'honneur. De là, ils atteignent le balcon de l'appartement du proviseur et font la cour à sa fille ! Le vieux père infortuné a demandé à l'Etat d'y mettre bon ordre sans tarder et fait placer une grille menaçante devant le balcon. Mais cette mesure est vaine, et les étudiants continuent leurs prouesses... Plus sérieusement, le proviseur a bien conscience de l'agitation politique qui se déroule dans son établissement et établit des rapports annuels détaillés. Dès 1930, il note : « L'esprit des élèves du lycée Rollin est toujours le même et les traditions de discipline y sont bonnes. Toutefois, l'arrivée dans les classes supérieures des élèves de la génération née pendant la guerre [1914-1918] y rend les précautions plus nécessaires. »

1. Jacques Madaule, *L'Absent*, Gallimard, 1973.

En 1931, il remarque : « Une récente tentative des Camelots du Roi pour faire de la propagande parmi nos élèves, nous a causé quelque souci pendant plusieurs jours, mais n'a définitivement donné aucun résultat. » En 1934, le proviseur indique : « Il serait vain de méconnaître que les événements récents ont produit dans les jeunes esprits quelque excitation ; c'est une période qui exige beaucoup de vigilance. » Puis en 1936 : « Les seuls incidents qui vaillent d'être rappelés ont été motivés par l'activité politique de quelques élèves. L'application des instructions ministérielles a amené quelques départs qui ont rétabli le calme, car cette agitation était due à l'inexpérience de jeunes naïfs surexcités par quelques meneurs, dont l'activité trouvait elle-même en général ses inspirations dans leur famille. »

Enfin, en 1937, dans son dernier rapport, Emile Brucker affirme : « La situation morale a été bonne et aucune affaire n'a été soumise au Conseil de Discipline. L'agitation politique également est restée latente. Notre méthode disciplinaire a encore cette année fait ses preuves[1]. »... Croit-il !

1. Archives lycée Jacques-Decour, Paris.

Les potaches de l'avant-guerre

Au cours des années trente, « les jeunes » sont devenus un enjeu essentiel pour les partis politiques. Les organisations de jeunesse, confessionnelles ou politiques, se développent rapidement. Les Jeunesses hitlériennes, les *ballilas* de Mussolini ou les *Komsomols* de Staline hantent tous les esprits. En France, les adolescents jouent un rôle primordial pour les ligues nationalistes et d'extrême droite. Les Jeunesses patriotes, les Camelots du roi, les Croix-de-Feu ou les Volontaires nationaux concurrencent les Etudiants socialistes ou les Jeunesses communistes.

Le lycée Rollin rassemble une pépinière de gamins ultra-politisés. Une minorité se revendique royaliste, nationaliste, fasciste. Mais la majorité s'oriente à gauche, divisée entre antifascistes, pacifistes, trotskistes ou pro-Staline. Les salles de classes sont devenues des forums où s'affrontent les opinions les plus diverses. Des élèves influencés par leurs maîtres singent les personnages d'Homère : certains d'entre eux se révéleront bientôt des héros véritables. Qui sont-ils alors ?

Au lycée, l'élève Léopold Vitorge évoquera un drôle d'épisode se déroulant en 1934 : « Poccardi était en costume-cravate, les cheveux gominés. Son père possédait un restaurant réputé sur le boulevard des Italiens. J'ai commencé par avoir de bonnes relations avec ce garçon qui m'invitait parfois à monter dans la Rolls, avec chauffeur, l'amenant à l'école tous les matins, pour me ramener chez moi. Assis à l'arrière de la voiture, nous étions séparés du conducteur à la casquette bleu marine par une vitre, mais pouvions converser avec lui en utilisant un cornet pendu, à notre portée, à l'extrémité d'un tuyau souple gainé de passementerie. Ce qui me paraissait le plus luxueux dans cet équipage, c'étaient les petits vases en cristal fixés par des bagues ouvragées en laiton portant toujours quelques fleurs fraîches. Mes bonnes relations avec le fils Poccardi s'interrompirent brutalement quand il apprit le passé révolutionnaire de mon père. Nous nous fâchâmes quand il me traita de communard, adjectif qui n'avait rien d'élogieux dans sa bouche, alors que dans ma famille, il était tenu pour un titre de gloire. Pensez donc, Lénine lui-même reposait encore, sur la place Rouge, dans les plis d'un drapeau de la Commune[1] ! »

1. Archives privées, 13 mai 1994.

Autre élève surprenant, André Essel au sourire gouailleur, donne l'impression de vouloir défier le monde entier, et fait les quatre cents coups au lycée de 1930 à 1935. Incapable de se soumettre à la discipline, irrespectueux envers ses professeurs, il écrira dans ses Mémoires : « Avenue Trudaine, bordé par le square d'Anvers et le boulevard Rochechouart, mon lycée avait déjà l'aspect sinistre qui le distinguait peu d'une prison. Une vie intense y régnait. Elle résultait sans doute du mélange des populations qui le fréquentaient, fils de bourgeois ou de professions libérales du IXe, de petits commerçants et d'artisans du XVIIIe, des banlieusards des gares du Nord et de l'Est. C'était probablement le seul établissement secondaire de Paris où, parmi les élèves des grandes classes, ceux qui s'affirmaient "de gauche" constituaient une minorité appréciable[1]. » Devenu un véritable mouton noir, André Essel sent que la politique envahit tout : « Les professeurs se sentaient dépassés. Peu de sujets, qu'ils soient de littérature, d'histoire ou de géographie, pouvaient être abordés sans déchaîner des polémiques ou des coup de poing. Quant aux classes "neutres", telles celles de maths ou de physique, elles subissaient les remous des disputes engagées durant les heures précédentes. » André Essel ajoute : « Je me rappelle qu'en première, il y avait une heure de musique obligatoire par semaine. Dès le début du cours, on commençait à s'engueuler, gauche contre droite. Au bout de dix minutes, on grimpait sur les tables, c'était la bagarre générale. Epouvanté, le prof courait chercher le proviseur, qui arrivait, et nous trouvait tous échevelés, les uns par terre, les autres brandissant ce qu'ils avaient à la main. Et il nous disait : "Quand on pense que la musique adoucit les mœurs[2]"... » Sous l'influence d'un copain de première, le jeune Essel adhère

1. André Essel, *Je voulais changer le monde : mémoires*, Stock, 1985.
2. Jean Birnbaum, *Leur jeunesse et la nôtre*, Stock, 2005.

aux Etudiants socialistes, puis aux Jeunesses socialistes influencées par le trotskisme. Son père, propriétaire d'une petite boutique de lingerie, est furieux et le menace de lui couper les vivres s'il continue à faire de la politique. Son fils refuse d'obéir et décide alors de gagner sa vie : l'adolescent révolté abandonne ses études à l'âge de 16 ans.

Dionys Mascolo est un garçon flamboyant, et, au dire de Marguerite Duras, « Beau comme un dieu ». De son vrai prénom Dionysos, né le 11 février 1916 à Saint-Gratien, il est élève au lycée Rollin de 1932 à 1936, jusqu'en classe de philosophie. Il a deux frères inscrits au lycée, Helios, de 1933 à 1938, jusqu'en troisième, et Endymion de 1936 à 1938, jusqu'en neuvième. Le père de Dionys, Salvatore Mascolo de Filippis, immigré italien, est un personnage fantasque, amoureux fou de la Grèce, qui donne à ses six enfants des prénoms antiques. A sa mort dans un accident de la route, en 1932, Dionys devient le chef de famille. Sur le bulletin scolaire de Dionys de l'année 1931-1932, il est noté : « Se laisse aller à l'indiscipline et au mauvais esprit. Ne pourra se maintenir au lycée que s'il s'amende sérieusement. » Lui et ses frères sont souvent punis. « Bavardage incessant, Mauvaise tenue, Retards » sont les principaux griefs retenus. Mascolo est renvoyé du lycée le 20 avril 1936. « Je me sentais dans un état de révolte généralisée. Mon héros était Saint-Just », avouera-t-il plus tard. Il se cherche intellectuellement et politiquement.

Yvonne Le Tac, Bretonne de Montmartre, a inscrit son fils Joël à Rollin en 1934. Sur son dossier scolaire de première, il est noté dans la case Observations : « Participe bagarre politique *(sic)* ». En 1936, l'année du bac, le proviseur signale : « Provocation au désordre en gymnastique, mauvaise tenue, mauvaise conduite ». Membre des Etudiants socialistes, à la sortie du lycée, il se bat contre les Camelots du roi, les militants d'extrême droite de Charles Maurras. Yvonne Le Tac, directrice d'école, ne critique pas les positions politiques de son fils. Bien au contraire, elle admire Léon Blum et a les mêmes valeurs que ses enfants. En 1936, Joël participe au service d'ordre du Vél d'Hiv pour fêter l'avènement du gouvernement du Front populaire.

Yves Jouffa, dont le père a fui l'Ukraine pour échapper aux pogroms, effectue sa scolarité à Rollin de 1932 à 1938. Dès l'âge de 16 ans, il adhère aux Jeunesses socialistes. Au printemps 1936, alors que la fête du Front populaire bat son plein, il photographiera son bahut et ses copains dans la cour de récréation. En 1937, le garçon s'engage dans le courant « gauche révolutionnaire » qui domine la fédération socialiste de Paris. Sur son dossier scolaire, il est indiqué : « Mauvaise tenue, attitude déplacée. » En 1938, l'année de son bachot, l'élève idéaliste prend de plus en plus de responsabilités auprès des Etudiants socialistes.

Sur les photos de classe, Claude Lalet apparaît toujours élégant. C'est un séducteur. Ses copains savent qu'il est passionné par la politique, surtout depuis l'arrivée au pouvoir du Front populaire. Elève du lycée Rollin de 1930 à 1938, de la sixième A2 à la philosophie 1, il se montre rebelle, et est souvent en retenue. En 1937-1938, dans les cours communs, ce futur responsable des Etudiants communistes (EC) se retrouve sur les mêmes bancs que Michel Courage, futur chef des étudiants du Rassemblement national populaire (RNP) de Marcel Déat, parti collaborationniste. Tandis que Lalet est un « élève dissipé », Courage reçoit le prix d'excellence en philosophie. D'ailleurs, Legaret, le professeur de philosophie, signale que le jeune Lalet : « interpelle grossièrement un camarade ». Daniel Decourdemanche, qui commence à être connu comme écrivain sous le nom de Jacques Decour, est son professeur d'allemand. Sa classe est ouverte à la vie, à l'actualité.

Tony Bloncourt, lui, a une démarche de cow-boy. Il est très brun, la peau mate. En 1938, le jeune homme quitte les Antilles et vient à Paris pour y poursuivre ses études. Un de ses ancêtres, Melleville-Bloncourt, député de la Guadeloupe, fut un intellectuel engagé de son temps, un combattant de la Commune de Paris, condamné à mort et exilé. Les parents de Tony sont des enseignants guadeloupéens installés en Haïti. Son père, qui a combattu en 1914-1918, en est revenu grièvement blessé. Son oncle, Elie Bloncourt, aveugle de guerre, professeur de lettres au lycée Rollin en 1925-1926, est devenu député socialiste de l'Aisne. Sa tante Yolande inscrit le jeune Tony à Rollin en première A2. Sur son dossier scolaire, les professeurs se plaignent de son attitude : « Quitte le cours sans autorisation. Bavardage persistant. »

Aussi blond que Tony est brun, Karl Schoenhaar représente auprès de ses camarades l'archétype de l'Allemand. Il est né le 20 novembre 1924 à Hedelflingen et son père, député communiste, fut un dirigeant du Secours rouge chargé de l'impression de la littérature antifasciste, devenue illégale après la prise du pouvoir par Hitler. L'opposant au régime a été abattu par la Gestapo. Sa mère, d'origine suisse, emmène son fils à Lausanne, où ils seront en sécurité. Mais ayant épousé un Allemand, elle perd sa nationalité helvétique. Menacée d'être extradée vers le Reich, elle se réfugie alors à Paris. Karl, que ses amis appellent Carlo, entre au lycée en cinquième B2 en 1937-1938. Sur sa demande d'inscription, à « Renseignements sur les études antérieures et observations diverses » il est écrit : « Etudes primaires à l'Ecole de Lausanne. 2 ans à l'Ecole nouvelle à Paris. Référent : M. Jean Baby professeur au lycée Rollin. » Jean Baby n'est pas un inconnu. Cet agrégé d'histoire est l'une des figures du Parti communiste. Membre du Comité de vigilance des intellectuels antifascistes, il aide discrètement à Paris les familles allemandes fuyant le nazisme. Carlo, traumatisé par l'assassinat de son père, a grandi trop vite. En avance sur son âge, il fréquente surtout des étudiants. En 1938-

1939, Carlo, en quatrième B2, parle couramment le français. Néanmoins le professeur de français Chassagnol note sur son bulletin : « Se tient mal en classe. »

Edgar Nahoum, qui prendra le nom d'Edgar Morin pendant la guerre, est né à Paris le 8 juillet 1921. Descendant d'une famille juive de Salonique, fils unique, le jeune garçon est élève au lycée Rollin de 1927 à 1939. En classe de huitième, il écrit sur un cahier d'écolier un roman intitulé *L'Amour du bandit*. L'institutrice demande à le lire et le lui rend sans commentaires. Très fier, il apparaîtra désormais comme le romancier de sa classe. Ce même jour, son oncle et sa tante l'attendent à la sortie du lycée : sa mère vient de mourir. Il n'a que 9 ans. Son père croit le ménager en l'excluant de l'enterrement. Dans *Vidal et les siens*, Edgar Morin écrira à propos de lui-même : « Après la mort de sa mère, il voulut retrouver ses copains dans la triste caserne, bien qu'il s'y ennuyât à mourir pendant la longue heure qui sépare le repas au réfectoire de la classe de 14 heures. Tous les déménagements ultérieurs l'en éloigneront, mais il restera au lycée Rollin, devenu enveloppe protectrice, où, en dépit des brutalités, des indifférences, des moments de solitude, il trouvera de la chaleur auprès de petits camarades[1]. »

Dans son célèbre livre *Autocritique*, Edgar Morin se confiera : « Nous étions quelques-uns en contestation avec notre famille, et cette contestation se métamorphosait déjà en contestation de la société, en attitudes révolutionnaires, communistes ou anarchistes[2]. » Et il déclare dans *Mes démons* : « La politique fit irruption dans notre classe de cinquième en février 1934. Nous avions treize ans. Il y avait des remous dans la cour de récré où les lycéens reflétaient et transmettaient les réactions de leurs parents.

1. Edgar Morin, *Vidal et les siens*, Seuil, 1989.
2. Edgar Morin, *Autocritique*, Julliard, 1959, rééd. Points Essais, 1994.

Certains portèrent des insignes à la boutonnière, faucille et marteau communistes, trois flèches socialistes, fleur de lys royaliste[1]. » En classe de philosophie, celui qui s'appelle encore Edgar Nahoum n'est guère passionné, en raison du « discours ennuyeux du professeur de notre classe, alors que Ferdinand Alquié, dans la classe voisine, suscitait des éveils philosophiques[2] », avouera-t-il plus tard.

Son dossier scolaire n'est pas fameux : le professeur de gymnastique, Dieffenthaler, y écrit même : « Désobéissance dangereuse. » Tout un programme !

Jacques-Francis Rolland fait ses études secondaires à Rollin de 1933 à 1939. Il est le fils de l'écrivain Louis-Francis Rolland, dit « Louis Francis », professeur de lettres du lycée. « J'avais eu moi-même une jeunesse montmartroise ; mes parents habitaient rue Becquerel, derrière le Sacré-Cœur, dans le prolongement de la rue Saint-Vincent où la vigne replantée quelques années avant la guerre faisait face au Lapin Agile[3]. » La famille fréquente la bande de Marcel Aymé. Jacques-Francis racontera plus tard cette avant-guerre : « Même amortis, le bruit et la fureur troublaient la cour du lycée où s'affrontaient, parfois physiquement, les militants en herbe, des communistes aux Jeunesses patriotiques[4]. » Sur son dossier scolaire de 1938, le surveillant général écrit à son propos : « Quitte le lycée sans autorisation. »

Dans le prologue de son roman, *La Chute de Barcelone*, dédié à la mémoire de Claude Dreyfus, son copain du lycée mort en déportation, Rolland transposera ses souvenirs d'adolescent. « C'est la sortie du lycée Rollin, un

1. Edgar Morin, *Mes démons*, Stock, 1994.
2. *Ibid*.
3. Jacques-Francis Rolland, « Vailland le clandestin », *Le Nouvel Adam*, mars 1969.
4. Jacques-Francis Rolland, *Arguments pour une méthode*, Colloque de Cerisy, Seuil, 1990.

jour de janvier 1939. Trois élèves de première, Edmond Beressi, Serge Roy, Claude Saint-Brice, marchent côte à côte dans la cohue, essayant de ne pas se perdre. [...] Quand il franchit le seuil, Delsenne, le chef des Jeunesses patriotes, l'interpelle après l'avoir aperçu dans l'ombre ; il est entouré de sa bande. "V'là le dynamitero, viens, ne te cache pas." Il lève le poing et dit "*No pasaran*" au milieu d'éclats de rires serviles. Edmond Beressi et Serge Roy essaient de retenir leur ami, mais Saint-Brice se dégage pour courir sur Delsenne qui se met en garde, empêtré dans son ciré noir, et la mêlée s'engage. Mais l'arrivée du surveillant général, hurlant dans sa barbe noire, disperse la bagarre. Les Jeunesses patriotes s'enfuient vers l'avenue Trudaine en s'esclaffant et en criant "*Arriba Espana*[1]" ». Le personnage d'Edmond Beressi n'est autre qu'Edgar Morin, Serge Roy Jacques-Francis Rolland et Claude Saint-Brice Claude Dreyfus.

Petit, rouquin, Henri Alleg est une forte tête, selon Edgar Morin. Né Harry Salem le 20 juillet 1921, à Londres, il est le petit-fils de juifs d'origine russe et polonaise émigrés en Angleterre. Ses parents ont émigré, à leur tour, en France. Alleg obtient une bourse de demi-pensionnaire pour le lycée Rollin. Il restera sur ses bancs de 1932 à 1938. Dans *Mémoire algérienne*, il raconte : « Dès la quatrième, les élèves se répartissaient vaguement en droite et gauche [...]. En troisième, les positions étaient plus claires [...]. Je savais par exemple que Claude Lalet, qui était dans une classe supérieure à la mienne, se disait communiste. Il devait mourir à Châteaubriant, fusillé en même temps que d'autres, parmi lesquels Guy Môquet. Claude Dreyfus, mon condisciple jusqu'en seconde, avait rejoint en même temps que moi le mouvement Amsterdam-Pleyel. » (Un jour, vers 14 ans, alors qu'il porte l'insigne d'Amsterdam-

1. Jacques-Francis Rolland, *La Chute de Barcelone*, Gallimard, 1952.

Pleyel au revers de sa veste et se promène devant le théâtre Saint-Martin, un adulte lui arrachera son insigne.) Edgar Morin, « mon meilleur copain » de l'époque, qui n'adhérait à aucune organisation, vibrait comme moi à l'évocation de toutes les épopées libératrices, de la Révolution française à celles de la Russie soviétique et de l'Espagne républicaine. » Henri Alleg poursuit : « Enfin, ce fut l'explosion du Front populaire. Impossible de ne pas en sentir le souffle même derrière les murs du lycée. Dans les grandes classes, on était pour ou contre[1]. » Dans son bulletin scolaire de l'année 1936-1937, le professeur de gymnastique Dieffenthaler écrit aussi à son sujet : « Dissipation. Désobéissance dangereuse. »

L'élève Gabriel Mineur, camarade de Nahoum et de Salem, est un passionné de politique. En 1936, sur le dossier scolaire, il est noté : « Propagande politique. Front populaire. »

Joseph Récanati possède un regard perçant. Il a passé dix ans dans l'établissement, de la neuvième à son bac de philosophie. Très apprécié par ses professeurs, c'est un élève vif et subtil. Dans sa classe, l'élève ombrageux se retrouve avec le futur Edgar Morin, le futur Henri Alleg, Jacques-Francis Rolland mais aussi Jean-Claude Levy et Gaston Béraut. La plupart de ces gamins sont nourris à l'école de l'antifascisme. Après avoir raflé tous les prix de fin d'année avec ses copains Blaise Rétiès et Claude Dreyfus, il est admis au Concours général en 1939. Son petit frère, Jean, est également élève à Rollin de 1931 à 1942.

Léon Hovnanian se définira lui-même comme « un beau métèque, un mètre soixante et onze, taille moyenne, cheveux drus, bruns et frisés[2] ». Né en Turquie, son père arménien a choisi la France, pays phare de la liberté. Le

1. Henri Alleg, *Mémoire algérienne*, Stock, 2005.
2. Léon Hovnanian, *Français d'Arménie*, récit, Glyphe, 2007.

petit immigré s'assimile très vite. En 1932, le jeune Léon obtient une bourse pour aller au lycée Rollin. En 1937-1938, en classe de première, le jeune homme commence à s'intéresser à la politique : « Heureux dans ce pays, ayant pour objectif de devenir français à part entière, je suis nationaliste et mes préférences vont au groupe Jeunesses patriotes. J'ai alors une amie, mi-camarade, mi-flirt, de deux ans plus âgée, mais j'ai le prestige du lycéen et elle est sténodactylo, plutôt de gauche, et manifestement plus mature que moi. Un soir, vers six heures, alors que nous descendons ensemble vers la gare du Nord, nous croisons un groupe de Jeunesse patriote qui défile, drapeaux en tête, en criant "la France aux Français". Mon amie m'a simplement dit : "Ça va, tu te sens bien ?" Comme le chantera Georges Brassens trente ans plus tard, "J'avais l'air d'un con, ma mère". Etre apatride, ça aide à ouvrir les yeux. »

Rouben Melik adore la poésie, est doté d'une jolie voix et aime parler aux jeunes filles. Il est né le 14 novembre 1921 à Paris dans une famille de la grande bourgeoisie arménienne installée en France depuis la fin du XIXe siècle. Rouben est inscrit à Rollin de 1928 à 1939. « Pendant l'année scolaire 1937-1938, j'étais élève en première B au lycée Rollin, dira-t-il. Daniel Decourdemanche était notre professeur d'allemand. L'année suivante, je m'initiais à la philosophie avec Ferdinand Alquié. Tous deux comptent parmi les rares enseignants dont je garde aujourd'hui mémoire. En classe d'allemand, je n'étais pas un élève brillant. Mais grâce à Jacques Decour j'ai aimé cette langue. Je dois dire que ses cours ne se limitaient pas à l'enseignement de la langue. Ils avaient une large portée littéraire et culturelle. Pour la première fois, on attirait mon attention sur la musicalité de la poésie allemande. [...] Pas plus que les autres enseignants, le professeur Decourdemanche ne faisait allusion aux événements politiques. Parmi les élèves, en revanche, c'était une époque où les uns franchissaient le seuil du lycée Rollin en levant le poing, les autres en levant le bras[1]. »

Le jeune Arménien tisse des liens d'amitiés avec Edgar Morin et Olivier Souef. Et puis, ses professeurs sont pour lui comme des mentors : « Decour nous a fait aimer la culture et la littérature allemandes. C'était un humaniste. Je lui ai dédié mon poème "Madame Lorelei" parce qu'il nous avait fait connaître le poème de Heine "La Lorelei". [...] Avec Alquié, nous sommes rentrés de plain-pied dans la poésie surréaliste. Nous avons fait connaissance avec quelqu'un qui a été un de mes maîtres, que j'ai bien connu par la suite, c'est-à-dire Paul Eluard[2]. »

Gaston Béraut ressemble à un acteur américain. Boursier, il entre au lycée Rollin en 1933. Dès 1934-1935, il passe en conseil de discipline. Sur son registre scolaire de l'année 35-36 en troisième A1, il est noté : « Propagande politique. » En 1936-1937 en seconde A1, Jean Baby consigne à son propos : « S'occupe de géométrie en histoire. » Antifasciste, le jeune trublion adhère en 1937 au comité Amsterdam-Pleyel. Son oncle Georges Demesy travaille pour la compagnie maritime France-Navigation, créée sous l'autorité du Parti communiste en mai 1937 et qui livre des armes aux républicains espagnols. Gaston quitte le lycée en 1939.

Le meilleur ami de Gaston Béraut s'appelle Charles Peyre. Issu d'une famille syndicaliste, Charles est élevé dans la tradition de Proudhon et Jaurès. C'est surtout un anticonformiste. Edgar Morin raconte sur l'année 1935-1936 : « A cette époque la politique fit irruption dans notre classe qui se divisa soudain entre front-populaire et croix-de-feu. Une dissertation sur la mort d'André Chénier mit le feu aux poudres. Peyre, communiste, nous annonça que

1. *Europe*, juin-juillet 2002. Propos recueillis par Jean-Baptiste Para.
2. *Informations de Grenoble*, troisième trimestre 1985.

le traître avait expié. [...] Peyre rédigeait sur une copie un journal de choc[1]. » Charles a un petit frère au collège, Max. Celui-ci aussi baignera dans la même matrice.

Francis Vintenon est un fils de famille brillant. Il a perdu sa mère et son père, gros industriel, s'est remarié avec une très jeune femme. L'adolescent perturbé, bagarreur, se réfugie dans les livres. Il fait lire Platon et Marx à ses camarades de classe, avant de découvrir Trotski : le voilà révolté par les procès staliniens de Moscou. Sur la feuille de renseignements du lycée datée de l'année 1936-1937, il est mentionné : « Passe d'idées extrémistes de droite à idées extrémistes de gauche. »

Clément Roche est un jeune bourgeois (fils de dentiste) un peu à part parmi tous ces garçons marqués à gauche. Facétieux, doté d'une importante chevelure, il entre à Rollin en 1932 après avoir fait ses études primaires chez les Oratoriens de Paris. Clément se montre particulièrement chahuteur. Les professeurs soulignent son « attitude impertinente », ses « bavardages répétés », son « désordre sur les rangs ». En fait, lui aussi essaie d'influencer ses copains. Il admire Céline, Montherlant et surtout Emmanuel Mounier, le fondateur de la revue *Esprit*. Il rejette à la fois le communisme et le capitalisme. Très croyant, il s'oriente du côté du personnalisme qui fait figure de troisième voie. En 1938, son père, choqué par la conduite un peu trop libre de son fils, l'envoie finalement passer son bachot chez les Oratoriens de Juilly.

Pierre Voisin hantera le lycée Rollin de 1932 à 1939, jouant à la pelote basque, au football et même au rugby. Le potache n'a jamais oublié la silhouette du professeur d'allemand Daniel Decourdemanche, surnommé Courdumanche. Il garde aussi un bon souvenir du professeur de français Louis-Francis Rolland. « Un jour, j'avais écrit une rédaction sur Alphonse de Chateaubriant. Rolland me

1. Edgar Morin, *Autocritique*, *op. cit.*

donna la meilleure note et me dit : "Je n'ai jamais vu un travail pareil." Les professeurs Jean Baby, Paul Laberenne, Jacques Madaule m'ont profondément marqué. Quant aux copains, dans la cour de récréation, j'apercevais Yves Jouffa, Claude Lalet, Edgar Nahoum, Jacques-Francis Rolland, Léon Hovnanian, Rouben Melik, Clement Roche. Olivier Souef était particulier ; il m'apparaissait comme un fanatique politique[1]. »

Olivier Souef est grand, les cheveux blonds, une mèche sur le côté, les yeux bleus, l'air décidé : ses amis le surnomment Robespierre. Ses parents sont séparés. Sa mère, violoniste, dirige un petit orchestre au cinéma l'Eden Palace. Olivier Souef étudie à Rollin de 1932 à 1939, de la sixième au baccalauréat. Son petit frère, Claude, également élève à Rollin, n'a qu'un an de moins. Olivier s'engage dans la vie politique au lendemain des émeutes des ligues d'extrême droite contre la République du 6 février 1934. La même année, à Noël, la ville de Bruxelles accueille le Congrès mondial des étudiants contre la guerre et le fascisme. Au retour de la délégation française, le Parti communiste français favorise la création d'un Comité de lycéens antifascistes. L'organisation s'élargit à de nombreux établissements scolaires : Rollin, Voltaire, Turgot, Jules-Ferry, Lamartine, Henri-IV, Fénelon. En 1936, sous le Front populaire, se forme le groupe des Lycéens de Paris. L'élève Olivier Souef en est le responsable pour Rollin, puis pour l'ensemble des lycées parisiens. L'activité consiste à publier et distribuer des tracts pour appeler les élèves à lutter contre le fascisme en Italie, en Allemagne et contre les Ligues. Des conférences sont organisées sur des thèmes politiques ou culturels. Les Lycéens de Paris participent aux manifestations en faveur de l'Espagne républicaine. A la récréation, Claude Lalet, Claude Dreyfus, Olivier Souef collectent l'argent de

1. Entretien avec l'auteur, décembre 2007.

poche des camarades pour « des avions, des canons, pour l'Espagne[1] ! ».

Olivier Souef a comme professeur d'histoire Jean Baby, qui exerce une grande influence sur les potaches. Son professeur de maths, Paul Laberenne, lit à ses élèves *La Guerre du feu*, en leur expliquant qu'au temps de la préhistoire, les premiers hommes ignoraient la propriété privée. Jean Baby et Paul Laberenne ne sont pas uniquement des professeurs du secondaire, ils participent à l'élaboration du programme économique et scientifique du Parti communiste. Sur le livret scolaire d'Olivier Souef, en classe de première B, le professeur Jean Baby note : « Excellent élève. Sa timidité ne lui permet pas de donner toute sa mesure en interrogation orale. » L'année du bac en 1939, Jean Baby précise : « Très bon élève, intelligent » et l'inscrit au Concours général d'histoire. Son professeur de philosophie, le surréaliste Ferdinand Alquié, proche d'André Breton, remarque : « S'est intéressé à la classe, a travaillé, a fait des progrès. »

Le 18 février 1937, 300 gavroches, membres des Jeunesses communistes, tiennent à la Mutualité un congrès de lycéens antifascistes. Olivier Souef entraîne ses camarades Jean-Claude Levy, Raymond Guglielmo, Serge Apikian, Roger Eskénazi, Roberd Croulard à adhérer aux Lycéens de Paris. Les réunions ont lieu dans la salle des Agriculteurs rue d'Athènes ou rue de Navarin, dans une salle en sous-sol. Il y a des conférences, et des films sont projetés, comme *Terre sans pain* de Buñuel.

Ginette Gros qui deviendra la fiancée d'Olivier Souef explique son engagement : « Lorsqu'on me demande : quand es-tu entrée dans la Résistance ? Je réponds : en 1937, quand j'ai vu sur les murs de Paris les photos des enfants massacrés par les aviateurs nazis, quand a été

1. Jacques-Francis Rolland, *Jadis, si je me souviens bien*, Le Félin, 2009.

hébergée chez mes parents une petite Pilar de cinq ans, orpheline de père et de mère (tués à Bilbao), qui se couchait sous la table dès qu'elle entendait passer un pacifique avion dans le ciel de la capitale. Nous étions alors un groupe de jeunes lycéens et nous avons fondé les Lycéens de Paris, mouvement antifasciste qui militait contre la non-intervention, pour l'aide à la République espagnole... Notre entrée dans la Résistance a été pour nous la suite de cet engagement préalable. Le même combat continuait[1]. »

Jean-Claude Levy a laissé un témoignage étonnant de l'atmosphère de l'époque : « Le premier avril 1937, un de nos copains, dont le père était journaliste, annonça à notre professeur que le gouvernement Léon Blum allait tomber. Jamais désarçonné, le prof rétorqua : “Ça ne me surprend pas. J'ai rencontré un directeur de cabinet qui m'a dit : ‘on fait les valises.’ ” Sur quoi la classe en chœur s'écria : “Poisson d'avril !” Le 15 juin, le gouvernement tombait. Et notre prof de triompher : “Là, ne vous l'avais-je pas annoncé !” Il avait oublié le poisson et seulement retenu l'hameçon dont il revendiquait la paternité[2]. »

En 1938, Hitler exige le rattachement à l'Allemagne du territoire des Sudètes, en Tchécoslovaquie, habité par une minorité d'origine allemande. A la conférence de Munich, les gouvernements français et anglais lui cèdent et entérinent le démantèlement de la Tchécoslovaquie. Daladier, le nouveau président du Conseil, à son retour à Paris est acclamé par la foule pour avoir sauvé la paix. L'élève Jean Terquem a conservé un souvenir amer de cet été 1938 : « J'habitais avec mes parents chez mes grands-parents au croisement de la rue La Fayette et du boulevard Magenta. Nous disposions d'un balcon. Daladier, de retour de Munich, et son cortège, descendaient la rue La Fayette en

1. Marie Granet, *Les Jeunes dans la Résistance*, France-Empire, 1996.
2. Archives privées, Jean-Claude Dumoulin, non daté.

venant de l'aéroport du Bourget sous les vivats. Au contraire, de notre balcon, mon grand-père, radical-socialiste, et moi, nous avons sifflé. Aussitôt, une bande de jeunes, sans doute les Jeunesses patriotes d'extrême droite, ont envahi notre immeuble, monté deux étages, et tenté de forcer la porte d'entrée. Quelque temps après, j'ai rendu visite à *L'Echo de Paris* au journaliste Henri de Kerilis, seul homme de droite opposé aux accords de Munich. Kerilis fut heureux, je crois, de voir qu'un adolescent partageait ses positions anti-munichoises[1]. »

Le collégien Léopold Vitorge se souvient de la montée des périls : « 1938. Je suis en cinquième. Seul le nom de Jean Baby, professeur d'histoire, est resté dans ma mémoire. Il est communiste lui aussi. La période est troublée. On sent venir la guerre. La grande fête du Front populaire est passée. Par contre, d'importants mouvements antifascistes se développent dans le pays, sans parvenir à influencer les gouvernements de plus en plus timorés face à l'agressivité hitlérienne. Je suis inscrit à l'organisation des lycéens communistes qui, à Rollin, est totalement confidentielle. Je me contente de transporter des tracts venant de mon père, à remettre à Jean Baby[2]. »

En réalité les lycéens communistes se considèrent comme l'avant-garde de la Révolution. Le 15 novembre 1938, la revue de gauche *Les Cahiers de jeunesse*, dirigée par Luc Durtain et Paul Nizan, publie un article sur *Les Lycéens de Paris* : « Le mouvement des Lycéens de Paris a l'ambition de grouper les élèves démocrates des écoles secondaires, sans distinction d'affinités politiques particulière. La grande idée qui l'anime, c'est en effet l'union. Union des jeunes lycéens pour la défense de leurs intérêts scolaires et corporatifs, union pour la défense de leur avenir, union pour faire entendre leur voix sur les problèmes

1. Entretien avec l'auteur, août 2009.
2. Archives privées, 13 mai 1994.

sociaux et culturels qu'ils peuvent comprendre, union pour la joie dans les loisirs. [...] Notre organisation se croit qualifiée pour réaliser cette tâche, parce qu'elle n'est inféodée à aucun parti politique et que ses militants, même lorsqu'ils sympathisent avec un des partis démocrate, radical, socialiste ou communiste, ne règlent leur attitude qu'en fonction des seuls intérêts des lycéens qu'expriment les représentants des groupes de base dans les lycées. Les militants s'efforcent d'être de bons élèves, sympathiques à leurs camarades, pleins d'allant, toujours à la recherche d'une idée ou d'un projet qui réaliserait leur union. Ils répandent les manifestes et les tracts qui sont mis à leur disposition. C'est ainsi qu'ils ont diffusé leur manifeste aux lycéens de France appelant à l'"union pour défendre la France démocratique et la culture", après avoir fait largement connaître les appels des quatre-vingts professeurs et du mouvement Liberté. Les Lycéens de Paris vont mettre sur pied dès janvier 1939 de grandes manifestations culturelles, avec l'aide d'historiens, de savants, d'écrivains et d'artistes. Ils envisagent, en particulier, de célébrer avec éclat le 150e anniversaire de la Révolution française. Les Lycéens de Paris apporteront ainsi une contribution appréciable à la cause de la culture et de la démocratie, qu'ils ne séparent pas, non plus de la défense de la France et la défense de la Paix. A ce sujet, leur manifeste déclare : "Nous voudrions voir la nation française unie aux pays démocratiques, unie à l'Angleterre, à la République soviétique, aux Etats-Unis, pour imposer la paix, pour résister aux projets d'anéantissement de notre peuple que le Fascisme prépare[1]". »

Le 30 mars 1939, les Lycéens de Paris affiliés aux Jeunesses communistes tiennent leur 3e congrès dans la salle de la Maison de la métallurgie, au 94, rue d'Angoulême. Olivier Souef, encore élève à Rollin, en est le rapporteur.

1. Les *Cahiers de la jeunesse*, novembre 1938. Archives privées.

L'écrivain Jacques Decour et son ami Georges Politzer, le philosophe marxiste, assistent aux travaux du congrès. Le rapport se veut alarmiste : « La défense de la France exige que la Jeunesse ait confiance en elle. Telle n'est pas malheureusement la situation. La jeunesse française, sans avenir, honteuse de voir que la France a manqué à sa mission depuis Munich, reprend difficilement espoir dans la vie. Mais nous qui devons être à la pointe du combat, nous ne pouvons nous laisser battre. Oui ! Nous le crions ! Nous avons confiance en la France. Pour nous, elle est synonyme de tout ce qui est beau, généreux. Elle ne peut disparaître, elle ne peut s'effondrer. Elle ne peut laisser sa jeunesse désemparée et désespérée face à l'ennemi. Hitler a dit que la jeunesse française était abâtardie, cela est faux ! Nous saurons faire triompher notre idéal de liberté et de justice[1]. » Le rapport revient sur la genèse des Lycéens de Paris : « Un grand espoir, cet espoir que nous avons tous en un avenir meilleur, est passé sur toute la jeunesse des lycées en 1936 après la victoire du Front Populaire. Chacun envisageait l'avenir avec confiance et était prêt à lutter pour la défense de cet avenir, contre les forces de réaction. De ce mouvement d'espoir, d'enthousiasme sont nés les premiers cercles progressistes qui, par leur réunion, devaient plus tard constituer les "Lycéens de Paris". "Les Lycéens de Paris" forment à l'heure actuelle l'organisation de jeunes lycéens, la plus forte, après la JEC (Jeunesses étudiantes chrétiennes), forte par son union que les désaccords n'ont pu entamer, forte de son idéal de liberté, de justice et de culture, forte de ses 800 membres réunis en 37 cercles. Leur force n'a fait que s'accroître depuis la séparation des mouvements de lycéens et de lycéennes. Elle n'a fait que s'accroître depuis qu'une organisation vraiment démocratique de tout le mouvement permet à nos camarades les plus dévoués de servir avec le

1. Lycéens de Paris, 3e Congrès, 30 mars 1939. Archives privées.

maximum d'efficacité la cause pour laquelle nous luttons. Les Lycéens de Paris se sont toujours efforcés d'aider leurs membres dans leur formation personnelle, soit par l'organisation de conférences sur des sujets sociaux et culturels, soit par l'organisation des loisirs qui doivent permettre aux lycéens de se préparer pour les tâches à venir. Soucieux de répondre aux aspirations de tous les élèves des lycées, ils ont toujours placé au premier plan de leur activité la défense de la France. C'est pour cela qu'ils ont collecté 10 000 francs pour l'enfance espagnole, c'est pourquoi ils ont toujours collaboré avec toutes les organisations estudiantines au sein du Rassemblement Mondial des Etudiants. Ils ont conscience d'être dans la bonne voie. Ils continueront comme par le passé à développer leur propagande, à renforcer leur influence. Ils sauront se montrer dignes de leur Pays, dignes de la France de 1789[1]. »

Le 1er avril 1939 se tient la première conférence constitutive de l'Union des étudiants communistes de France (UEC). Cette organisation regroupe 950 adhérents, dont 300 étudiants des facultés, 175 normaliens et 350 lycéens des grandes classes. Olivier Souef est élu membre du bureau national. Le philosophe Georges Politzer fait une intervention au nom du Parti. A la veille de la guerre, les jeudis, Olivier Souef et Pierre Voisin, gavroches rouges, viennent perturber les réunions politiques des Jeunesses socialistes cité Malesherbes. Yves Jouffa, leur condisciple, commence à y prendre des responsabilités au sein des Etudiants socialistes.

Pourtant, selon l'élève de troisième Jean-Louis Blum, « le lycée Rollin était un havre de neutralité et les clameurs et les violences n'y avaient pas cours, même s'il suffisait de se rendre dans un cinéma du quartier pour entendre une petite dame qui lors des actualités sortait un

1. Lycéens de Paris, 3e Congrès, 30 mars 1939. Archives privées.

sifflet de son sac pour conspuer Jean Zay, Georges Mandel ou Léon Blum[1] ».

En réalité, plus rien n'est comme avant. Le nouveau proviseur Ernest Preuss, chargé de la cité scolaire depuis l'année 1937-1938, est un homme âgé, malade, qui attend la retraite. Le 5 avril 1939, il reçoit une lettre inquiétante du ministère de l'Education nationale. « M. le Président du Conseil, Ministre de la Défense Nationale et de la Guerre, rappelle que le respect des secrets intéressant la Défense Nationale est un des éléments importants de notre force militaire. Je sais que tous les fonctionnaires dépendant de mon département sont animés d'un esprit tel qu'aucun manquement volontaire n'est à craindre. Mais au cours d'une conversation un renseignement auquel on n'attribue aucune importance peut être divulgué et mettre l'espionnage sur la piste d'un secret plus grave. Vous voudrez bien rappeler aux fonctionnaires de votre ressort qu'il n'y a pas en cette matière de petites indiscrétions, et les inviter à observer la plus grande réserve au sujet de tout ce qui peut, de près ou de loin, intéresser la Défense Nationale[2]. » On voit des espions partout. Dans les cafés de Montmartre, des policiers vérifient les papiers d'identité. Le préfet de Police décide de ratisser les quartiers chauds de la capitale pour démasquer les agents hitlériens de la cinquième colonne.

Le 18 avril, le recteur envoie une circulaire marquée du tampon SECRET : « La défense Passive se propose de munir de masques contre les gaz tous les fonctionnaires de l'Etat qui résident dans une localité particulièrement exposée. Je vous serais obligé de me faire savoir par retour du courrier : 1° le nombre de masques déjà reçus par votre établissement, 2° le nombre de masques qui auraient été

1. Entretien avec l'auteur, août 2009.
2. Archives lycée Jacques-Decour, Paris.

achetés, 3° le nombre de masques qui seraient encore nécessaires pour compléter la dotation[1]. »

Le 21 avril, le proviseur Preuss répond : « En réponse à votre circulaire du 18 avril, j'ai l'honneur de vous faire connaître que : le nombre de masques déjà reçus par le Lycée Rollin est de 6, le nombre de masques qui seraient encore nécessaires pour compléter la dotation est de 8[2]. »

Le 27 mai suivant, le recteur fait une nouvelle annonce : « Les masques destinés aux fonctionnaires seront très prochainement mis à votre disposition.

« Pour éviter tout retard dans la distribution, je vous invite à déterminer par avance la taille qui convient à chacun, d'après les indications ci-dessous :

« A l'aide d'un mètre à ruban, mesurer :

« a) verticalement : la distance de la dépression entre le nez et le front (point médian entre les extrémités des sourcils) à la pointe du menton en passant par le nez.

« b) la distance du centre de l'orifice d'un conduit auditif externe à l'autre, en passant par le sommet des pommettes.

« Faire la somme des deux nombres ainsi obtenus et choisir un masque approprié, savoir :

« N° I ou G. T. si la somme est supérieure à 48 cm.

« N° 2 ou T. O. si la somme est comprise entre 48 et 43 cm.

« N° 3 ou P. T. si la somme est comprise entre 43 et 40 cm.

« N° 4 ou T. P. T. si la somme est comprise entre 40 et 37 cm.

« N° 5 ou T. P. T. si la somme est inférieure à 37 cm[3]. »

En bas de page, le proviseur fait une rapide addition et indique que le lycée Rollin a besoin pour son personnel de 96 masques à gaz.

1. *Ibid.*
2. *Ibid.*
3. Archives lycée Jacques-Decour, Paris.

Au cours du printemps 1939, Ernest Preuss établit son dernier rapport annuel : « A aucun moment, il n'y a eu d'agitation politique manifeste : cependant dans les quartiers des grands et des moyens il a fallu redoubler de vigilance pour empêcher le port des insignes ou la distribution de tracts ou papillons politiques, ordinairement hostiles aux Juifs, aux étrangers et au bolchevisme. Quelques élèves ont été admonestés à ce sujet par l'administration. Il n'y a pas eu lieu de prendre des mesures exceptionnelles. La vie disciplinaire a donc été normale à l'intérieur du lycée qui conserve sa physionomie traditionnelle grâce à la présence du Censeur et des deux Surveillants généraux qui ont une longue habitude de la maison et défendent les méthodes disciplinaires qui avaient fait leurs preuves sous notre prédécesseur. »

Désormais, la forteresse scolaire, comme le pays, se prépare à l'affrontement.

1939-1940

DRÔLE DE LYCÉE

LA NOUVELLE ANNÉE SCOLAIRE

Le 23 août 1939, professeurs et parents d'élèves apprennent avec stupeur la signature du pacte germano-soviétique à Moscou. Le 1er septembre, les troupes allemandes envahissent la Pologne. Le 3, la Grande-Bretagne déclare la guerre à l'Allemagne à midi, et la France fait de même à 15 heures. Les vacances d'été se terminent en catastrophe. Les hommes sont mobilisés. Beaucoup se retrouvent à la gare de l'Est pour rejoindre leurs affectations militaires. Par le décret du 26 septembre, le Parti communiste français et « toute organisation ou tout groupement de fait qui s'y rattache » sont interdits. Les élus rouges sont déchus de leurs mandats, arrêtés et certains internés dans des camps. Selon l'expression du romancier Roland Dorgelès, ami des anciens élèves du lycée, la « drôle de guerre » commence.

Le journal *L'Illustration*, où travaillent le grand-père et la mère de François Truffaut, tente de rassurer ses lecteurs : En même temps qu'était rendu aux Parisiens le meilleur de leurs divertissements coutumiers, la nouvelle année scolaire s'ouvrait à Paris. Il ne faut point, dans les multiples préoccupations actuelles, négliger la formation ni les destins de la jeunesse. Il y eut pour elle de trop longues vacances et point assez de vigilance éducative dans l'autre crise, celle d'il y a vingt-cinq ans. Aussi a-t-on voulu, dès les premiers temps de la nouvelle guerre, organiser les jeunes destinées de l'après-guerre. Les circonstances nouvelles du conflit ont dû modifier l'organisation des études. Il y aura des écoles fermées, d'autres improvisées. Nombre de Parisiens feront leurs études en province et des professeurs grisonnants ou blanchis, revenus à la tâche, remplaceront leurs cadets qui participent à la garde de nos frontières. Paris, le lundi 16 octobre, a rouvert ses lycées, à l'exception de trois pour les jeunes gens et de trois pour les jeunes filles. Le lycée Henri-IV a été réservé aux élèves féminins ; les garçons, en revanche, ont occupé Pierre-Curie. Des dispositions opportunes adaptent le fonctionnement des classes aux ordres de la défense passive. Sur de grands tableaux s'inscrit cet avis : "On ne reçoit pas d'élèves sans masque." Tout est prévu pour les cas d'alerte. Les abris pourront contenir l'ensemble des élèves présents. Les lycées ferment à 16 heures pour que les élèves soient rendus à leur famille avant la nuit, ce qui supprime l'internat et le demi-pensionnat[1]. »

Le 16 octobre 1939, Le proviseur Preuss, affaibli par l'âge et par la maladie, livre son rapport à son supérieur hiérarchique : « Monsieur le Recteur, J'ai l'honneur de vous faire connaître que la rentrée des classes s'est effectuée aujourd'hui au lycée Rollin. Nous avons reçu le matin 123 élèves appartenant aux classes du second cycle et le soir, 84 inscrits dans celles du premier. Le nombre total des élèves qui se sont présentés s'élève ainsi à 207, sur les 536 qui ont demandé leur réinscription avant le 28 septembre. Il est vraisemblable que nous compterons davantage de présents demain et mercredi, nous pourrons nous attendre à recevoir presque tous les élèves dont nous avons prévu le retour.

« Etaient présents au cours de la journée : Professeurs : MM. Levy, Fabre, Desmoulin, Legrand, Eulliot (non affecté à Rollin), Lyonnet (non affecté à Rollin) ; Decourdemanche, Lop (non affecté à Rollin), Planes (non affecté

1. *L'Illustration*, 28 octobre 1939.

à Rollin), Courant, Fremy (affecté au lycée de Brest), qui a fait classe ce matin, Santoni, Alquié (affecté au lycée de Caen). Préparateur : M. Monguillon

« Maître technique : M. Daro

« Professeurs adjoints : MM. Fringant, Vaillandet, Bonnier, Barberot et Garson (affecté à l'Académie de Bordeaux)

« Surveillants généraux : MM. Lorphelin et Buzin.

« Dames secrétaires : Mlles Franck, et Porterie

« Sous-Econome : M. Armand

« Econome : M. Galletti

« Le Proviseur[1] »

Le surveillant général Albert Buzin se révèle le véritable homme fort de la forteresse scolaire : coiffé d'un chapeau melon crasseux, petit, maigre, une barbe blanche taillée en pointe, le « surgé » était arrivé au lycée Rollin en 1926. Il y demeurera jusqu'en juin 1940. Les potaches l'ont surnommé « Barbanzingue » et craignent ses colères. Nommé chevalier de la Légion d'honneur en 1939, un an avant sa retraite, sa fin de carrière et ses 60 ans se sont ainsi trouvés associés aux tragiques événements. Première mission : la défense passive. Le 31 octobre 1939, le responsable de la discipline s'adresse aux professeurs : « Mes chers collègues, J'ai l'honneur de vous prier de vouloir bien prendre note des numéros des abris où vous serez appelés à vous retirer avec vos élèves en cas d'alerte. Je vous demande, en même temps, d'indiquer aux élèves les locaux où ils doivent se réfugier sous votre direction. Des exercices d'alerte par classes d'abord, puis ensuite par groupes de classes, seront faits bientôt. Dans chaque classe, quelques élèves seront désignés pour diriger certains de leurs professeurs et de leurs camarades dans les différents abris. [...] Les abris 1, 2, 3 et 4 sont aménagés dans les caves du lycée. »

1. Archives lycée Jacques-Decour, Paris.

Deux mois plus tard, le 21 décembre 1939, Alfred Buzin fait le point de la situation : « Après les six premières semaines de guerre qu'elle consacra à de nombreux travaux concernant l'évacuation d'enfants des écoles parisiennes, la réception et le classement de centaines de demandes d'inscription, la préparation de la rentrée, l'établissement du tableau des classes, etc. Que sais-je encore ? L'administration du lycée Rollin fut en mesure d'ouvrir les portes de l'établissement pour la mi-octobre. Le lundi 16 octobre (1939) à 8 heures, Rollin faisait sa rentrée avec 212 élèves. Le lendemain et les jours suivants, l'effectif scolaire s'augmenta de nombreuses unités, si bien qu'il atteignit le chiffre de 500 passé le 23 octobre. Le personnel se composait de Monsieur le Proviseur dont l'état de santé laissait à désirer (le proviseur Preuss sera remplacé par le proviseur Polak), de Monsieur l'Econome (l'intendant), de seize professeurs, de quatre professeurs-adjoints, des deux dames secrétaires et des deux surveillants généraux. Douze professeurs manquaient [...]. Aux derniers jours d'octobre, le personnel était au complet [...]. Plus de cinquante de nos collègues de l'an dernier sont aux Armées et quarante ont été nommés par le Ministère de l'Education Nationale dans des chaires ou des emplois de lycées et collèges de la province. La population totale est de 692 élèves ; elle sera de plus de 700 à la rentrée de Janvier. 140 demandes d'admission, dont 48 émanant d'anciens élèves du lycée sont actuellement en instance [...]. La conduite des élèves est excellente dans l'ensemble. Le nombre des punitions ne s'est d'ailleurs élevé qu'à 77 du 16 octobre au 21 décembre [...]. Cinquante-deux étrangers provenant de quinze nationalités différentes fréquentent les classes du lycée. Ce sont 9 Polonais, 4 Italiens, 3 Hongrois, 4 Belges, 3 Espagnols, 5 Russes, 1 Canadien, 2 Roumains, 1 Autrichien, 5 Suisses, 7 Turcs, 1 Tchécoslovaque, 2 Américains, 1 Grec, 4 Allemands, dont trois se déclarant “Heimatlos” [apatrides]. La plupart sont de bons élèves et tous vivent en bonne amitié et en harmonie parfaite avec leurs condisciples français. Leur pourcentage par rapport à l'effectif total est sept (%) environ. Au cours du trimestre qui prend fin, huit élèves ont quitté le lycée : un appelé au service militaire avec le premier contingent de la classe 1939, trois qui ont abandonné leurs études pour devenir employés de bureau, deux qui sont partis dans d'autres établissements et deux malades. Tel est le bilan de la situation morale de l'établissement, situation que nous sommes en droit de considérer comme tout à fait excellente. Le dévouement de tous les fonctionnaires du lycée en est la cause certaine. Les professeurs et les professeurs adjoints n'ont-ils pas contribué en effet, par leur amabilité et leur bonne volonté, à apporter quelque allègement à la lourde tâche assumée par ceux qui étaient chargés d'installer Rollin pendant cette période difficile ? Cet exposé sur la vie du lycée Rollin au cours du premier trimestre de la guerre ne serait pas complet si quelques lignes n'étaient pas réservées à la Défense Passive. Nous disposons de cinq abris qui seront aménagés complètement à la rentrée de janvier. Les élèves savent déjà où ils doivent se réfugier au moment des alertes et des chefs de groupes ont été désignés pour diriger leurs maîtres et leurs camarades. A trois reprises, les chefs de groupes se sont rendus dans les caves qu'ils connaissent bien maintenant. En janvier, des exercices d'alerte seront faits. Nous espérons que tout se passera pour le mieux[1]. »

Cette année-là, Freddy Menahem, 15 ans, est en seconde. Né en Grèce à Salonique, il a obtenu grâce à son père la nationalité tchèque. Sur son dossier scolaire, il s'appelle Frédéric Menahem. Dès 1934, ses parents l'inscrivent chez les Eclaireurs israélites de France (EIF). « Au moment de la déclaration de guerre, le 3 septembre 1939, on

1. Archives lycée Jacques-Decour, Paris.

nous a envoyé faire le ramassage des betteraves à Houdan dans les Yvelines. Les scouts remplacent les hommes mobilisés. Les EI prennent leur part alors qu'au même moment, un certain nombre d'entre nous étaient arrêtés par les autorités françaises et internés au camp de Colombes en tant que citoyens allemands[1]. »

A l'aube de Noël 1939, le ministre de l'Education nationale Yvon Delbos, futur résistant, tente d'affirmer son autorité : « A plusieurs reprises, j'ai été saisi par l'Administration de la Justice, ou de la Guerre, ou de l'Intérieur, d'incidents qui se sont produits à l'intérieur d'établissements d'enseignement public, soit pour des faits d'indiscipline, soit par des faits de propagande antinationale. Je vous serais reconnaissant d'apporter la plus grande attention à ces incidents et de m'en rendre compte, sous le timbre de mon Cabinet, dans le plus bref délai possible. Quelle que soit l'enquête faite par les autres administrations, ils devront faire l'objet toujours et sans délai d'une enquête universitaire[2]. »

L'établissement scolaire établira un premier rapport du 1er septembre au 31 décembre 1939 : « Signalons dès le début que la moitié du lycée (aile ouest) a été réquisitionnée et abrite deux compagnies d'un régiment de Défense Passive. Aux premiers jours de septembre, le lycée a procédé à l'évacuation, sur Angers, d'enfants du IXe arrondissement : 80 inscrits environ, 20 partants. La rentrée a eu lieu le 16 octobre avec 212 élèves. Huit jours plus tard, l'effectif dépassait 500, il n'a cessé de croître depuis. La capacité des abris est déjà dépassée. »

« Dans l'ensemble, l'esprit est bon et la discipline, dans les classes, satisfaisante », notera le deuxième rapport, daté du 1er janvier au 16 mars 1940. « Pour abriter, en cas d'alerte, cette population scolaire accrue, il est prévu, avec

1. Entretien avec l'auteur, novembre 2008.
2. Archives lycée Jacques-Decour, Paris.

l'assentiment de l'Académie, une occupation plus dense des abris du lycée et, à certaines heures où ceux-ci sont insuffisants, nous trouvons le complément nécessaire dans les caves de 2 immeubles, désignés par la Défense Passive et situés en face du lycée. Des exercices d'alerte ont eu lieu les 3, 5, 6, 7, 8 et 9 février. Toutes les classes, à tour de rôle, y ont participé, avec des élèves moniteurs comme guides. Des exercices d'ensemble, portant sur la totalité des élèves présents, prévus pour la première quinzaine de mars, ont été renvoyés à plus tard, pour ne pas troubler les séances de mensurations ou d'examen médical. » « Sur la recommandation de professeurs mobilisés dans des unités combattantes, 14 soldats, dont 2 anciens élèves, ont été adoptés comme filleuls par différentes classes. Nous avons reçu des lettres touchantes de remerciement : lecture en a été faite aux élèves. »

Édouard Daladier, ministre de la Guerre, demande aux enfants de participer à « l'Ecole marraine du combattant ». Les élèves sont sollicités pour écrire aux soldats partis sur le front. Daladier précise : « Je crois devoir attirer aussi l'attention de vos élèves sur un autre point, fort important. Notre grande Armée s'enorgueillit de compter dans ses rangs les fils innombrables de la France d'Outre-Mer : Musulmans, Annamites, et d'autres, venus du Sénégal, de Madagascar, de tous les points du globe. Leurs coutumes, leurs goûts, leurs désirs diffèrent sensiblement de ceux des soldats métropolitains. Avant de leur envoyer le "paquet du combattant" il est nécessaire que vos élèves se renseignent ; ce sera pour eux une occasion admirable de connaître un peu de géographie humaine ; ce sera surtout bonté délicate et prudente[1]. »

1. Archives lycée Jacques-Decour, Paris.

Le cercle des professeurs

Le cercle des professeurs cache bien des mystères. Une bibliothèque est à leur disposition ainsi qu'un billard, et, le jeudi après-midi, trois ou quatre tables de bridge y sont installées. Les enseignants présents ou mobilisés ont des parcours professionnels bien étranges.

Daniel Decourdemanche est grand, élégant, des traits fins. « Un air moqueur », dira Jean Paulhan. « Il passait à notre Cercle de longs moments, disputant parfois une partie de billard ou d'échecs, se mêlant aux conversations où il disait son mot avec esprit et verve », racontera son collègue Aristide Beslais. A 29 ans, Decourdemanche est le plus jeune enseignant de la capitale. Il est né à Paris en 1910. Après ses études aux lycées Carnot et Pasteur, il se passionne pour la littérature allemande et abandonne le droit. En 1930, il se lie d'amitié avec Jean Paulhan et fait paraître sous le pseudonyme de Jacques Decour son premier livre, *Le Sage et le Caporal*. Sa licence d'allemand obtenue, il est nommé en Prusse, comme assistant de français au lycée de Magdebourg, et ramène de ce séjour un livre *Philisterburg*, publié par la *Nouvelle Revue française*. Depuis quelques années il collabore déjà à la NRF dont il est le plus jeune rédacteur. Ce livre prémonitoire fait scandale dans une France qui refuse de s'inquiéter. Reçu premier à l'agrégation en 1932, le jeune bourgeois est nommé dès la rentrée au lycée de Reims et s'éloigne des milieux littéraires qu'il fréquentait à Paris. Il adhère aux Jeunesses communistes.

Au moment du Front populaire, il est nommé à Tours, entre au Parti communiste et s'adonne à toutes les tâches du militant de base. Il tente de faire partager à ses camarades sa passion pour les livres et crée une Maison de la culture. En 1936, il publie un roman d'apprentissage, *Les Pères*. En 1937, Le lycée Rollin accueille ce jeune intellectuel de gauche. Ses classes vont de la sixième à la première. Les appréciations de son inspection sont élogieuses : « Ses lectures sont bien préparées, présentées avec le souci d'être compris de tous, et bien appropriées à l'âge et à la classe des élèves. Les explications de texte témoignent de la volonté de faire comprendre la pensée de l'auteur, la langue et le style qui lui sont propres. » La même année, il donne des cours du soir à l'Université ouvrière, avenue Mathurin-Moreau, près des Buttes-Chaumont. Il enseigne l'allemand aux agents du métro. Des conférences sont organisées à la Mutualité ou dans la salle des Sociétés savantes. Il milite avec ses deux meilleurs amis, le philosophe marxiste Georges Politzer et le physicien Jacques Solomon. En 1938, Decour devient rédacteur en chef de la revue *Commune* dirigée par Aragon, et où écrivent Romain Rolland, Georges Sadoul, Julien Benda, Jean Cassou, Edith Thomas, Robert Desnos, Heinrich Mann.

Pendant l'été 1939, Jacques Decour a préparé le numéro spécial de la revue consacré au 150e anniversaire de la Révolution française. Après l'annonce du pacte Hitler-Staline, l'équipe rédactionnelle se déchire. Decour sort un dernier numéro en septembre. Le 1er octobre 1939, Decour écrit à Jean Paulhan : « Je reste à Rollin jusqu'à nouvel ordre, en attendant que l'on découvre mes talents militaires. » Le professeur Decourdemanche s'occupe de l'œuvre d'entraide du Secours universitaire, envoie des colis de friandises aux orphelins. C'est durant l'hiver qu'il divorce pour la deuxième fois et s'installe à Paris dans le XIIe arrondissement, près de ses amis Georges et Maïa Politzer. Mobilisé au printemps 1940 dans la 114e compagnie stationnée au dépôt d'artillerie de Fontainebleau, il devient le chauffeur du général de Lattre de Tassigny.

En octobre 1939, le professeur de philosophie René Maublanc est affecté au lycée Rollin. C'est un homme mûr de 48 ans, plutôt petit, aux cheveux grisonnants. Sur une liste des fonctionnaires dressés en 1940, le nom de Maublanc a été ajouté au crayon à papier juste au-dessous de celui de Daniel Decourdemanche. Normalien, Maublanc se rallie au marxisme après 1918, à une époque où la Sorbonne ignorait tout de la pensée qui avait dirigé la révolution d'Octobre. En 1921-1922, au lycée de Reims, il rencontre l'élève Roger Vailland avec qui il entretiendra une profonde amitié toute sa vie. En 1927, Maublanc fait partie du petit groupe de professeurs qui animent le Cercle de la Russie neuve où se retrouvent Paul Langevin et Jean Baby. Après le 6 février 1934, il adhère à l'Association des écrivains et artistes révolutionnaires (AEAR). Il milite au Comité de vigilance des intellectuels antifascistes. En 1938, à Henri-IV, Pierre Daix qui choisit la philo pour ses cours, se souvient : « Quel prodigieux acteur ! Le voilà imitant le nasillement de Gide, les tics de Malraux, la voix éteinte de Mauriac, les poses romaines de Montherlant. Si le besoin s'en faisait sentir, il partait à chanter un air d'opéra, à fredonner tout un mouvement de symphonie. Nous discutions en classe de *La Conspiration* de Nizan qui venait de paraître, de *La Nausée* de Sartre, de *L'Espoir* de Malraux[1]. » Il fait aussi connaître à ses élèves de Rollin Fourier, Proudhon et la sociologie de Durkheim. Maublanc enseigne surtout que « si on ne fait pas de politique, on est refait par elle ».

Svelte, le front haut dégarni, Jean Baby, 42 ans, porte une fine moustache à l'anglaise et ses cours ressemblent parfois à des spectacles. Jean-François Dulac, élève de sixième en 1939, raconte : « Monsieur Baby m'avait impressionné par sa prestance et aussi, mis en confiance par un sourire qui

1. Pierre Daix, *J'ai cru au matin*, Robert Laffont, 1976.

ne le quittait jamais. Je le vois encore, nous dictant un résumé, arpentant la classe à grands enjambés non sur le parquet, mais sur les tables, nous dominant, nous contournant et sautant ensuite directement sur l'estrade[1] ! » En août 1929, alors professeur au lycée de Toulouse, Baby est accusé de faire de la propagande communiste parmi ses élèves, et est arrêté. Le 17 juillet, avant son arrestation, son affectation au lycée Rollin à Paris a été confirmée. Sous prétexte que Baby a été pendant trois ans l'un des organisateurs du Parti à Toulouse, *Le Temps* qualifie sa nomination de « scandaleuse ». En 1934, Jean Baby avait fait partie du premier bureau du Comité de vigilance des intellectuels antifascistes, encore connu sous son sigle CVIA, fondé en réaction aux violences antiparlementaires du 6 février 1934. Son texte fondateur est le manifeste *Aux travailleurs*. Son succès est remarquable : il recueille, à la fin de 1934, plus de 6 000 signatures (professeurs et instituteurs, écrivains, journalistes). Le CVIA apparaît comme un précurseur du Front populaire. Le Comité se déchirera, prouvant la difficulté à conjuguer l'antifascisme et le pacifisme. Au lycée, Baby se lie d'amitié avec le mathématicien marxiste Paul Laberenne. En 1935, Baby et Laberenne donnent des cours de vulgarisation sur le marxisme à la Mutualité. Berty Albrecht, mère d'un élève du lycée, est à l'initiative de ce projet. Henri Frenay[2] se souvient d'avoir suivi ses cours. Jean Baby est exclu du Parti juste avant guerre par le député communiste Marcel Gitton. Baby, en effet, avait découvert que Gitton était un « infiltré » de la police au sein du Bureau politique. Gitton, passé à la collaboration, sera exécuté par le Parti et Baby alors réintégré. A la rentrée 1939, Baby, ancien poilu, est appelé sous les drapeaux comme lieutenant d'artillerie.

1. Archives privées.
2. Henry Frenay, alors capitaine dans l'armée française, est le compagnon de Berty Albrecht. Pendant la guerre, Frenay et Albrecht fonderont ensemble le réseau de résistance Combat.

Le romancier Louis-Francis Rolland est un autre professeur original. Visage sympathique, menton carré, volontaire, il ne suit pas le programme, et remplace ses cours de français par des discussions politiques et littéraires. Né en 1900, il a reçu, en khâgne à Henri-IV avec Jean Prévost, les leçons du philosophe Alain. En 1920, il entre à l'Ecole normale et est reçu à l'agrégation de lettres. En 1925, il part pour Constantinople, où il enseigne le français pendant six ans, et publie des romans sous le pseudonyme de Louis Francis : *Les nuits sont enceintes, Daria, ou la Médée contestée*. Il rentre en France en 1931. Il est nommé au lycée Rollin en 1933 et y inscrit son fils. Le voilà chargé tour à tour des classes de cinquième, troisième et première classiques. En 1934 il obtient le prix Renaudot pour un livre intitulé *Blanc*. Il fréquente le milieu de la NRF, notamment Ramon Fernandez, Joseph Kessel, Jean Prévost. Mais Louis Francis est surtout ami de Marcel Aymé et Louis-Ferdinand Céline. Les trois romanciers sont voisins, et se réunissent souvent le dimanche matin dans l'atelier du peintre Gen Paul, avenue Junot. En 1939, l'écrivain est mobilisé à Amiens comme lieutenant de réserve au 51e régiment d'infanterie.

Paul Tuffrau est aussi un maître qu'on a plaisir à écouter. Souvent vêtu d'une canadienne, l'agrégé de lettres de 52 ans porte des moustaches à la gauloise. Ce normalien est un héros de la Grande Guerre. Fait chevalier de la Légion d'honneur devant les troupes, Tuffrau a servi dans le même brigade que Barbusse et a signé en feuilleton dans *Le Journal*, *Le Carnet d'un combattant*. En 1919, il réintègre l'Université. Professeur au lycée Saint-Louis, puis à Louis-le-Grand, il est affecté au lycée Rollin en 1936. Parallèlement, il est maître de conférences à l'Ecole polytechnique. Tuffrau publie plusieurs ouvrages sur le Moyen Age mais il devient célèbre en publiant en 1929 le *Manuel illustré d'histoire de la littérature française* – le Lanson et Tuffrau. Le 14 juillet 1939, il assiste au défilé sur les Champs-Elysées. Le 2 septembre, au moment de la mobilisation générale, il s'est réengagé, part en première ligne et participe aux combats acharnés d'Orléans.

Personnalité originale, fière de ses origines gasconnes, poète, musicien, Jean Bouzet, professeur d'espagnol, est aussi le responsable de la chorale. Né le 11 janvier 1892, à Pontacq, dans le Béarn, il est monté à Paris en 1931, et nommé professeur au lycée Rollin, où une chaire de langue espagnole vient d'être créée. Le 24 juin 1939, sa chorale se produit au lycée Camille-Sée en présence du ministre du Front populaire Jean Zay. « Le lycée Rollin avait délégué une vingtaine d'élèves qui, sous l'habile direction de M. Bouzet, leur professeur d'espagnol, avaient mis au point de très remarquables chœurs. Ce groupe se fit entendre dans une série d'airs populaires espagnols, avec un succès dont on peut dire sans exagération qu'il fut un des plus grands de cette fête », indique le *Bulletin* de l'Association des parents d'élèves du lycée Rollin, pour l'année 1938-1939. Bouzet sait transmettre sa passion de la musique aux élèves. Le professeur d'espagnol s'intéresse également au théâtre. Il monte des spectacles. La musique et le théâtre permettent de mieux sensibiliser les adolescents aux langues vivantes. En 1939, Bouzet publie chez Belin son premier manuel scolaire, *Por buen camino*, destiné aux classes de quatrième. Le 4 septembre, l'ancien poilu est mobilisé à Pau comme lieutenant de réserve.

Regard sévère cerclé de lunettes rondes, Georges Lefranc enseigne l'histoire-géographie aux garnements du lycée. Ses collègues savent qu'il est un intellectuel actif sur l'échiquier politique. Normalien, de la même promotion que Raymond Aron, Jean-Paul Sartre et Paul Nizan, il fut le chef de file, rue d'Ulm, des normaliens socialistes. Au sein de la SFIO, il devient l'un des principaux animateurs de la tendance Révolution constructive, qui défend l'idée de l'économie planifiée. Il développe ses idées à l'Institut supérieur ouvrier. Au printemps 1938, l'enseignant Léon

Emery fonde avec lui le Centre syndical d'action contre la guerre, en marge du CVIA. Georges Lefranc est résolument pacifiste.

Il racontera plus tard sa drôle de guerre : « Persuadé (je me trompais) que je serais rapidement mobilisé (en fait ma situation ne changea pas jusqu'à l'armistice), je repris mon poste au lycée Rollin, où j'étais entré le 1er octobre 1937 [...] Finalement je me trouvais beaucoup de loisir et je n'avais pas le goût dans l'état d'incertitude où nous étions d'entreprendre un travail de longue haleine. Je fus donc heureux de saisir l'offre que me fit Léon Jouhaux : "Daladier, me dit-il, a créé, vous le savez, un commissariat à l'information dont le titulaire est Jean Giraudoux. Vous ne savez sans doute pas que Giraudoux est, par sa femme, le beau-père de Christian Pineau (secrétaire de la Fédération des Employés). Voulez-vous aller aussi là-bas ?" J'acceptai, sous la réserve que je continuerais à donner mes cours à Rollin. Ainsi fut fait. Installé rue de Castiglione, le Commissariat à l'Information était divisé en deux grandes sections : Information à l'intérieur, Information à l'extérieur. [...] De ces mois du Continental (siège du Commissariat à l'information), j'ai conservé deux souvenirs qui montrent le degré d'illusions qu'on nourrissait alors. Un jour, Giraudoux nous avait chargés, Pineau et moi, de prendre contact avec un ministre anglais dont je n'ai pas malheureusement noté le nom. Il venait s'enquérir de l'état de l'opinion française. J'eus l'honnêteté de lui dire : "Le peuple français souhaite que la guerre se termine le plus tôt possible et, comme en 1917, aspire à une intervention rapide des Etats-Unis." Qu'avais-je dit ? Glacial, notre interlocuteur riposta : "Monsieur, nous sommes bien capables de mettre fin tout seuls à cette affaire." Quelques semaines plus tard, les services du Continental faisaient circuler, dans les bureaux, une étude émanant d'un service de renseignement sur l'état des ressources pétrolières du Troisième Reich, évalué avec une précision mathématique qui ne pouvait pas ne pas impressionner. Hitler possédait tant de tonnes d'essence au 1er septembre 1939. La campagne de Pologne en avait absorbé tant. L'Allemagne, sur le pied de guerre, mais au rythme de la guerre froide, en consommait tant. Sa production de pétrole synthétique donnait tant. D'où il résultait que manifestement l'Allemagne était hors d'état de se livrer à une offensive d'envergure et que le blocus allié la condamnait, à plus ou moins brève échéance, à la paralysie pétrolière. Quelques semaines plus tard c'était l'offensive du 10 mai 1940, la ruée des Stukas et des Panzerdivisionen. Je crois avoir lu quelque part que ce document avait été fabriqué par les services allemands et livré à un agent travaillant pour la France aux Pays-Bas. Un chef-d'œuvre d'intoxication ! La guerre avait mis fin à mon activité politique. Plus déçu que jamais par le Parti Socialiste, divisé toujours en munichois et en antimunichois, en partisans d'une guerre active et partisans d'une guerre de compromis, je ne renouvelai pas ma carte au début de 1940. Mais mon activité passée n'avait pas pu ne pas laisser de traces dans les dossiers policiers. A deux ou trois reprises, surtout en sortant de la CGT, j'eus le sentiment d'être filé. L'affaire n'eut pas de suite[1]. »

Enfin, à Rollin, deux personnalités singulières attirent la curiosité des enfants. Alfred Lop-Montel, le professeur de dessin, qui règne sur le dernier étage de l'établissement, et Paul Maury, le professeur de lettres. Habillé à la manière des peintres bohèmes de Montmartre, Alfred Lop-Montel apprend à dessiner parmi des centaines de bustes en plâtre. Les gamins, bien sûr, sont attirés par les statues de Vénus. L'élève Jean-Louis Blum conservera un excellent souvenir : « Alfred Lop était un fantaisiste, irascible, tour à tour généreux ou inflexible. Un jour, il nous a fait réaliser des maquettes de décors pour *Cyrano de Bergerac* quand soudain, il

1. *Cahier & Revue de l'Ours*, n° 119, avril 1981.

interpelle un copain plus âgé, Chapelier : “Que faisiez-vous l’autre soir, près de la Cigale au bras d’une jeune femme ?” Chapelier ne se démonte pas et répond : “Et vous, Monsieur, vous en aviez une à chaque bras, sans doute une de vos modèles !” Comme je m’esclaffe, j’ai droit à une retenue pour le jeudi suivant. » Les élèves se divisent en deux camps rivaux : les “Anti-lops” et les “Inter-lops”. En réalité, derrière le masque de l’artiste raté, Alfred Lop-Montel est un communiste engagé qui poussera des potaches à s’engager dans la résistance. Son élève Jean Rollin, très sensible à la littérature et aux arts, obtient chaque année le premier prix de dessin. Lop-Montel le remarque et l’encourage. En 1939, le maître croque son élève à la mine de plomb. Une relation d’amitié se noue, et Lop-Montel passera plus tard des vacances dans la maison familiale des Rollin du côté de Vesoul. Et puis, ce peintre est surtout le frère de Ferdinand Lop, le mentor un peu fou des étudiants des Beaux-Arts qui organise des monômes[1] monstrueux au quartier Latin.

De son côté, Paul Maury, professeur de lettres très élégant, est petit, chauve, le bas de son visage est déformé, une joue emportée, une profonde cicatrice du maxillaire jusqu’au cou. L’élève Ange Leca, futur médecin, reste très impressionné par ce visage : « J’ignore si ce professeur était une “gueule cassée” de la guerre de 14 ou s’il était atteint d’une tumeur. Ce que je sais, c’est qu’il était antirépublicain et royaliste. Il organisait des pièces de théâtre, notamment “*Les Oiseaux*” d’Aristophane. Et les décors étaient peints par Alfred Lop[2] ! » Lop admire Staline, Maury est de l’Action française, pourtant les deux enseignants sont inséparables !

1. Un monôme est un groupement d’étudiants se tenant par les épaules sur la voie publique.

2. Entretien avec l’auteur, janvier 2010.

La rentrée des bacheliers

Les bacheliers de l'été 1939 vont tous connaître un itinéraire bouleversé. A la rentrée d'octobre 1939, par crainte des bombardements, les classes préparatoires aux grandes écoles des lycées parisiens sont transférées en province. Celles d'Henri-IV sont évacuées à Rennes. Dans la capitale bretonne se retrouve une bande d'étudiants communistes, Pierre Daix, Ginette Cros, Jeanne Brunschwig, Jean Sirinelli, Jean Suret-Canale, mais aussi Oliver Souef et Joseph Récanati qui venaient d'obtenir leur bac à Rollin. Olivier Souef a été nommé responsable des Etudiants communistes de la ville. Le mouvement se réorganise dans le plus grand secret. Pierre Daix se souvient : « La mère d'Olivier Souef, violoniste à l'orchestre de la radio, fut obligée de s'installer à Rennes. C'est comme cela que j'ai rencontré pour la première fois Olivier Souef. Je lui donne mon adhésion au PC qui vient d'être dissous comme SFIC, section française de l'Internationale communiste. Joseph Récanati est en hypokhâgne d'Henri-IV avec moi à Rennes en 39-40 et le fort en thème latin avec qui je suis en compétition[1]. »

Jean Collet lui aussi se souvient : « Ce fut la khâgne d'Henri-IV qui fut repliée au lycée de Rennes, où nous vîmes arriver, à la rentrée d'octobre-novembre 1939, un quarteron de Parisiens dont certains lycéens et étudiants communistes déjà engagés dans la lutte : il y avait là, par

1. Entretien avec l'auteur, novembre 2007.

exemple, Pierre Daix, Jean Suret-Canale, Ginette Cros, les frères Souef et quelques autres. Certains avaient même déjà goûté à la prison bien avant l'arrivée des nazis. Et avec ce renfort inattendu, notre activité militante monta d'un cran[1]. »

Le 10 mai 1940, l'attaque-éclair déclenchée par la Wehrmacht jette sur les routes des millions de civils en direction du sud et de l'ouest de la France : c'est l'exode. Le 23 mai, le nouveau ministre de l'Education nationale, Albert Sarraut, envoie un ordre de service : « A l'heure actuelle, aucun, Directeur, Recteur, Doyen, Inspecteur d'Académie, Chef d'Etablissement ne doit être ailleurs qu'à son bureau qui est son poste de commandement. Je ne saurais admettre qu'aucune obligation extérieure

1. Jean Collet, *A 20 ans dans la Résistance*, Graphen, 1999.

m'expose à ne pas le rencontrer, ou à ne pas rencontrer un suppléant autorisé, quand j'ai à lui donner des ordres. » En réalité, les administrations donnent le signal du départ, ce qui accentue la confusion. Le 12 juin 1940, le général Weygand déclare que « la guerre est définitivement perdue ».

Aristide Beslais, agrégé de français, membre influent du parti socialiste, la SFIO, délégué au congrès de Tours, proche de Léon Blum, expert de la question scolaire, résumera la situation de l'année 39-40 : « La guerre ! Elle nous surprit en pleines vacances, en pleine dispersion. Maîtres et élèves étaient pour la plupart loin de Paris, en septembre 39. Et, quand revint la date de la rentrée, un grand nombre d'entre nous, se conformant aux sages conseils du gouvernement, demeurèrent sur place, et retrouvèrent dans des établissements provinciaux, les uns leur chaire, les autres leur classe. Je fus du nombre. Je ne pus donc suivre que de loin la vie difficile de notre lycée, au cours de cette année de drôle de guerre. J'ai su depuis, de quel dévouement, de quelle ingéniosité dut faire preuve, pour que la machine continuât à tourner, la poignée de professeurs groupés autour de M. le proviseur Polack, et d'un homme auquel je suis heureux de pouvoir rendre un public hommage, l'excellent M. Buzin surveillant général maintenant à la retraite qui, selon son habitude, se dépensa sans compter. Ainsi se traîna, jusqu'à la catastrophe finale, cette première année scolaire de la guerre. Elle fut marquée par nos premiers deuils : le médecin-auxilliaire Mathieu, ancien élève, puis maître d'internat dans cette maison, avait été tué à son poste de secours dès septembre 39. Dans les combats que notre armée débordée soutint après le 10 mai 40 contre la ruée des divisions allemandes, le sergent Jacques Desmoulins, fils de notre cher ami, tombait le 13 juin mortellement blessé. Notre ancien élève, le lieutenant François Vincotte, succombait le 21 juin. Pierre Jasson, René Candais, Roger Halff,

Eugène Le brun, Maurice Spitz, Paul Viennot, tombaient au combat. D'autre part neuf des nôtres, MM. Casewitz, Chauvineau, Duvet Laplane, Robert, Rolland, professeurs ; Perrot, professeur-adjoint ; Com et Dudmaine, agents, étaient prisonniers[1]. »

Le 16 juin 1940, le président de la République Albert Lebrun fait appel au maréchal Pétain pour former un nouveau gouvernement. Le 17 juin, le vainqueur de Verdun adresse aux Français un message radiodiffusé dans lequel il déclare qu'« il faut cesser le combat ». La convention d'armistice est signée le 22 juin.

Le 23 juin 1940, Adolf Hitler, sanglé dans son imperméable, débarque sur l'esplanade du Sacré-Cœur de Montmartre. Le premier dimanche d'été de 1940, entre six et huit heures du matin, Hitler visite la capitale conquise. Après avoir atterri vers 5 h 30 du matin à l'aéroport du Bourget, sa colonne de Mercedes se rend successivement à l'Opéra, à la Madeleine, place de la Concorde, aux Champs-Elysées et à l'Arc de triomphe, puis sur l'esplanade du Trocadéro, aux Invalides et au tombeau de Napoléon, au Panthéon, à la Sainte-Chapelle, au Palais de justice, à Notre-Dame, à l'Hôtel de Ville, à la place des Vosges et devant la façade du Louvre pour finalement s'arrêter à Montmartre, au pied du Sacré-Cœur. La traversée de Paris par le maître du IIIe Reich s'achève sur la Butte. C'est l'apothéose : la capitale de la France et bientôt le monde se trouveraient couchés à ses pieds. Pourtant, au-dessous du tyran, dans la brume du matin, l'architecture du lycée Rollin se dessine. Sur plusieurs photographies, on distingue, derrière la silhouette du dictateur, le bâtiment du lycée, silencieusement rebelle.

---

1. *Decour-Eclair*, n° 13, 5 octobre 1945.

Le journaliste Jean Eparvier dépeindra le quartier occupé : « C'était ce Montmartre de l'Armistice. Les Allemands en avaient pris possession le soir du 14 juin. Tous les soldats déferlant dans la ville inerte avaient eu quartier libre, quatre mille d'entre eux, au moins, s'étaient précipités à Montmartre, où quelques filles étaient venues les rejoindre. [...] C'est ce Montmartre honteux que j'ai retrouvé, avec sa figure fanée le jour, fardée la nuit. Les clients avaient changé, les "fournisseurs" aussi ; une pègre furtive qui errait de la place Pigalle, plaque tournante des plaisirs, au Sacré-Cœur qui étend au-dessus de cette agitation larvaire la blanche paix de ses coupoles[1]. » Au cœur de l'usine à plaisir pour la soldatesque nazie, le lycée-caserne Rollin apparaît comme une citadelle assiégée.

En juillet 1940, le gouvernement du maréchal Pétain s'installe à Vichy. L'« Etat français » remplace le terme de

1. Jean Eparvier, *A Paris, sous la botte des nazis*, Editions Shall, 1944.

« république ». La devise « Travail-Famille-Patrie » se substitue à « Liberté-Egalité-Fraternité » dans tous les actes officiels. L'Université, parce que considérée comme le foyer des valeurs républicaines, est mise au pas et réformée. Les jeunes sont encadrés au sein de mouvements tels que les Chantiers de jeunesse.

Après leur séjour à Rennes, Pierre Daix et Olivier Souef sont revenus à Paris pour la rentrée universitaire. En Sorbonne, l'organisation clandestine des Etudiants communistes est dirigée par Claude Lalet et Olivier Souef, qui se sont connus au lycée Rollin. Edgar Morin, qui avait entamé ses études à la faculté de lettres, de droit et aux sciences politiques revoit aussi Claude Lalet. Avant l'armistice, ce dernier lui avait confié : « Nous sommes dans la situation de la Russie en octobre 17[1]. »

Edgar Morin quitte Paris pour Toulouse. Dans son carnet, il écrit un poème d'adieu :

« Adieu mon vieux Rollin où je ne fus jamais
« Parmi les tout premiers ni tout à fait un cancre,
« Où je me vois tantôt les deux mains tachées d'encre.
« Tantôt au tableau noir, les doigts tout blancs de craie[2]. »

Pierre Daix n'oubliera pas non plus sa rencontre avec Claude Lalet. « Plus grand que moi, mon aîné bien plus mûr et déjà marié, Lalet – les pseudos de la clandestinité n'étaient pas encore de mise entre nous, ce qui allait nous coûter cher – devint mon responsable direct. Il me confia tout de suite, puisque j'avais été membre des Auberges de la jeunesse avant la guerre, de prendre contact avec la direction du CLAJ (Centre laïque des auberges de la jeunesse), toujours légal, pour créer un club d'étudiants qui servirait de camouflage à notre organisation clandestine. De ce fait, Lalet allait devenir

1. Edgar Morin, *Autocritique*, Seuil, 1959.
2. Archives privées. Poème cité par Françoise Bianchi dans *Le fil des idées, une éco-biographie intellectuelle d'Edgar Morin*, Seuil, 2002.

mon soutien dans la première des graves crises que j'allais connaître avec le parti. Le CLAJ avait son siège rue Réaumur. J'y tombai sur une équipe de trotskistes aguerris, qui en avaient pris la direction en 1939 : Marcel Beaufrère, Lucienne Abraham, Maurice Laval et celui que nous appelions Ioffé tout court, un parent du Ioffé ami de Trotski. Dès nos premières discussions, ils me traitèrent de stalinien et me bassinèrent avec les procès de Moscou. Je leur rappelai que j'avais quatorze ans en 1936. Ce qui me sauva fut que nous étions d'accord pour utiliser le CLAJ aussi longtemps que les nazis ne chercheraient pas à l'embrigader, comme paravent légal pour camoufler nos organisations respectives. Dans le cas contraire, nous le sabordions[1]. »

Dans le club des Auberges de jeunesse, plusieurs anciens élèves de Rollin dispersés par l'exode se retrouvent. Olivier Souef, Karl Schoenhaar, Tony Bloncourt, Raymond Guglielmo, Jean-Claude Levy. Il y a aussi Pierre Kast, le futur cinéaste.

Jean-Claude Levy se souvient : « Je passe mon bac au lycée Rollin. Et à partir du 15 ou 16 juillet, je me retrouve avec un petit boulot au Centre d'information sur les prisonniers de guerre. Il était installé dans l'hôtel de Soubise aux Archives de France. Je retrouve là des amis et des gens que je connaissais plus ou moins aux Auberges de Jeunesse dont le centre se trouvait à ce moment rue Réaumur. C'était le moment où s'amorçait le mouvement de jeunesse lancé par Vichy. Tout de suite, on se retrouve, comme par hasard, en deux camps opposés au sein des Auberges. Les communistes d'un côté, les trotskistes de l'autre. Les trotskistes, selon la technique bien connue, voulaient faire de l'entrisme et disaient : “En entrant dans les Chantiers de jeunesse, dans les organisations du Maréchal, on va les noyauter, on pourra mettre la main dessus

1. Pierre Daix, *Dénis de mémoire*, Gallimard, 2008.

et on verra ce qu'on pourra en faire après dans un esprit révolutionnaire." Les communistes, d'autre part, disaient : "Les Chantiers de jeunesse, les organisations du Maréchal, il n'en faut pas, il faut être contre, et ce sera le noyau d'une espèce de résistance". Et on s'est organisés aussi bien pour résister au régime de Vichy qu'à l'égard des Allemands qui en étaient les inspirateurs. Nous étions un petit groupe de communistes et de sympathisants, devenu, sans que rien de formel ait été fait, associés au PC. C'est ainsi que, fin juillet, je me suis retrouvé associé puis membre non formel du Parti communiste [...].

« Nous opérions en purs amateurs. Guglielmo et moi aurions pu nous faire ramasser par hasard, par exemple le jour où nous avons fait une inscription haute d'un mètre et longue de plus de dix mètres au pied de la maison de Poulbot, avenue Junot. Nous avions écrit : "Vive le Parti communiste." Au reste, l'amateurisme, au moins au début, était une des caractéristiques de la Résistance. Nous nous réunissions comme si de rien n'était, nous sortions camper ensemble, nous chantions ensemble des chants révolutionnaires. C'était le plaisir de chanter et d'être ensemble, une bande de copains[1]. »

On retrouve là un autre camarade du lycée Rollin, Pierre Voisin. Après son bac, il s'inscrit en histoire à la Sorbonne. « J'écoutais Paul Valery et Gaston Bachelard au Collège de France », dit-il. Rouben Melik l'entraîne dans des cabarets où il écoute des chansons russes et arméniennes. « Rouben m'a fait lire un de ses poèmes sur un cahier : "Vert tapis la balle rouge roule". Ce vers signifiait l'avènement du Communisme ». En mai 1940, Pierre Voisin s'engage comme soldat et fait la campagne de France. Il est prisonnier pendant trois semaines et s'évade du camp de Malicorne dans l'Yonne. Après l'armistice, de retour à Paris, il rencontre Jean Suret-Canale et Pierre

1. Jean-Claude Dumoulin, archives privées.

Daix aux Etudiants communistes. Au cours d'une réunion politique des Auberges de jeunesse, Lucienne Abraham, la dirigeante trotskiste l'apostrophe : « Vous l'avez bien eu, bande de salauds ! » : Léon Trotski venait d'être assassiné dans son exil au Mexique.

La Jeunesse étudiante chrétienne

Etudiants et lycéens de gauche forment un monde clos qui se déchire sur la stratégie à suivre face à l'occupant. Mais il existe une autre nébuleuse. Un groupe important de lycéens militent à la Jeunesse étudiante chrétienne (JEC), organisation catholique des écoles et universités. A Rollin, Jacques Frantz, en classe de seconde, est le chef d'équipe et dépend de la paroisse Saint-Pierre de Montmartre. Frantz indique dans son agenda qu'il va à la messe de 7 h 30 chaque matin avant de se rendre au bahut. Ses copains sont Jean Marty, Michel Preaux, Ange Leca, Raymond Martin, André Piquemal, Charles Gélinet et surtout Pierre Vignolet et Jean Gay. Ces adolescents, très soudés, sont des catholiques pratiquants totalement investis dans le militantisme jéciste. La famille Frantz est proche de la famille Gay. Jean Gay se charge d'accompagner Jeannine, la sœur de Jacques Frantz, plus jeune de deux ans, au catéchisme tous les jeudis. Gay adore se moquer de la petite sœur de son copain. D'origine écossaise, son père travaille dans le cinéma comme traducteur. Charles Gélinet est un garçon taciturne. Ses parents se sont séparés et il fait plus vieux que son âge. Depuis l'armistice, Jacques Frantz, Raymond Martin, André Piquemal, Jean Marty, Michel Preaux sont séduits par la Révolution nationale. Pierre Vignolet, Charles Gélinet et Jean Gay détestent les boches.

Le 25 juillet 1940, Jean Gay écrit à son meilleur ami Jacques Frantz :

Paris, le 25 juill.

Cher vieux Jacques,

Cela m'a fait bien plaisir d'avoir de tes nouvelles. Que de choses à te dire ! Commençons par le commencement, c'est-à-dire le 10 ou 11 juin. Déjà les gens commençaient à « mettre les voiles ». Leca et moi avions décidé nos mères respectives à partir ensemble, ce qui fut fait le 12 juin dans une voiture de la Metro-Goldwin Mayer. Pour nous, le problème était autre : Impossible de trouver une voiture ; alors nous prîmes notre courage à deux mains, notre sac sur le dos et nous partîmes, avec mon père, mon frère et divers messieurs du bureau de mon père. Nous sortions de Paris, ça avant que ces Allemands n'y entrent par l'autre côté et il faut croire que nous en avons mis un bon coup puisqu'ils ne nous rattrapèrent que le samedi 15 à Etampes. Mais entre-temps tout n'avait pas roulé comme sur une planche lisse. Loin de là. D'abord j'avais perdu mon père et mon frère et notre groupe s'était réduit à 5. Ensuite la pénurie de carburant (et de pain) commença à se faire sentir. Enfin l'incertitude de ne rien savoir. Des gens disaient « ils sont à 8 km3 ». D'autres « ils sont au moins à 80 km ». Personne n'en savait rien mais chacun voulait savoir. Du pitoyable et lamentable spectacle de l'exode de milliers de personnes sur les routes, mieux vaut n'en pas parler. Mais je t'assure qu'il y a certaines choses que l'on n'oublie jamais, devrait-on vivre des centaines d'années, après les avoir vues. Je crois que vraiment rien ne peut exister de plus triste, de plus lamentable qu'une population qui fuit devant elle, sans savoir où, mêlée de soldats en déroute, quelques-uns en bon ordre et bien formés, d'autres, beaucoup plus nombreux hélas, ignorant totalement où était leur régiment et où ils le rejoindraient jamais.

Enfin, te dis-je nous en fûmes pour nos frais, ainsi que bien d'autres et dûmes retourner à Paris, ce qui ne contribua pas pour peu à augmenter le voltage des petites ampoules que nous portions aux pieds. J'ai regretté de ne pas avoir un appareil photographique pour prendre notre groupe : cinq espèces d'hirsutes méconnaissables, en guenilles presque, d'une propreté beaucoup plus que douteuse, poussant à tour de rôle un vélo auquel était suspendu par son avant un cadavre de voiture d'enfant trouvé Dieu sait où, et ne possédant plus que les 2 roues arrière. Ladite voiture empilée de nos pénates inopinément déménagés. Nous étions à Paris le lundi à 7 h du soir (heure allemande) et mon père n'y était pas. Je devais rester 3 semaines sans nouvelles de lui. Enfin j'en ai maintenant. Il a traversé la Loire avec mon frère et rejoint ma mère à La Souterraine, charmant petit patelin de Creuse dont je t'ai souvent parlé et (tu dois t'en souvenir) que j'aime particulièrement.

Alors nous avons organisé notre vie, M. A. Leca et moi, ma foi pas mal du tout. Après avoir (avec délices d'ailleurs) englouti les fonds de la JEC. (Je te dois mes remerciements ainsi qu'à tous pour m'avoir élu trésorier, car ce me fut vraiment utile) et l'argent de Leca, nous nous mîmes à emprunter et à nous faire inviter un peu partout à déjeuner et à dîner. De plus une collègue de mon père qui vit dans le quartier m'a accueilli et quand les invitations manquent je vais chez elle. Mais comme elle est aussi à sec que moi et sans travail, nous ne sommes guère avancés. Enfin.

Après avoir vainement tenté de trouver un travail, j'ai décidé de retourner au « bahut », ainsi que Leca. Nous sommes à Voltaire. Les classes sont mixtes, ce qui n'est pas trop désagréable il faut l'avouer, et le travail est sérieux : matin et soir (de 9 à 11 ou 12 et de 2 ½ à 4 ½). Nous allons en vélo (car nous avons trouvé des vélos) avec Casanova et Gallié[1]. Nous y avons retrouvé Michel, Nathan, Dubois, etc.

La JEC a repris aussi. Robert t'en parle. Mais il oublie sur la liste Gélinet[2], qui vient seulement de rentrer.

1. Il s'agit d'Alexandre Gallié-Brault, futur résistant, cadet de la France libre et fils d'Eliane Brault, militante féministe et antifasciste.
2. Charles Gélinet, futur résistant.

Pour ce qui est de tes conseils, nous ne t'avons pas attendu pour les suivre et nous avons commencé notre travail à Voltaire (et pas seulement, je te prie de le croire, du côté des jeunes filles pour lesquelles cependant je me sens une véritable âme d'apôtre).
La présence de M. Perrin à nos réunions y ajoute un certain sel dont on ne peut s'empêcher d'apprécier la valeur surtout lorsqu'il nous lit des citations de livres qui doivent être fort intéressants mais que personne n'entend, tant il lit à grosse voix et inintelligiblement et tous nous nous mordons les lèvres pour ne pas éclater de rire. De plus quand M. Cervoni ajoute à cela des démonstrations de l'usage de la pipe de bais comme excellent vomitif, la réunion est vraiment ratée ou du moins bien drôle. Mais rassure-toi cet incident n'a pas interrompu notre travail. Il s'est produit juste au moment de la lecture de ta lettre (où tu parlais des juifs et mentionnais justement Cervoni) et il perdit (en même temps que son dîner d'ailleurs) ce beau morceau de ta lettre.
Mais vraiment je ne suis pas sérieux. Que veux-tu, la vie n'est pas toujours drôle ici et vraiment ça me fait tellement plaisir d'écrire à un copain qui est parti depuis longtemps et qui au fond me rappelle un autre temps, un autre pays presque, que je me figure que nous sommes toujours réunis comme avant et que tout va bien. Tout est si calme ici (il est vrai qu'à l'heure où j'écris (il est minuit), ce ne peut qu'être calme).
D'ailleurs il faut que je cesse car il se fait vraiment tard. Reviens à Paris le plus tôt possible que nous soyons tous ensemble. Ce serait tellement mieux à tout point de vue. Nous pourrions nous parler, discuter pour de bon, prendre des décisions.
Enfin pour ce soir, je te quitte et vais rejoindre l'Ange que j'entends doucement ronfler dans la chambre (pour un ange !). Présente mes amitiés à tes parents et à ta sœur. Je te serre la main.
A bientôt.

Jean Gay[1]

1. Archives privées.

Les devoirs nouveaux

Le 12 juillet, le maréchal Pétain avait nommé Emile Mireaux, ministre-secrétaire d'Etat à l'Instruction publique et aux Beaux-Arts. Ce normalien avait adhéré immédiatement à la Révolution nationale. Les premières mesures d'exclusion sont prises. La loi du 17 juillet 1940 donne aux nouvelles autorités la possibilité de révoquer sans justification tout personnel de la fonction publique. La loi du 30 juillet, dite de « francisation de la fonction publique », évince les fonctionnaires d'origine étrangère. Au lycée Rollin, le rectorat met à la retraite d'office le proviseur Polack, qui avait provisoirement géré l'établissement à la fin de la « drôle de guerre ». Ses origines ne sont pas du goût du nouveau régime. Camille Perrin, proviseur du lycée Claude-Bernard désormais occupé par les Allemands, le remplace. Ce fonctionnaire zélé sait obéir à ses nouveaux supérieurs.

Le 9 août, le ministre Emile Mireaux ordonne à tous les établissements scolaires et aux universités que le premier cours ou la première classe, à la rentrée, comporte le programme suivant :

« 1°) une minute de silence observée en mémoire des morts de la guerre ; 2°) lecture de fragments des appels adressés aux Français les 16, 20, 23 et 25 juin dernier, par M. le maréchal Pétain, chef de l'Etat français ; 3°) allocution inspirée de ces appels. Cette allocution portera sur les conditions essentielles du redressement national, sur les devoirs nouveaux qu'il impose à tous les Français, et plus particulièrement à la jeunesse, qui porte en elle toutes les promesses d'avenir[1]. »

A Rollin, une partie des locaux servent de centre d'accueil aux réfugiés et soldats en déroute. L'été 40 s'achève. Paris n'est plus la capitale mondiale des Droits de l'homme. Enfants et adultes vont devoir s'adapter à l'Occupation.

1. Archives lycée Jacques-Decour, Paris.

1940-1941

LES EXCLUS

La pétition

Rentrée 1940 : le nouveau chef d'établissement du lycée, Camille Perrin, doit remettre en route la machine administrative et exécuter les circulaires du nouveau régime.

Mais dès le 7 septembre 1940, le recteur de l'Académie de Paris lui dresse une lettre de reproche :

> Je me vois obligé de vous exprimer mon très vif étonnement de l'attitude observée jeudi dernier par les jeunes gens et les jeunes filles envoyés par les établissements pour assister à la séance de lecture de poèmes de Victor Hugo à la Sorbonne [...]. La séance a été souvent troublée par des manifestations bruyantes, et inconvenantes pour le Professeur de la Faculté des Lettres qui avait accepté de présenter les lectures, comme pour les artistes qui nous avaient fait le plaisir de nous prêter leur concours gracieux. J'ai dû personnellement intervenir pour imposer le silence. A la sortie, les élèves, jeunes gens et jeunes filles, se sont précipités sur les artistes pour obtenir des signatures ; ils les ont poursuivis jusqu'aux portes de la Sorbonne ; la rue de la Sorbonne a été pendant près d'un quart d'heure encombrée par une jeunesse turbulente qui a dû nécessiter l'intervention des agents. Il a fallu leur concours pour rendre libre l'accès de mon domicile personnel. La séance annoncée pour le jeudi 12 septembre est remise à une date ultérieure. Des instructions vous seront adressées en temps utile.
>
> Gustave Roussy[1].

1. Archives lycée Jacques-Decour, Paris.

A la Sorbonne, au bout de l'escalier C, se trouve une petite bibliothèque spécialisée en documents d'histoire. Claude Lalet, ancien élève de Rollin, en est le gardien. Toute une faune de jeunes gens bizarres sait où le trouver. L'Union des étudiants et lycéens communistes (UELC) se restructure ainsi clandestinement. Des potaches distribuent des tracts ronéotypés, notamment l'organe des Etudiants et lycéens communistes *La Relève*. Olivier Souef, Tony Bloncourt, les camarades en distribuent des paquets aux lycéens, à la sortie des bahuts, dans les salles de classe, les bibliothèques, les librairies, les piscines, les gymnases. Des papillons sont lancés depuis les quais du métro aérien à la station Barbès.

Le 12 septembre 1940, Pierre Voisin glisse ainsi des tracts dans les volumes de la librairie Joseph Gibert boulevard Saint-Michel, près de la Sorbonne. Ancien élève de Rollin, étudiant en histoire, il est membre de l'organisation clandestine des Etudiants communistes. Pris en flagrant délit, il est arrêté par la police. Au commissariat de la place Saint-Sulpice, le brigadier Bottine[1] découvre dans la veste de l'étudiant un carnet où sont inscrits des noms et des dates. Le policier reconnaît un nom, Canale. L'étudiant répond avec un culot monstre : « J'avais rendez-vous avec une fille près du canal de la Bastille. » En réalité, il s'agissait de Jean Suret-Canale, son copain des Etudiants communistes. Du commissariat, Pierre Voisin est transféré au Palais de justice. De là, il est envoyé à la prison du Cherche-Midi. Au cours de la promenade, il rencontre des membres du Parti communiste comme Prosper Môquet, Johanny Berlioz, Renaud Jean et Jean Duclos, le frère de Jacques Duclos. Peu après, Pierre Voisin est transféré à la

1. Boulevard Saint-Germain une plaque commémorative indique que Robert Bottine, brigadier des gardiens de la paix du IVe arrondissement, fut mortellement blessé pour la libération de Paris le 19 août 1944.

Santé et y reste jusqu'en avril. Son compagnon de cellule, Alfred Ottino, finira fusillé. Ottino lui explique comment, en 1939, avait été organisé par le PC le sabotage des usines d'armement dans le nord de Paris. Libéré en avril 1941, il revient chez lui. Sa mère lui reproche violemment son séjour en prison : « Je n'aurais jamais pensé que mon fils deviendrait un voyou[1]. »

Au lycée Rollin, le 5 octobre 1940, le nouveau proviseur établit son rapport sur la rentrée des classes : « La rentrée s'est effectuée le mardi 1er octobre à 8 h 30 pour les élèves des classes de Mathématiques Spéciales, Mathématiques Elémentaires, Philosophie, Premières et Secondes et à 14 heures pour les élèves des classes de Troisième et au-dessous.

« A 8 h 30, tous les élèves des grandes classes, au nombre de 560, ont été réunis dans la salle des Fêtes.

« J'ai exposé en quelques phrases le but de la réunion, puis j'ai fait observer une minute de silence.

« Monsieur le Censeur a ensuite donné lecture des fragments des appels adressés aux Français par Monsieur le maréchal Pétain.

« Dans un commentaire, simple et concis, j'ai exhorté les élèves à réfléchir aux passages qui s'adressent plus particulièrement à eux et je leur ai demandé de prendre les résolutions de travail, de discipline, d'ordre, de patience, de partage que nous impose le deuil de la Patrie.

« L'après-midi à 2 heures la même cérémonie a été reprise dans le même ordre avec les élèves des classes de Troisième et au-dessous, au nombre de 783. Les élèves des classes de 9e, 10e et 11e avaient été dispenser d'y *(sic)* assister.

« Les cérémonies se sont déroulées dans l'atmosphère de gravité et de recueillement imposée par les circonstances[2]. »

---

1. Entretien avec l'auteur, décembre 2007.
2. Archives lycée Jacques-Decour, Paris.

Gustave Roussy, le recteur de Paris, a besoin de héros pour la propagande vichyste. Il demande au proviseur : « Je vous serais bien obligé de bien vouloir me faire parvenir votre réponse à la circulaire ministérielle du 8 août 1940 (notifiée le 31) concernant les actes d'héroïsme ou les défaillances du personnel placé sous vos ordres. » Et le proviseur de répondre dans la marge : « Néant. »

Le professeur Aristide Beslais, resté fidèle aux valeurs du Front populaire, décrira plus tard l'état d'esprit dans la salle des professeurs : « Octobre 1940. D'incertaines vacances se sont terminées, de lents convois ont ramené des provinces de refuge maîtres et élèves. Nous nous retrouvons dans notre cercle, jadis animé et bruyant, aujourd'hui morne et triste, chacun apporte ses soucis. Certes, nous nous connaissons bien. Mais après cette affreuse tempête qui a tout emporté, peut-on prévoir ce qui reste dans chaque esprit des idées, des sentiments, des croyances d'hier ? Que pense-t-il celui-là ? Il était naguère socialiste ou royaliste, communiste ou modéré. Comment a-t-il réagi aux événements ? Mais la gêne dure peu. Aux premiers mots l'on se sent d'accord ; et ainsi se scelle entre nous cette union des cœurs français dans la résistance à l'oppression qui va s'élargissant et s'affermissant jusqu'au dernier jour. A cette défense de la patrie qui était en même temps la défense de l'esprit, les uns ont consacré jusqu'à l'ultime sacrifice un noble courage, d'autres les ressources d'une passivité ingénieuse : tous, ou presque tous, ont fait leur devoir. Ni les occupants, ni les valets de Vichy ne s'y sont trompés. Dès le premier jour, l'Université, maîtres et élèves, est suspecte. On redoute son libéralisme, son esprit critique et frondeur[1]. »

Le 3 octobre 1940, les autorités de Vichy instaurent la première « Loi portant sur le statut des Juifs ». En application de celle-ci, tous les fonctionnaires juifs relevant

1. *Decour-Eclair*, n° 13, 5 octobre 1945.

du Secrétariat d'Etat à l'Instruction publique doivent cesser leurs fonctions. Quatre professeurs sont touchés par les mesures discriminatoires de Vichy : Fernand Cohen[1], professeur agrégé de physique, trente ans de service, est un ancien combattant blessé et médaillé de la guerre 1914-1918. Les trois autres adultes touchés par la loi antisémite sont un professeur d'allemand, Paul Levy, un professeur agrégé de grammaire, Joseph Daïan, et une institutrice, Mme Bittel-Klein.

La correspondance entre le nouveau proviseur et le rectorat montre que le renvoi des enseignants juifs s'est effectué sans susciter d'opposition apparente : « ... J'ajoute que les quatre fonctionnaires juifs qui exerçaient au lycée Rollin ont cessé leur fonction sans qu'il se soit produit aucune manifestation, ni de la part de leurs collègues, ni de la part des élèves[2]. »

Certains professeurs sauveront l'honneur. Ainsi, le 15 novembre 1940, le recteur de l'Académie de Paris, Jérôme Carcopino, qui vient de remplacer Gustave Roussy, signale son fort mécontentement au nouveau proviseur qui a osé lui transmettre une pétition des professeurs contre l'exclusion de leurs collègues juifs : « Il aurait convenu de faire observer aux professeurs qu'il s'agit de l'application d'une loi... Je vous invite en toute circonstance à prendre vos responsabilités comme je prends les miennes[3]. »

---

1. Au 1er janvier 1941, Fernand Cohen sera nommé directeur de l'orphelinat Rothschild à Paris. Le 22 septembre 1942, il sera interné à Drancy. Libéré après trois mois de détention, puis arrêté de nouveau pour quelques jours le 24 mai 1944. A la Libération, le professeur reprendra son poste au nouveau lycée Jacques-Decour. Différents ouvrages évoquent l'orphelinat Rothschild pendant la guerre, dont le *Journal* d'Hélène Berr (Tallandier, 2008).

2. Claude Singer, *Vichy, l'université et les juifs*, Les Belles Lettres, 1992.

3. Archives rectorat de Paris, 3B 14 (AJ16 7 111 et suiv.), lettre du 15 novembre 1940.

Les manifestations de trublions

La rentrée scolaire d'octobre 1940 est la première de l'Occupation. La destitution des professeurs juifs, exclus du corps enseignant en vertu du « Statut des Juifs » promulgué par la loi du 3 octobre 1940, scandalise bon nombre d'élèves et d'enseignants. La nouvelle de l'arrestation, le 30 octobre, du professeur Paul Langevin fait monter la tension d'un cran. Ce dernier, physicien célèbre, fondateur, en 1934, du Comité de vigilance des intellectuels antifascistes, est une figure du Front populaire. L'Union des étudiants et lycéens communistes de France (UELCF), clandestine depuis septembre 1939, riposte aussitôt. Dans un tract qu'elle fait circuler au quartier Latin, elle appelle à manifester le 8 novembre, jour où le professeur Langevin aurait dû donner sa leçon inaugurale au Collège de France. C'est Claude Lalet qui répartit les rôles de chacun dans la préparation de la manifestation.

Le vendredi 8 novembre, le quartier Latin est en état de siège. La Préfecture a eu vent d'une manifestation et mobilise des forces de police. Un attroupement se forme devant la Sorbonne, près de la statue de Montaigne. Olivier Souef, Tony Bloncourt, mais aussi François Lescure, Pierre Daix, Bernard Kirschen, Jean Gallèpe, Suzanne Djian, Sam Razynski, Francis Cohen avancent vers le Collège de France. Les camarades lancent des tracts et crient à tue-tête : « Libérez Langevin ! », « A bas Pétain ! » On chante *La Marseillaise*. Les policiers regroupés boulevard

Saint-Michel surgissent aussitôt. La cinquantaine d'étudiants finissent par se disperser.

Le 7 novembre, la presse publiait le communiqué suivant : « Aucune cérémonie ni manifestation : les administrations publiques et les entreprises privées travailleront normalement le 11 novembre prochain à Paris et dans le département de la Seine. Les cérémonies commémoratives n'auront pas lieu. Aucune démonstration publique ne sera admise. »

Le 9 novembre, le recteur adresse aux chefs d'établissement une circulaire dans le même sens :

« Vous savez que le Gouvernement a décidé que cette année, en raison du deuil de la Patrie, le travail ne serait pas arrêté au cours de la journée du 11 novembre.

« Les classes auront donc lieu comme d'habitude.

« Il n'y aura pas de cérémonie.

« Il convient seulement que la journée soit marquée du signe d'un profond recueillement. Je compte sur vous pour faire comprendre à notre jeunesse qu'elle doit s'abstenir de toute manifestation extérieure ou intérieure qui pourrait nuire non seulement à la gravité même de la commémoration, mais à la dignité dans laquelle doit continuer à se poursuivre le travail dans nos établissements d'enseignement. »

Dans la nuit du 8 au 9 novembre, 5, place Saint-Michel, au Centre d'entraide des étudiants, un groupe de jeunes gens cherche le moyen de célébrer la victoire du 11 novembre 1918. Claude Bellanger, qui a créé le Centre d'entraide, François Lescure, responsable de l'UNEF (Union nationale des étudiants de France), Jean Ebstein-Langevin, chef de la corpo de droit et l'étudiant Pierre Lefranc rédigent un tract ronéotypé à une centaine d'exemplaires :

« Etudiants de France

« Le 11 novembre est resté pour toi jour de fête nationale.

« Malgré l'ordre des autorités opprimantes, il sera jour de recueillement.

« Tu n'assisteras à aucun cours.

« Tu iras honorer le soldat inconnu, à 17 h 30.

« Le 11 novembre 1918 fut le jour d'une grande victoire.

« Le 11 novembre 1940 sera le signal d'une plus grande encore.

« Tous les étudiants sont solidaires pour que vive la France.

« Recopie ces lignes et diffuse-les. »

Max Peyre, alors élève à Rollin en seconde B1, se souvient : « Le 9 novembre, un mot d'ordre de grève a été lancé dans le plus grand silence. Un élève, Pierre Durafour, qui n'était pas dans ma classe, m'a remis quelques dizaines de tracts gaullistes appelant à la résistance. Les tracts étaient imprimés et avaient été remis par l'aumônier. Le 11 novembre, la grève a été bien suivie[1]. » Le jeune aumônier du lycée, l'abbé Chaveneau, porte une soutane et un béret basque. Ses cours de catéchisme ont lieu au 8, rue Choron, en bas de la rue des Martyrs. Avec lui, l'instruction religieuse se transforme en école de la subversion : l'abbé engage ses élèves à prendre conscience de leur devoir de jeunes Français, à ne pas admettre la présence du vainqueur, à lutter, jusqu'au martyre s'il le faut. La troupe des scouts catholiques ne reste pas sourde à ces exhortations, et, derrière les murs noirs de l'établissement, des gamins s'activent. Jacques Frantz, en première A1, chef d'équipe à la JEC, inscrit sur son agenda à la date du lundi 11 novembre : « Messe à 7 h 30 pour la France. 17 heures : aller au tombeau du soldat inconnu. Lycée : 8 h 30 à 12 heures – 2 à 4. » Les jeunes catholiques sont partagés. Certains, comme Jacques Frantz, défendent la cause du maréchal Pétain. Jean Gay, son copain de classe, récupère des tracts gaullistes. A la sortie du cours,

1. Entretien avec l'auteur, mai 2008.

Charles Gélinet, en première A1, parle longuement avec son professeur d'allemand Daniel Decourdemanche, alias Jacques Decour. Les Eclaireurs israélites aussi participent à la fronde. Freddy Menahem, alors en première, veut aller place de l'Etoile.

Le 11 novembre 1940, des tracts et le bouche-à-oreille incitent étudiants et lycéens à se rendre au rond-point des Champs-Elysées pour fleurir la statue de Clemenceau puis gagner l'Arc de triomphe. Dans l'après-midi, les garnements font donc l'école buissonnière. Tony Bloncourt et Christian Rizo débouchent du rond-point. Claude Lalet et sa jeune épouse arrivent par l'avenue Marceau. Karl Schoenharr a séché les cours de Rollin pour être avec ses camarades. On entend « Vive la France ! », « A bas Hitler ! », « Salauds ! ». Selon François Lescure, un groupe de copains a crié « Vive l'Université libre ». On chante *La Marseillaise*. Une foule, sans doute trois mille jeunes gens, occupe l'avenue et la place de l'Etoile : les policiers et les soldats allemands présents n'en croient pas leurs yeux. Les représentants de l'ordre sont insultés et bousculés. Des étudiants jettent des pierres dans les vitrines des locaux des groupuscules fascistes Jeune front (dirigé jusqu'en octobre par Robert Hersant) et La Garde française, sur les Champs-Elysées. Enfin, peu avant 18 heures, alors que la nuit est tombée, des camions militaires allemands et des side-cars remontent l'avenue et encerclent la place de l'Etoile. Les vert-de-gris se précipitent sur les jeunes et frappent de leurs crosses tous ceux qui leur résistent. Des coups de feu sont tirés. La Wehrmacht charge pour obtenir une dispersion et procède à des arrestations. La police remplit ses paniers à salade, tandis que les manifestants tentent de fuir par les rues adjacentes : Freddy Menahem plonge dans la fontaine en bas de l'avenue pour se protéger.

Les Allemands arrêtent trois élèves de Rollin : Marc Leblond (en philo 2), Christian Malaurie (en philo 1) et

René Bellanger (en première A). Les trois frondeurs âgés de 17 ans sont internés à la prison de Fresnes et du Cherche-Midi.

Les jours suivants, la préfecture de police fait état de 1 000 interpellations : 917 hommes et 124 femmes, 547 lycéens, 299 étudiants, 57 écoliers. La moyenne d'âge est de 18 ans.

Conséquence de la manifestation du 11 novembre, le général von Stülpnagel ordonne la fermeture des universités. Les étudiants sont tenus chaque jour d'aller signer sur un registre au commissariat de leur quartier. Le recteur Gustave Roussy est relevé de ses fonctions, et remplacé par un homme acquis aux idées du régime de Vichy, le sinistre Jérôme Carcopino.

Pierre Daix précise : « Le 12 novembre, nous sommes allés, Olivier Souef et moi, jouer les imbéciles devant les portes de la Sorbonne fermée à cause de nous (elle le resta des semaines). Il y avait des centaines d'étudiants, mais tous étaient en colère non contre les nazis ou Vichy, mais contre les imbéciles qui n'avaient rien compris. Simplement, pour n'avoir pas aboyé avec les autres, nous avons été pris à partie, trouvant notre salut dans la fuite[1]. » Dans la nuit du 13 au 14 novembre, Olivier Souef et ses camarades couvrent d'inscriptions à la craie les murs des lycées et des facultés du quartier Latin.

« Au lycée, explique Max Peyre, l'atmosphère est devenue de plus en plus pesante. Des contrôles fréquents sont effectués à la sortie du lycée par des inspecteurs de la préfecture de police qui venaient tâter les revers des vestons pour voir s'il n'y avait pas de croix de Lorraine[2]. » A Rollin, le jeudi 21, la classe de mathématique est consignée. Karl Schoenhaar est renvoyé. Le gavroche allemand distribuait les tracts des Etudiants et lycéens communistes et avait été dénoncé. Sur son bulletin scolaire, dans la case

1. Entretien avec l'auteur, novembre 2007.
2. Entretien avec l'auteur, mai 2008.

observations, il est signifié : « A quitté le lycée 31/12/40. Instruction rectorale : propagande politique. » Le surveillant général note à propos de René Bellanger : « René n'a donné satisfaction à aucun de ses professeurs. Refus général pour le tableau d'honneur – avertissement précédant l'exclusion. » Le recteur pétainiste Jérôme Carcopino racontera plus tard que le proviseur de Rollin le renseignait sur les agissements de ses élèves[1].

Parallèlement à l'épopée des cancres de la résistance, le lycée a aussi sa légende noire, sa face cachée. Dans la cour de récréation, des garçons forment des bandes aux idées extrémistes. Les potaches en culottes courtes rêvent de porter des uniformes et jouent à la guerre. De jeunes étudiants radicaux voudraient endoctriner les lycéens sur le modèle nazi. Ces exaltés méprisant les valeurs républicaines qui, selon eux, ont conduit au désastre, se comportent comme de véritables prédateurs face à l'administration scolaire en pleine déconfiture.

Le 13 novembre 1940, soit deux jours après la fameuse manifestation des lycéens contre les Allemands, le proviseur de Rollin reçoit une curieuse lettre de Jacques Chevalier, secrétaire général à l'Instruction publique. « Il m'a été rendu compte que, dans un certain nombre d'Académies, fonctionne une organisation dite "Cours de vacances des professeurs du second degré des académies de France". Cette entreprise se prépare à éditer une revue mensuelle "Jeunes Forces" *(sic)* destinées aux élèves de l'enseignement secondaire, de la 6e à la 2de incluse. Des démarches ont été déjà faites auprès de certains chefs d'établissement en vue d'obtenir l'autorisation de faire de la propagande en faveur des cours de vacances de l'an prochain et de la nouvelle revue qui est en rapport étroit

1. Stéphanie Corcy-Debeay, *Jérôme Carcopino : un historien à Vichy*, L'Harmattan, 2001.

avec eux. Bien que les promoteurs de cette entreprise mettent en avant l'"intérêt pédagogique" et le "but moral et national" de cette publication, bien qu'ils se prétendent même assurés pour elle de certains appuis officiels, la forme donnée à l'organisation de ces cours de vacances et à la propagande en faveur de la nouvelle revue dénote assez le caractère véritable de l'entreprise. Il convient de ne pas laisser s'accréditer dans l'esprit des parents d'élèves l'idée qu'il s'agit là d'une institution officielle, fonctionnant en quelque sorte sous le patronage de l'administration, comme la dénomination "Cours de vacances des professeurs des académies de France" pourrait le donner à croire. Donc, loin d'accorder les autorisations qui pourraient être sollicitées, il convient d'interdire formellement toute propagande pour les cours de vacances privés et pour la revue "Jeunes Forces" *(sic)* dans les lycées, collèges et établissements d'enseignement primaire supérieur de votre académie, et de ne favoriser d'aucune manière une entreprise à laquelle je ne saurais donner mon agrément[1]. »

En fait, un groupe d'élèves autour de Jacques Bousquet, professeur de grammaire au lycée Voltaire, a créé un mouvement politique intitulé Les Jeunes du Maréchal. Ses adhérents, admirateurs de Pétain, font de la propagande à la sortie des lycées. L'administration ne cautionne pas l'initiative, et se méfie de l'orientation fasciste de ce groupuscule. Parallèlement, depuis l'été 1940, Robert Hersant, futur patron du *Figaro,* alors âgé de 20 ans, a fondé une organisation d'extrême droite, Jeune Front. Les bureaux sont situés au 28 de l'avenue des Champs-Elysées. Robert Hersant et son ami Jean-Marie Balestre font une première tentative pour composer un journal, *Jeune Force,* avec l'appui du groupuscule les Jeunes du Maréchal.

1. Archives lycée Jacques-Decour, Paris.

Du côté des étudiants communistes, la situation se tend après la manifestation du 11 Novembre. Si, le 11 novembre, la Préfecture semble avoir été dépassée par les événements, les autorités décident de reprendre la situation en main. La police surveille la bibliothèque Mazarine. Le 20 novembre 1940, un agent arrête l'étudiante Gisèle Vallepin dans la salle de lecture : la jeune fille avait dans son cartable des tracts qui réclamaient la libération du professeur Langevin et la réouverture de l'université signés des Etudiants communistes. Son arrestation conduit à celle de l'étudiant des Beaux-Arts, Jean Commère. De fil en aiguille, la police démantèle l'organisation. Le 29 novembre, le quotidien collaborateur *Le Matin* donne des renseignements précis : « L'ensemble des établissements d'enseignement de Paris étaient divisés en trois secteurs ; le chef de chaque secteur était assisté de “responsables”, spécialistes de ce genre de travail. L'animateur de ce mouvement dangereux était un employé de la mairie du IIIe arrondissement, Maurice Delon. Ses principaux agents de liaison étaient un externe des hôpitaux, Jean Rozynaer, et Claude Lalet, étudiant à la Faculté des Lettres. Le premier était chargé de la diffusion des tracts dans l'ensemble des milieux universitaires. Le second assurait la confection et la répartition des tracts. A cet effet, ces trublions en chambre disposaient d'imprimeries portatives et d'un stock important de papier. Les trois chefs de secteurs : Bernard Kirschen, Othman Ben Aleya et Claude Lalet, tous étudiants en Lettres, ont été arrêtés ainsi que leurs complices, tous étudiants et étudiantes. »

En fin de compte, 20 camarades sont arrêtés. Parmi les anciens de Rollin, citons : Claude Lalet (et sa compagne Ninette), Olivier Souef, Jean-Claude Levy et Raymond Guglielmo. Les autres potaches sont Gisèle Vallepin, Jean Commère, Maurice Delon, Jean Rozinoer, René Revel, Bernard Kirschen, Jules Bresson, Hélène Rounder, Jean Troublé, Paulette Levy, Jean Gros, Othman ben Aleya,

Jeanne Brunschwig, Pierre Kast et Pierre Daix. Ils passent le très dur hiver 1940-1941 en prison. Le 1er mars 1941, le jugement est prononcé. Olivier Souef obtient un non-lieu. Pierre Daix et Pierre Kast sont condamnés à trois mois de prison, Jean-Claude Levy à six mois, Raymond Giugliemo à huit mois mais sera acquitté. Claude Lalet, condamné à dix mois, rejoint Guy Môquet à la prison de Fresnes. Lalet et Môquet sont emprisonnés tous les deux au camp de Châteaubriant. Ils feront partie des 27 fusillés comme otages le 22 octobre 1941, en représailles de l'assassinat à Nantes d'un officier allemand.

L'Université libre

Au moment où les jeunes se mobilisent dans un camp ou dans un autre, une poignée de professeurs vont inventer la résistance intellectuelle. En octobre 1940, le professeur Daniel Decourdemanche, démobilisé, est revenu travailler au lycée. Avec ses amis, le physicien Jacques Solomon et le philosophe Georges Politzer, il décide de publier une revue clandestine contre Vichy et l'occupant. Avec l'accord de Jacques Duclos, chef du Parti communiste depuis le départ de Maurice Thorez pour Moscou, ces intellectuels essaient de regrouper les universitaires. Le premier numéro de *L'Université libre* sort en novembre 1940. Son éditorial salue les manifestations des étudiants protestant le 8 novembre contre l'arrestation de Paul Langevin par les Allemands, puis défilant sur les Champs-Elysées le 11 novembre 1940.

Jacques Iser Solomon est le rédacteur en chef de *L'Université libre*. Né à Paris, en 1908, fils d'un radiologue, il a fait ses études au lycée Rollin de 1914 à 1925, de la classe enfantine au bac de philosophie. L'établissement scolaire joue un rôle considérable dans sa vie : « C'est pendant de très brillantes études au lycée Rollin que s'était dessinée sa vocation de physicien. Avec un ami, il voulut construire un poste de TSF dont ils réalisèrent les moindres détails. Mais, cherchant à comprendre comment devait fonctionner l'appareil, ils étudièrent divers cours d'électricité, ce qui les mena aux équations de Maxwell. L'outil mathématique devenait alors aussi indispensable que les outils matériels[1]. »

En 1929, Jacques Solomon épouse Hélène Langevin, la fille du savant Paul Langevin. Il décide alors d'abandonner ses études de médecine et d'embrasser une carrière de physicien. Après son mariage, il s'installe chez son beau-père. Il soutient sa thèse de doctorat ès sciences en 1931 puis, après quelques séjours d'études au Danemark et en Allemagne, il devient chargé de recherches à la Caisse nationale des sciences en 1934. La même année, le jeune physicien adhère au Parti communiste et milite dans le Ve arrondissement de Paris. Il collabore à diverses publications du PCF ou proches de celui-ci : *L'Humanité, Les Cahiers du bolchevisme, Commune, La Pensée, La Vie ouvrière*. Il assure, en 1937, un cours d'économie politique à l'Ecole centrale d'Arcueil du PCF. Le pacte germano-soviétique provoque l'incompréhension de son beau-père Paul Langevin, qui cosigne, dans *L'Œuvre* du 30 août 1939, un texte d'intellectuels qui « expriment leur stupéfaction devant la volte-face » de l'URSS.

L'écrivain René Blech, secrétaire d'Aragon, a décrit la genèse de l'élaboration de *L'Université libre*. « Dans le petit appartement de Politzer, près de la porte de Vincennes, nous nous réunîmes. Le point de la situation fut rapidement fait. Notre devoir était de rassembler les intellectuels et de les entraîner à la lutte. Je revois la chevelure de ton fauve de Politzer, le sourire esquissé de Decour, avec son expression de faux scepticisme qui n'était qu'un enthousiasme pudique, et la lenteur des gestes de Solomon, pesant chaque mot, auscultant l'argument qui portait le plus. C'était fin août 1940 ; Georges lisait le texte du *Manifeste des Intellectuels Communistes au Peuple de France*, où il était question de la lutte contre l'occupant et les traîtres de la collaboration. Tous les quatre, penchés

1. Brochure clandestine des Comités universitaires parisiens.

sur le papier que nous venions de rédiger et qui était approuvé par le Comité Central du Parti Communiste[1], nous discutions de la mise en pages de ce tract. Une fois l'appel ronéotypé, Politzer, sa femme et moi-même, dans des sacs à provisions, nous portâmes les exemplaires dans une petite rue, près de la place Daumesnil. Arrivés au domicile du camarade qui avait la charge de les distribuer, personne. Ce fut notre première inquiétude. Que faire de cette marchandise encombrante ? Nous décidâmes de la porter chez un autre camarade qui habitait près de la rue Marbeuf. Lorsque nous descendîmes à cette station, Mme Politzer nous précédait. Georges et moi, flanqués de nos sacs, sortîmes les derniers. Mais voilà qu'un homme lisait en marchant à petits pas, si lentement que nous le dépassâmes. "C'est un flic", me dit Georges. "Peut-être", lui répondis-je. L'homme s'arrêta. Ce fut notre première peur. Et sans incident, ces tracts furent envoyés à cinq mille intellectuels. Plusieurs fois par semaine, en ces mois de septembre et d'octobre, nous dînions chez Politzer. Les rideaux de la défense passive, semblaient garantir notre sécurité. Après avoir rassemblé notre documentation qui permettait de démasquer les moyens employés par les nazis et les vichyssois pour désagréger la pensée française et collationné les articles qui devaient paraître dans *L'Université libre*, souvent nos discussions glissaient sur le terrain littéraire. Georges nous parlaient de Proust. Avec quelle intelligence il l'analysait, lui, le philosophe qui, des années, avait épuisé ses jours et ses nuits à amasser des faits à la seule gloire obscure de servir. Un soir, avec la logique de son esprit impitoyable, démontant jusqu'à la dernière cheville l'édifice de la littérature d'évasion, il prit à partie Jacques Decour. Celui-ci défendait *Le*

1. Il semblerait bien plutôt que le groupe de Politzer ne tenait pas compte de la ligne officielle du PCF en 1940… mais ce témoignage date de 1946.

Grand Meaulnes. Je dus faire l'arbitre et couvrir la retraite de Decour qui avait perdu l'assurance de son fin sourire. Ce soir-là, je ratai mon dernier métro et grâce à la bicyclette de Jacques, je pus rentrer chez moi avant le couvre-feu. Mais le travail augmentait. Les intellectuels rentraient à Paris, et déjà nous avions dû répartir nos tâches de façon rationnelle. Politzer et Solomon s'occupaient des universitaires, Jacques Decour et moi-même des autres disciplines. Début novembre, un après-midi, j'entrai dans le petit appartement de la porte de Vincennes et je trouvai Politzer en pardessus et chapeau, en train de boucler des valises. Le petit Michel, son fils, tournait autour de nous. Maï, sa femme, était déjà partie. Georges me dit : "On m'a donné l'ordre de quitter mon domicile, j'entre dans la clandestinité." Je devais le revoir pendant des mois au café, dans les squares, dans la rue. Fin novembre, dans un petit café de la place de la Bastille, Jacques Solomon et sa femme Hélène Langevin me transmirent l'ordre de quitter mon domicile. Moi aussi j'entrai dans la clandestinité. Cher Jacques, je ne devais plus le revoir, notre organisation ayant été cloisonnée d'une façon très stricte[1]. »

Aspect essentiel, *L'Université libre* contient le premier texte qui, sous l'Occupation, condamne l'antisémitisme comme une mesure antifrançaise. Le premier numéro dénonce les persécutions dont sont victimes les enseignants juifs. Dans *L'Université libre* n° 4 du 28 décembre 1940, un article a pour titre : « Le fascisme à l'école ». « Tous les professeurs juifs, en application de la loi raciste de Vichy, ont été priés de cesser leurs fonctions. » « Les ennemis de l'université française n'ont pas encore osé fermer les portes de nos lycées ; ils commencent par en désorganiser l'enseignement. L'introduction du racisme à l'école fait partie du programme de mise au pas de l'université. C'est un des premiers résultats de la collabora-

1. « *Les Etoiles* », 6 juin 1946.

tion. » Pendant un an et demi, l'équipe de *L'Université libre* assure un travail de propagande hors du commun. Les trois amis diffusent une quarantaine de numéros (le tirage approche les 4 000 exemplaires par numéro).

Le Zoo

Un autre professeur de Rollin est entré en résistance : Jean-Tousaint Desanti. Le 1er octobre 1940, le jeune normalien agrégatif de philosophie, délégué rectoral, entre en fonction au lycée Rollin pour l'année scolaire. Il remplace l'écrivain surréaliste Ferdinand Alquié, nommé à Condorcet. Jean Récanati, élève de première et petit frère de Joseph, ami d'Edgar Morin, se souvient de l'avoir croisé dans la cour de recréation. Le potache trouve que M. Desanti, avec sa canadienne, ressemble à un personnage de Simenon.

Le 19 juin 1940, Desanti et sa jeune épouse Dominique ont entendu à la radio de Londres l'appel (lancé une première fois le 18 juin) d'un général dont ils ignoraient le nom : de Gaulle. Ils sont déjà décidés à combattre l'Occupation. Jean-Toussaint Desanti connaît Daniel Decourdemanche. Leur première rencontre a eu lieu dans le petit bureau des éditions Gallimard, où travaille Jean Paulhan, rédacteur en chef de l'illustre *NRF* (*Nouvelle Revue française*). Paulhan avait démissionné pour ne pas exclure de son comité de rédaction les membres juifs, communistes ou francs-maçons, comme l'exigeait l'occupant. Cependant Paulhan reste dans la maison et continue à recevoir, le mercredi après midi, comme avant, les auteurs, candidats auteurs ou amis. Dominique Desanti se rappelle : « Nous étions sous le charme de ces hommes dont nous avions lu les œuvres. C'est là que nous avons connu Paul Eluard. Nous étions nombreux, et souvent debout comme dans le métro. Desanti et Decour ont noué amitié au lycée. Chacun sentait que l'autre "faisait quelque chose contre" mais ils ne s'en parlaient pas : c'était la règle des clandestins[1]. » Après la guerre, les Desanti noueront une amitié avec Jean Baby, également professeur au lycée Rollin.

A peine nommé professeur au lycée Rollin, Jean-Toussaint Desanti fonde, avec des amis, un petit groupe de résistance. Ce groupe compose un tract de quelques feuillets ayant pour titre *Sous la botte*. La revue est polycopiée en grand secret sur la machine, la « ronéo », dans le caveau de physique de l'Ecole normale, rue d'Ulm. Les membres du « Zoo », comme ils se nomment, vont distribuer le tract à l'entrée des usines au matin et sur les banquettes du premier métro. Dans le groupe, il y a deux militants qui par la suite, engagés dans d'autres organisations, ont péri par les nazis : Yvonne Picard et François

1. Entretien avec l'auteur, décembre 2008.

Cuzin, philosophes. En mars 1941, Jean-Paul Sartre est revenu comme « rapatrié sanitaire » de son stalag de Trèves et, via Maurice Merleau-Ponty, a pris contact avec le réseau des Desanti, moins d'un mois après son retour. Ils ont alors pendant quelques mois (jusqu'à l'automne 1942) créé une publication clandestine, *Socialisme et liberté,* où Sartre a même composé un projet de Constitution. C'est son premier document politique (dont malencontreusement il ne reste plus de trace). Les Desanti et d'autres membres du groupe ont publiquement témoigné de cette entreprise en réponse aux articles traitant Sartre de « collabo passif ». Cette publication est distribuée sous le manteau par les membres du « Zoo » et les familiers de Sartre et Beauvoir. Dominique Desanti se rappelle ces expéditions, toujours à l'aube, avec l'avocate stagiaire Renée Plasson qui, plus tard, épousera Pierre Stibbe, ancien élève de Rollin et cofondateur du réseau Ceux de la Résistance. Son agrégation passée, Jean-Toussaint Desanti quittera Rollin en juillet 1941.

L'AVENIR DE LA FRANCE

En classe de première A1 à Rollin, Jacques Frantz, un garçon énergique et charismatique, est le chef d'équipe de la JEC (Jeunesse étudiante chrétienne). Son père est alsacien, catholique de droite, et profondément anticommuniste. Pendant la guerre, il poursuivra son activité industrielle de transmissions télémécaniques pour le compte des Allemands. Les écrivains Marcel Aymé et François Billetdoux habitent près de chez eux, rue Paul-Féval, au pied de la Butte. Les pères se saluent en voisins. Exalté, le jeune Jacques Frantz écrit sur son agenda : « Dimanche 29 décembre 9 h : messe 10 h : ventes des cartes du Maréchal 12 h : déjeuner avenue

Trudaine 2 h : annoncer le voyage du Maréchal 4 h : vente des cartes du Maréchal 10 h : écouter le Maréchal. »

Effectivement, ce 29 décembre 1940, le maréchal Pétain interpelle la jeunesse de France : « C'est à vous, jeunes Français, que je m'adresse aujourd'hui, vous qui représentez l'avenir de la France et à qui j'ai voué une affection et une sollicitude particulières. Vous souffrez dans le présent, vous êtes inquiets pour l'avenir. Le présent est sombre, en effet, mais l'avenir sera clair, si vous savez vous montrer dignes de votre destin. »

Le jeune Frantz continue de se confier dans son agenda et journal intime : « Lundi 30 Décembre 6 h : vente au métro Lamarck des photos du Maréchal. Mercredi 1er Janvier à 1 h du matin nous écoutons le message du Maréchal. Samedi 4 Janvier. Mot d'ordre de la semaine. Une nouvelle année vient de finir. Année 1940, c'est tout un passé de veulerie et d'ignorance et d'égoïsme qui doit disparaître. 1940 nous a donné le triste spectacle d'une nation avilie et déchue, qui n'a pas su garder sa foi dans les valeurs spirituelles. L'année où se résument la lâcheté et la bassesse de toute une génération. Avoir et donner l'horreur de la veulerie. Soyons généreux et loyaux, sachons payer de notre personne, souffrir dans notre choix pour une grande cause. Et l'année 1941 sera une grande année pour notre fédé. C'est celle que vous souhaite votre dirigeant fédéral[1]. » Jacques Frantz admire le maréchal Pétain et s'emballe pour l'Ordre nouveau. En tant que chef de troupe des scouts du lycée, il fédère autour de lui toute une bande d'amis fidèles qui partagent ses convictions.

L'hiver 1940 est l'un des plus froids que Paris ait jamais connus. Les pénuries rendent encore plus cruelles les fêtes de Noël. « Contre le flot de mépris et d'hostilité dont

1. Archives privées.

il se sent entouré, dira le professeur Aristide Beslais, le gouvernement de Vichy tente de réagir. Les circulaires de propagande pleuvent : invitations à porter la Francisque, à diffuser le portrait du Maréchal, à créer des groupes de Jeunes du Maréchal, à suggérer aux élèves d'adresser des hommages de fidélité au Maréchal[1]. »

Comme dans tous les établissements scolaires, des élèves participent à la propagande pétainiste. « Les murs de toutes les classes du lycée virent éclore, tels des champignons après l'orage, une nuée de portraits du Maréchal, payables comptant, bien entendu. Triste obligation, à laquelle nul n'osait se soustraire ; il se trouvait même des professeurs pour demander à leurs élèves, dont nous étions : "Qui refuse sa cotisation pour encadrer le portrait du Maréchal[2] ?" »

Le 21 janvier 1941, le proviseur signale au recteur que « La vente des cartes postales du maréchal Pétain a produit la somme de 10 419 francs. Cette somme a été versée à L'entr'aide d'hiver. » Certains surveillants et professeurs se montrent particulièrement zélés.

Le 27 janvier, l'élève de première Freddy Menahem est renvoyé car on découvre qu'il est l'auteur du journal lycéen *Les Martyrs*, qui se moque des professeurs. « Je polycopiais mon journal sur une ronéo qui se trouvait dans le local scout des Eclaireurs Israélites de France », avoue-t-il. Le censeur, bienveillant, lui trouve une place au lycée Voltaire. Sur son dossier scolaire, il est noté : « Evincé ; 27/1/41. Accepte avec manifestation de dédain les observations. » Freddy Menahem se rappelle : « J'ai fait toute ma carrière dans les EI. En 1940, j'étais chef de patrouille. J'ai regroupé les gens de mon groupe local, qui s'appelait Chema Israël, de ma troupe, qui s'appelait Josué, dans des locaux qui sont avenue Secrétan. Au mois

1. *Decour-Eclair*, n° 13, 5 octobre 1945.
2. *Decour-Eclair*, n° 1, 5 novembre 1944.

de septembre, Fernand Musnik, c'est lui qui a pris la responsabilité de la Région île de France des EI. On nous a alloué un immeuble au 60, rue Claude-Bernard. C'était le siège des EI pendant toute l'Occupation. Nous nous sommes trouvés 600 à présenter une véritable région île de France à Robert Gamzon (fondateur et chef des EI), qui était clandestinement venu nous rendre visite. Malheureusement, ces 600 n'étaient jamais les mêmes. Dans nos troupes, les filles ou les garçons disparaissaient un jour et quand ils ont disparu nous savions très bien que ce n'était pas pour des raisons d'absentéisme ! Nous avions une activité scoute pendant toute l'Occupation sous le terme ridicule de patronage parce que nous portions nos uniformes. Le mot "patronage" n'était qu'une couverture destinée à l'extérieur. Nous étions en uniforme avec des chapeaux à quatre bosses, des étoiles de David sur les poches et les tables de la loi sur les chapeaux. Nous ne nous cachions pas. » Menahem poursuit : « Nous avons créé des cercles d'études juives et le projet du n'Harchara. C'était une atmosphère exceptionnelle. Nous avons refait au moins cent fois le monde[1]. »

A la Sorbonne, le « chef du Service des étudiants parisiens » harcèle le proviseur. Ainsi, dans une lettre du 13 février 1941, des étudiants pétainistes écrivent : « Le Service des Etudiants Parisiens, à côté de la mission qu'il a reçue de soulager les Etudiants dans leur vie matérielle, s'est également donné pour plus grande tâche de refondre leur vie spirituelle dans les principes nouveaux nationaux et sociaux. Le but recherché, et à atteindre le plus rapidement possible, est de permettre aux jeunes gens d'appliquer de façon pratique leur enseignement théorique, de les pousser à agir dans un sens social et civique, de les engager à entrer en contact direct et étroit avec les problèmes humains qui se posent actuellement ou qu'ils pour-

1. Entretien avec l'auteur, janvier 2009.

ront être appelés à rencontrer au cours de leur carrière, de faire naître chez eux l'esprit d'équipe et d'entr'aide avant tout. Au moment où la France vit des jours de souffrance et d'angoisse, nous avons pensé que la jeunesse tout entière se devait à elle-même et devait au pays d'avoir sans cesse présente à l'esprit la pensée du grand soldat qui lui a demandé de le suivre, de garder "confiance en la France Eternelle". Afin que, par l'image au moins, le Maréchal soit présent parmi eux en qui il a mis une confiance qui ne peut pas être déçue, nous vous adressons ces quelques photographies, persuadés que vous ne manquerez pas de leur accorder dans votre établissement la place qu'elles méritent. Nous vous ferons parvenir ultérieurement le message adressé par le Maréchal à la Jeunesse, le 29 décembre 1940, avec l'espoir que vous voudrez bien lui accorder le même intérêt et le diffuser aussi largement que possible parmi vos élèves[1]. » Propagande pétainiste et contre-propagande anti-occupant se répondent dans les salles de classe, à la récréation, sur les murs.

Le professeur Daniel Decourdemanche, alias Jacques Decour, mène une double vie. Le 6 janvier 1941 l'Inspecteur général Fouret note : « M. DECOURDEMANCHE est un professeur actif, zélé, en pleine possession de sa méthode, qui s'intéresse à l'enseignement et y intéresse visiblement ses élèves. Très bonne impression[2]. » Mais le 1er février, dans le plus grand secret, le professeur bien sous tous rapports sort le premier numéro de *La Pensée libre*. L'éditorial a pour titre : « Notre combat ». Avec ses 96 pages et son tirage à 1 625 exemplaires, *La Pensée libre* est alors la plus importante publication clandestine de la Résistance !

Au même moment, Marcel Déat annonce la naissance d'un nouveau parti politique de la collaboration, le Rassemblement national populaire (RNP). Des jeunes s'inscri-

1. Archives lycée Jacques-Decour, Paris.
2. *Ibid*.

vent. Parmi eux, l'élève Michel Courage, qui avait reçu le prix d'excellence de philosophie en 1938. Ancré à gauche, ce garçon brillant et énergique était alors membre des Etudiants socialistes. Quand la France s'effondre en 1940, il se laisse séduire par les idées fascisantes de Marcel Déat. Bon orateur, il devient responsable de la propagande des étudiants du Rassemblement national populaire (RNP). Avec sa fougue, il entraînera avec lui bon nombre de ses condisciples.

Henri Macé, élève à Rollin de 1935 à 1941, travaille pour *Le National-Populaire*, bulletin réservé aux adhérents du Rassemblement national populaire. Ses cadres s'engagent par serment à « servir fidèlement le Chef » et à « lutter sans défaillance pour le triomphe de la Révolution nationale et socialiste ». Sa devise est : « A temps héroïques, jeunesses héroïques[1]. » Avant guerre, Macé faisait lire *Le Canard enchaîné* à ses camarades Edgar Morin et Henri Alleg. Edgar Morin précise : « Henri Macé, très proche ami de Rollin, était "faucon rouge" c'est-à-dire membre des Jeunesses socialistes. Il était à la fois pivertiste et pacifiste. C'est sans doute par le pacifisme qu'il a glissé dans la collaboration. Jusqu'à la fin 1941, date où la guerre se mondialise, le pacifisme signifiait acceptation de la *pax germanica*. Sous l'influence de Marcel Déat et autres ex-socialistes, il a pensé que l'Allemagne faisait une Europe socialiste... Mais j'ai perdu contact avec lui sous l'Occupation. Je l'ai revu à la fin des années cinquante et il avait lu mon *Autocritique*. J'aurais dû l'interroger longuement sur son cheminement. Je crois qu'il a été un "petit collaborateur" ce qui expliquerait qu'il n'ait pas été longtemps interné à la Libération[2]. » Après la guerre, Macé se reclassera comme correcteur dans une imprimerie.

---

1. Jean-Claude Valla, *Les Socialistes dans la collaboration*, Editions de la Librairie nationale, SEDE 2006.
2. Entretien avec l'auteur, juin 2009.

La loi du 9 mars 1941 créé un Service civique rural à l'occasion des vacances d'été. Il concerne les jeunes de 17 à 21 ans, donc les élèves de première et terminale. Le but est d'employer les garçons à des travaux agricoles pour remédier à l'absence des hommes et de prôner le « retour à la terre ». Les garçons pro- ou anti-allemands seront ainsi « volontaires pour le service rural ».

Le 20 mars 1941, le prudent secrétaire d'Etat à l'Education Jérôme Carcopino écrit : « En raison de renseignements qui me sont parvenus, je crois devoir vous rappeler que, conformément aux instructions données dans la circulaire du 13 novembre 1940, la distribution de tracts et de brochures est interdite dans les Etablissements d'enseignements de tous ordres. Je vous prie d'attirer à nouveau l'attention des chefs d'établissements sur la nécessité de mettre les enfants dont ils ont la charge à l'abri des propagandes diverses, qui ne peuvent que troubler leur esprit[1]. »

Le port des insignes est à la mode chez les adolescents. Aussi bien des insignes à la gloire de Pétain ou, plus subtils, des insignes tricolores montrant qu'on s'affiche patriote. Le recteur de Paris, Maurain, écrit le 23 avril : « M. le Préfet de Police me signale que de nombreux lycéens arborent des insignes (insignes de classe ou de la Ville de Paris avec les couleurs françaises) et me demande de leur rappeler que le port d'insigne est subordonné à l'autorisation préalable des Autorités d'occupation et de l'Administration française[2]. »

1. Archives lycée Jacques-Decour, Paris.
2. *Ibid.*

« Des bébés terroristes »

Vers le 15-20 mai, après leur séjour en prison, le groupe des Etudiants communistes se reconstitue. Pierre Daix, Jean-Claude Levy, Tony Bloncourt, une douzaine de garçons et filles se retrouvent dans le bois de Vincennes, et participent à la formation du Front national des étudiants. Il s'agit d'ouvrir la bande de copains à d'autres courants ou organisations de résistance.

Quand, le 22 juin 1941, les Allemands attaquent l'Union soviétique, les jeunes rebelles se considèrent comme des soldats de l'armée Rouge. Hitler sera bientôt « Kaputt » ! La jeunesse doit montrer sa force, l'heure est à la mobilisation générale.

Le lundi 14 juillet, une manifestation est donc organisée au métro Strasbourg-Saint-Denis. On décide d'une diversion au quartier Latin. Christian Rizo et Tony Bloncourt sont à l'avant d'un petit cortège qui déambule devant le musée de Cluny avec des drapeaux tricolores. Olivier Souef et Pierre Daix surveillent la venue de la police. La dispersion se fait sans incident. Un mot d'ordre a circulé : « Tous à Strasbourg-Saint-Denis. » Deux mille manifestants avancent. On chante *La Marseillaise*, on crie : « A bas Hitler ! Vive la France ! Vive l'Union soviétique ! » Alors que Tony Bloncourt et Jean Gallèpe arrivent sur les grands boulevards, des policiers forment un barrage au carrefour Richelieu-Drouot. Des voitures allemandes s'arrêtent. C'est la charge à la matraque. Un side-car allemand surgit du boulevard Montmartre et prend des photos. Des soldats allemands ouvrent le feu. Un policier attrape Bloncourt. Gallèpe donne un coup de pied au policier. Les étudiants s'échappent.

Le 20 juillet, un cortège de jeunes communistes, dont certains viennent de Rollin, remonte le faubourg du Temple, du boulevard Richard-Lenoir à la rue des Pyrénées. Drapeaux et banderoles sont déployés. Le 27 juillet 1941, au métro Château-Rouge, des jeunes du XVIIIe arrondissement manifestent en criant : « A bas la peine de mort ! »

Le 13 août, une nouvelle manifestation a lieu au départ du métro Strasbourg-Saint-Denis, en direction de la place de la République. Olivier Souef et Pierre Daix portent chacun un drapeau tricolore. Des étudiants chantent *La Marseillaise*. Ils crient : « Vive la France ! vive l'Angleterre ! vive l'Union soviétique ! » Au niveau du boulevard Sébastopol, les Allemands surgissent en side-cars. Souef et Daix s'enfuient. Henri Gautherot fait un croche-pied à un soldat allemand qui poursuit Pierre Daix. Henri Gautherot est blessé et attrapé. Samuel Tyszelman, responsable de plusieurs arrondissements, est capturé dans une cave.

Le week-end du 15 août, des « bébés terroristes » comme les surnommera Gilbert Brustlein se donnent rendez-vous au bois de Lardy, près d'Etampes. Une vingtaine de garçons et deux filles y font du camping. Albert Ouzoulias se souvient de Tony Bloncourt, Christian Rizo, Gilbert Brustlein, André Kirschen, Fernand Zalkinov, Pierre Tourette. En réalité, cette réunion est une préparation militaire : l'objectif est d'apprendre à tuer des Allemands. Pierre Georges, le futur colonel Fabien, donne un cours sur la « technique du coup de main ». Les jeunes apprennent à utiliser une carte d'état-major, à se servir d'une boussole, à manier des pistolets. Ils apprennent à fabriquer des bouteilles incendiaires. La bande casse la croûte autour du feu de camp. On chante *Ma blonde, Allons au-devant de la vie, Les Partisans*. Après un cours politique d'Albert Ouzoulias, Pierre Georges lit le Serment du franc-tireur, et le groupe prête serment de combattre jusqu'à la défaite complète de l'ennemi et la libération de la France. Les jeunes communistes organiseront d'autres sorties les trois week-ends suivants.

Le 19 août, les Parisiens apprennent dans les journaux l'exécution du « Juif Tyszelman Snul » et d'Henri Gautherot, condamnés à mort « pour avoir aidé l'ennemi en participant à une manifestation contre les troupes allemandes ». Samuel Tyszelman était inscrit à l'école de l'avenue Trudaine, en face du lycée Rollin.

Le 21 août, au métro Barbès-Rochechouart, Pierre Georges abat un aspirant de la marine allemande Alfons Moser. « J'ai vengé Titi (Tyszelman) », dira-t-il à ses camarades. Le cinéaste Costa-Gavras reconstituera cet épisode dans son film *Section spéciale* réalisé en 1974.

Tony Bloncourt, le gavroche antillais, participe lui aussi activement aux premiers attentats contre l'armée allemande. Dans la nuit du 12 au 13 août 1941, Bloncourt contribue, avec son meilleur ami Christian Rizo, à un vol d'articles servant à la réfection des voies ferrées à Orry-la-Ville. A l'aube du 21 août, Gilbert Brustlein et sa bande (Bloncourt, Rizo, Milan, Hanlet, Zalkinow, Semahya) essaient de provoquer un déraillement sur la voie ferrée à Nogent-sur-Marne. Ils déboulonnent des rails, mais l'alarme est donnée. Ils doivent abandonner. Le 21 août, au soir même de l'attentat du métro Barbès, l'étudiant antillais tente, sans succès, de rééditer l'attentat au métro Bastille avec ses camarades. Lors du fameux procès, qui se déroulera au Palais-Bourbon, Tony déclarera à ses juges nazis qui lui demandent pourquoi il n'a pas tiré sur le soldat allemand qu'il avait suivi dans la rue : « Je ne sais pas ce que j'ai eu. A cette minute, à ce moment précis, je n'ai plus vu un officier allemand, je n'ai vu qu'un homme[1]. » Le

1. Gérald Bloncourt et Michael Löwy, *Messagers de la tempête*, Le Temps des Cerises, 2007.

23 août, la bande de Brustlein, Bloncourt, Milan, Hanlet, Rizo avec Robert Peltier et Jacques d'Andurain tente de saboter un poste de repérage d'avions à Goussainville. Le 5 septembre, la bande incendiera un camion allemand à Vincennes.

A Rollin, le 30 juillet, le proviseur Perrin reçoit la liste des ouvrages scolaires dont la vente par les libraires, et par conséquent l'usage dans les classes, sont définitivement interdits par les autorités d'occupation. Au total, 78 manuels d'allemand, histoire et géographie sont « *verboten* ».

Enfin, le 31 juillet, le proviseur établit le rapport de l'année scolaire 1940-1941. « La fréquentation scolaire a été bonne jusqu'à la fin de l'année, en particulier pendant la période du 15 au 30 juillet. Les élèves qui ont quitté le lycée avant la fin de l'année ont présenté des excuses pour raisons de santé (avec certificat médical) ou pour raisons de famille (congé du père ou occasion de départ). Au cours du 2e trimestre j'ai dû exclure 7 élèves pour absences irrégulières. Ces évictions ont amené une amélioration très nette. Au cours du 3e trimestre, 3 élèves seulement ont été exclus pour le même motif [...]. L'état d'esprit des élèves est resté bon toute l'année. La majorité des élèves a fourni un travail sérieux et régulier, et réalisé des progrès marqués. Cependant dans chaque classe se trouvent quelques enfants négligents ou paresseux dont le travail a été insuffisant malgré les avertissements répétés. Quelques-uns ont été éliminés en cours d'année et les autres n'ont pas été autorisés à passer dans la classe supérieure par les conseils de classe de fin d'année. [...] Discipline générale très bonne. Elèves dociles, polis, corrects, sensibles aux observations. [...] La population scolaire du lycée Rollin se recrute dans un milieu de condition fort modeste, où le travail est à l'honneur. Nos élèves viennent au lycée avec le désir de s'instruire, ils comprennent qu'ils doivent être armés pour la vie et ils suivent avec une active bonne volonté les conseils de leurs professeurs[1]. »

Evidemment, celui qui aura la charge de diriger l'établissement scolaire pendant toute l'Occupation ne dit pas un mot des élèves arrêtés, ni de ceux qui ont été renvoyés parce qu'ils refusaient de se soumettre au joug nazi.

1. Archives lycée Jacques-Decour, Paris.

La chasse aux juifs

La création par Vichy, le 29 mars 1941, du Commissariat général aux questions juives marque le début de la collaboration antisémite et des rafles qui l'accompagnent. Le 14 mai 1941, près de 4 000 juifs étrangers sont emmenés dans des camps du Loiret par la gendarmerie française.

Le 2 juin 1941 est promulgué un second statut des juifs, plus restrictif : on exige de chaque fonctionnaire une déclaration personnelle écrite.

LYCEE ROLLIN   PARIS, le 4 Août 1941

Mon cher Collègue,

M. le Recteur me communique :

"La loi du 2 Juin 1941 qui a remplacé la loi du 3 Octobre 1940 "portant statut des Juifs présente des dispositions telles que "certaines personnes, réputées non juives aux termes de la première "loi, le deviennent aux termes de la seconde.

"En particulier, est réputé Juif quiconque a deux grands- "parents juifs et ne peut prouver qu'il appartenait, avant le "25 Juin 1940, à l'une des autres confessions reconnues par l'Etat "antérieurement à la loi du 9 décembre 1905.

"Vous voudrez bien me faire connaître d'urgence, sous le "timbre de chaque direction, et par bureau dans chaque direction, "les fonctionnaires de votre ressort qui tombent sous le coup de "la loi nouvelle et qui, aux termes de celle-ci, doivent cesser "leurs fonctions le 15 Août 1941."

– Transmis avec prière de me faire connaître <u>dans les délais les plus courts</u> si vous tombez sous le coup de la loi nouvelle –

Le Proviseur,
C. PERRIN

M. Diville, professeur au lycée Rollin

à Monsieur le Proviseur du Lycée,

Monsieur le Proviseur,

J'ai l'honneur de vous informer que je ne tombe pas sous le coup de la loi du 2 juin 1941, portant statut des Juifs.

Veuillez agréer,

Monsieur le Proviseur, l'assurance de mon profond respect

M. Diville –

Sotteville-lès-Rouen, le 6 août 1941,

Circulaire – Juifs

Le Provr

MM.
le Censeur

l'Econome

PERRICHET
DIVAN
ESTEVE
CHAZAL
LEFRANÇOIS
LONG
+ DURIX
MICHEL
PLOMION
STEFANAGGI

+ LESAGE
PRETRE
+ JAFFRAY
GILLOD
+ MANHES
DELAHAYE

BATISSE
PANIEL
CHANTON ⊕

DAUDE
+ DESANTI

BABY
BARON
IGONIN ⊕
+ THIEDOT
LEFRANC
FAIVRE
REY
DIVILLE
CORVISIER

CAILLAT
BAILLET
TUFFRAU
MAURY
DESMOULIN
MOMET
MARTIN
~~PARGINADE~~
JULIEN
DUCOURNAU
PHILIBERT
BERTRAND
+ CHASSAGNOL
MARION
BESLAIS
HONORÉ
+ ROUGER
+ PIDOUX
LECLUSE
JEHL
Legrand

MM.

FABRE
ETIENNE
COURANT
+ CHAMPOMIER
CHAUVIGNÉ
+ FILLIEUL
BARS
+ GUILLAUME

CORNU
DECOURDEMANCHE
LEMAISTRE
BRESSON
Pat
BOUZET
GARSON

+ PLANES
+ LOP
LAMBLA
+ PERRIN

~~DIEFFENTHALER~~
+ EULLIOT
~~VIER~~ [illegible]
+ LABAUME
OSTRÉ

+ MONGUILLON
Mme Carré

MM. LORPHELIN
FLAMENT

VRINAT
CLEMENT

Mme MEURICE
Mle BARBERET
Mle COURBE
Mle DUBUC
Mle DUPAQUIER
+ Mme MOLLIER
~~Mle PELST~~
Mme BELLIVIER
M. BITTEL

MM.

PAUTHIER
ADRIEN
COLLIGNON
PARROCHE
GUICHETEAU
HERMAN
~~LASSERRE~~
VAILLANDET
FRINGANT
BARBEROT
PERSIAUX
LECOMTE
~~MARIANI~~
~~RAIGAULT~~
PACHEIX
+ METTEY
MOLIMART
+ Baragiz
DARO
+ JOUPPE

Mle DUBOY-CHEL ⊕
M. PICARD

Mle PORTERIE
Mme POIRIER

⊕ Zone libre
Lettre inadressée

J

Sur les 108 adultes travaillant au lycée, une dizaine de professeurs seulement refuseront de signer une déclaration de « non-appartenance à la race juive » ! Parmi ces héros de l'ombre, on trouve Jean-Toussaint Desanti, Jean Baby et Maurice Thiédot[1]. L'administration harcèle les récalcitrants.

Autres victimes de l'épuration : les francs-maçons. Par la loi du 13 août 1940 et celle du 11 août 1941, Vichy ordonne à tous les fonctionnaires de déclarer qu'ils n'ont jamais appartenu à des « sociétés secrètes ». Les noms des membres de la franc-maçonnerie sont publiés au *Journal officiel*. Ils sont radiés d'office de l'administration. A Rollin, l'économe Charles Galletti est frappé par cette mesure, et mis à la retraite en 1942. Un professeur de lettres, Joseph Lecluse, est atteint de la même manière. *Idem* pour deux professeurs-adjoints. Un professeur de philosophie est aussi éliminé du corps enseignant.

Entre le 20 et le 23 août, une deuxième rafle des juifs est organisée par la police française. C'est aussi l'époque où est ouvert le camp de Drancy. Dans la revue *Hommes & Libertés*, Yves Jouffa relatera son internement à Drancy pendant treize mois et comment son condisciple de Rollin, Maurice Lugan, lui sauvera la vie : « Après avoir été démobilisé le 15 août 1940 puis incorporé avec mon régiment dans les chantiers de jeunesse à Saint-Martin-d'Uriage, je me suis retrouvé à Paris en février 41. Mes parents, qui avaient une petite entreprise de confection, subissaient le contrôle d'un "commissaire aryen", un petit représentant de commerce raté qui m'a menacé une fois de me dénoncer aux Allemands. J'ai repris mes études de droit et ai obtenu ma licence en juin 41. Le 20 août, une des premières rafles de Juifs a lieu dans le XIe arrondissement ; deux policiers français, un brigadier et un gardien

1. A ce jour, l'auteur ignore si Daniel Decourdemanche, alias Jacques Decour, a signé cette déclaration.

de la paix, se sont présentés chez nous, avenue Ledru-Rollin, et ont dit à mon père et moi de nous habiller et d'emporter une couverture. Je me souviens leur avoir dit que j'étais un soldat démobilisé et que j'aimais mieux être à ma place qu'à la leur. Ils ont essayé de se justifier en disant qu'il y avait des Allemands dans tout le quartier et qu'ils étaient en service commandé, puis, pour me laisser l'occasion de m'échapper, ils m'ont demandé si j'avais ma carte d'alimentation, et, comme j'ai répondu que je ne l'avais pas, ils m'ont dit : "Allez la chercher !" J'avais l'occasion de fuir, mais, ne voulant pas laisser mon père, je suis allé le rejoindre à la mairie du XIe, où la centaine de personnes raflées, tous des hommes, était regroupée. De là, dans des autobus de la TCRP (la RATP de l'époque), nous avons été acheminés vers Drancy, dans cet ensemble HLM non terminé, avec d'énormes trous dans les façades, qui servait de camp d'internement. Dans des pièces au sol et aux murs en ciment, des châlits sans matelas ni paille avaient été installés. Au début, il n'y avait rien à manger. Puis on a dû nettoyer des boîtes de conserve laissées par des prisonniers anglais qui nous avaient précédés pour nous en faire des gamelles. Il y avait alors environ 5 000 internés. En tout, il y en aura environ 100 000, dont environ 80 000 seront déportés. Deux cent cinquante-sept personnes y seront fusillées et seuls environ 2 500 internés de Drancy survivront à la Libération. Des vagues d'arrestations au moment des premières actions du groupe FTP de Manouchian, celui de "l'Affiche rouge", nous ont apporté des Juifs sionistes et des communistes. Je me souviens de Juifs polonais internés parce qu'ils faisaient partie du syndicat des brocanteurs de Belleville dont le secrétaire était un membre du PC. Ce sont des inspecteurs de police français qui nous ont accueillis et interrogés. Parmi eux, je reconnus l'ordonnance du lieutenant qui avait procédé à la démobilisation de mon régiment ; il ne me reconnut pas et refusa de téléphoner pour moi à ma mère (restée à la maison avec ma sœur malade). Le deuxième jour, on nous a fait descendre et remonter en guise de brimade. Je traînais les pieds et un adjudant-chef nommé Bousquet m'a fait une remarque en me tutoyant, puis, quand je lui ai demandé pourquoi il me tutoyait, m'a flanqué une gifle et mis au mitard. Je faisais partie d'une chambrée de sept où le plus jeune avait 16 ans et le plus vieux 75 ans. La moitié étaient yiddishisants et l'autre d'origine séfarade de Grèce ou de Turquie. Ils me désignèrent comme chef de chambrée parce que j'étais parisien et licencié en droit (mon père, naturalisé vers 1930 après être arrivé de Russie à la veille de la guerre de 14, et devenu un petit-bourgeois français, leur en imposait aussi). Le 21 août sont arrivés une cinquantaine d'avocats et de magistrats dont Pierre Masse, Gaston Crémieux, Théo Bernard et François Lyon-Caen. Ces juristes ont pris de fait la direction de l'organisation des internés, puisque le commandant du camp, un dénommé Guibert, commissaire de police du XIIe arrondissement à la retraite, leur avait laissé une certaine marge d'organisation. Le régime était néanmoins terrible car la nourriture était notoirement insuffisante : en tout et pour tout un pain d'environ 2 kg par jour pour sept personnes. Comme chef de chambrée, je devais partager ce pain à l'aide d'une balance en carton que nous avions confectionnée. Le matin, nous avions du café avec deux morceaux de sucre par personne et mon père, chaque jour, m'a donné l'un de ses deux sucres. Au bout de deux ou trois mois, il y avait eu plusieurs dizaines de morts de "misère physiologique".

« […] C'est là que j'ai eu la chance de retrouver parmi les gardes du camp un de mes anciens condisciples du lycée Rollin et de la fac de droit, Maurice Lugan. Il m'a reconnu et a réagi en patriote, téléphonant régulièrement à ma mère. Il est entré ensuite à la rédaction du *Volontaire national* à la préfecture de police et est intervenu pour que ma mère ne soit pas envoyée "travailler en Allemagne". En décembre 1941, lors d'un appel on a demandé "Jouffa Aron". Ce n'était ni le prénom de mon père (Jankel) ni le mien. Nous nous sommes cachés. C'était un groupe d'intellectuels qu'on envoyait à Compiègne. Le bruit a couru le lendemain qu'on allait appeler ceux qui ne s'étaient pas présentés pour les fusiller. Mais rien de tel ne s'est finalement produit. Vers la même époque, le bruit a couru à Drancy qu'il allait y avoir de grandes rafles et nous avons fait passer cette information par les gendarmes.

« Effectivement, nous avons vu arriver des centaines de personnes et parmi elles, ce qui était nouveau à Drancy, des femmes et des enfants. Les femmes ont été séparées de force des enfants par des soldats allemands baïonnette au canon. Mais dans la vie du camp, en dehors de l'arrivée des nouveaux raflés, on ne voyait que rarement des Allemands (nous n'avons vu que quelques fois Dannecker).

« Le premier convoi de déportation est parti en mars 1942. Il y a eu des volontaires, puisque l'on disait qu'il s'agissait d'aller dans des camps de travail. Le deuxième est parti en juin. J'étais sur la liste et j'ai passé la nuit avec ceux qui sont partis, mais mon ami Maurice Lugan m'a rayé de la liste. A partir du mois de juillet, les convois ont continué au rythme de trois par semaine. On déportait des vieillards et des enfants, y compris des gens sur des civières, des femmes devenues folles et des enfants malades. Les gens disaient qu'on allait "à Pitchipoï". Au départ des convois, Dannecker était là, caressant un petit chien.

« Il persistait un marché noir pour ceux qui avaient les moyens : un paquet de gauloises bleues valait 2 000 F et une bouffée 10 F. Mon père fumait des feuilles d'arbre qu'il faisait sécher. Moi, je mangeais le marc de café. J'avais réussi à occuper une fonction dans le camp : je constituais les dossiers des "maris d'Aryennes", qui n'étaient, en principe, pas déportables. Il y avait deux brigades différentes de gendarmes : l'une épouvantable, antisémite (un jour, ils nous ont dit : "Dites à vos Juives de ne pas secouer leurs couvertures pleines de puces quand un officier français passe sous les fenêtres"), l'autre très correcte, passant des lettres aux familles (j'ai vu un jour un gendarme pleurer). Un jour qu'une vingtaine d'entre nous étaient réunis au service social, dont le responsable était Gaston Crémieux, à faire un tournoi de bridge (Claude Rosenthal, auteur d'un manuel de bridge, était parmi nous), entre un lieutenant de gendarmerie. Nous nous mettons au garde-à-vous et Gaston Crémieux dit : "Si vous prenez des sanctions, c'est moi seul le responsable." Le lieutenant répond : "Je ne viens pas pour prendre des sanctions, je viens pour féliciter maître Théo Bernard, la croix de guerre qu'il a reçue l'a suivi ici".

« Il y avait de temps en temps des mises en liberté pour diverses raisons. En novembre 1941, une cinquantaine d'internés ont été mis en liberté sur des critères de visage ; c'était le début d'une liste alphabétique, du début à la lettre H, et puis ça c'est arrêté ; pourquoi ? Puis un groupe de fourreurs a été libéré, disait-on, pour fabriquer des fourrures pour les soldats allemands. Une autre fois, ce furent ceux qui avaient de la famille travaillant à l'UGIF (l'Union générale des israélites de France, l'association autorisée que surveillaient étroitement les Allemands) ; c'est à cette occasion qu'un de mes amis, Jean Holschanski, a été libéré. C'est lui qui a fait entrer ma mère comme lingère dans une école juive du XIXe arrondissement.

« Quant à moi, j'ai été libéré, avec mon père qui a ensuite travaillé comme payeur à l'UGIF, le 14 septembre 1942, à peu près en même temps que François Lyon-Caen. J'ai retrouvé chez moi ma mère et ma sœur qui, à mon retour, je m'en souviens, m'a fait entendre un disque de Léo Marjane, une chanteuse réaliste de l'époque, et je me suis mis à sangloter[1]. »

1. *Hommes & Libertés* n° 103, février/mars 1999, propos recueillis par Gilles Manceron en 1995.

François Jouffa, son fils, apporte certaines précisions : « Maurice Lugan, qui a sauvé mon père, continuera sa carrière dans la police. Lugan, gamin, était amoureux de la sœur de mon père. Les deux copains de Rollin déjeuneront ensemble au moins une fois par an jusqu'à la fin de leur vie. De quoi parlaient-ils, je l'ignore[1]. »

1. Entretien avec l'auteur, mars 2009.

1941-1942

LES DISPARUS

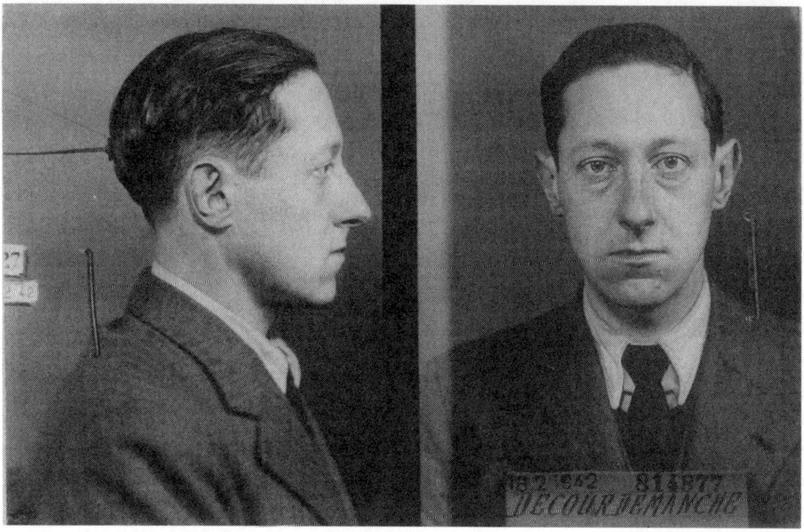

« JEUNES ÉLÈVES DES ÉCOLES DE FRANCE »

Le jour de la rentrée scolaire, le 16 octobre 1941, le recteur de l'Académie de Paris demande au proviseur de lire le discours de Pétain, qui aurait été mal compris : « Les conditions de réception s'étant révélées en maint endroit défectueuses, beaucoup d'élèves n'ont pu entendre l'allocution que leur adressait le 13 octobre dernier le maréchal Pétain, chef de l'Etat. Comme il met en eux les espérances de notre avenir, il importe que nos élèves entendent ses conseils et ses exhortations, s'en pénètrent et les suivent. Je vous adresse donc le texte des paroles prononcées par le Maréchal, Vous voudrez bien inviter les maîtres volontaires d'éducation générale, chargés de l'action morale, à les lire et à les commenter dans leur classe. »

Jeunes élèves des écoles de France. Si j'ai désiré vous parler aujourd'hui, au moment où vous recommencez une année scolaire, c'est qu'il faut que vous sachiez une chose : c'est que je compte absolument sur vous pour m'aider à reconstruire la France, à faire des Français un grand peuple, loyal et honnête ; et je ne peux pas attendre que vous soyez devenus de grandes personnes pour vous demander de le faire. L'année dernière pour Noël, plus de deux millions d'entre vous m'ont dit qu'ils m'aimaient de tout leur cœur et ils m'ont envoyé de magnifiques dessins dont d'ailleurs je les ai remerciés par une petite fête. C'est très bien, mais puisque vous voulez être avec moi, il ne suffit pas de me le dire, il faut le montrer à tout le monde. Comme tous hommes, les écoliers ont contre eux, je ne dirai pas des ennemis, mais des opposants, des adversaires. Il me faut des filles et des garçons courageux pour entreprendre la lutte contre deux de ces principaux adversaires. Le premier, c'est l'oubli des bonnes résolutions. Je me souviens très bien que, lorsque j'avais votre âge, le jour de la rentrée des classes, mes camarades et moi, devant nos cahiers et nos livres neufs, nous en avions, de ces bonnes résolutions. Nous étions tous désireux de bien travailler et je suis sûr que vous êtes comme nous. Mais certains oublient très vite les bonnes résolutions prises le jour de la rentrée des classes. Je viens justement vous demander de les garder en vous aussi longtemps qu'il le faudra. C'est ce qu'on nomme la ténacité. C'est une qualité qui manque un peu aux Français. La ténacité pourtant est très utile dans la vie et elle permet à ceux qui la possèdent de réussir mieux que ceux qui n'en ont pas. Et voici maintenant le second adversaire à combattre : je veux parler de la déloyauté en classe. Je suis attristé en pensant que certains d'entre vous ne résistent pas à la tentation et qu'ils copient ou qu'ils trichent pour gagner quelques points. C'est une faute et je veux qu'elle cesse ; on n'est pas un honnête homme si l'on n'est pas d'abord un homme loyal. Parmi vous, je veux bien croire que les plus nombreux ne copient pas, et même la plupart. A ceux-là, je demande d'avoir le courage de leurs opinions et d'arriver à empêcher les autres de le faire[1].

Les jeunes résistants communistes méprisent le discours pétainiste. En France et à Paris, les attentats contre l'envahisseur se multiplient. A Nantes, le 20 octobre, Gilbert Brustlein, le camarade de Tony Bloncourt, exécute le *Feldkommandant* de Loire-inférieure, le lieutenant-colonel Holtz.

1. Archives lycée Jacques-Decour, Paris.

Claude Lalet et ceux de Châteaubriant

Claude Lalet, dirigeant des Etudiants communistes à la Sorbonne, ancien de Rollin, moisissait à la prison de Fresnes à Paris. Là, l'étudiant s'était lié d'amitié avec le jeune lycéen Guy Môquet. Ils ne se quitteront plus. Tous les deux sont transférés en Bretagne au camp de Châteaubriant. La jeune épouse de Claude, Ninette, qui n'a pas été arrêtée, entreprend des démarches pour obtenir la libération de son mari. Au ministère de l'Intérieur, on lui fait des promesses, puis une lettre signée du ministre l'informe que son Claude sera libre le 23 octobre. Tout heureuse, Ninette se présente le matin du 23 à la porte du camp. Là, les gendarmes lui annoncent que son mari a été fusillé la veille.

Le 22 octobre, à 14 heures, 27 hommes, dont Claude Lalet, 21 ans, et Guy Môquet, 17 ans, sont enfermés dans la baraque 6. On leur donne du papier et des enveloppes. Claude écrit une lettre à sa femme et à sa mère :

> Ma petite femme adorée, Ma chère Miet[1],
>
> Déjà la dernière lettre, et déjà il faut te quitter ! Que la route est jolie, ah vraiment ; amis, chantons, chantons de toutes nos forces... Un tout petit peu nerveux, mais cela n'est rien. Comme je voudrais être dans vos bras pour mourir. Ma Ninoutcka adorée, j'ai deux choses à te demander : sois toujours toi, pleinement heureuse ; pense toujours à notre chère petite Miet ; elle est vieille, mais garde-la jeune. Je sais qu'il faut serrer les dents. La vie était si belle ; mais gardons, oui, gardons nos rires et nos chants... ces tout petits sabots... Bonjour aux uns et aux autres. Pauvre Toto[2] chéri... D'autres Toto chanteront, eux aussi. Vis, ma Miet adorée, vis, ma petite femme adorée. Courage, joie ; immense joie... Je vous adore toujours, sans cesse. Je t'embrasse, je te serre dans mes bras avec toutes mes forces. Vive la vie ! Vive la joie et l'amour. Votre Claude pour toujours[3].

A 15 h 30, 16 heures et, 16 h 10, 27 otages sont exécutés à la carrière de Châteaubriant.

Dans le camp, les femmes sont emprisonnées dans une baraque à part. Le long des barbelés, les garçons flirtaient

1. Miet, surnom de la mère de Claude.
2. Toto, l'enfant que Claude désirait.
3. Lettres des fusillés de Châteaubriant, publiées par l'« Amicale des anciens internés patriotes de Châteaubriant-Voves-Rouillé », octobre 1989.

avec les filles. Guy Môquet était tombé amoureux d'Odette Nilès, internée elle aussi au camp. Elle témoignera que Guy Môquet écrivait des poèmes : « Il y en avait un sur Claude Lalet qui a été fusillé avec eux. Je l'ai gardé. Il disait : "Et Claude, ce zéro au regard séduisant, se trouve, parmi tous, le plus intéressant[1]" !... »

1. *L'Humanité,* 24 mai 2007. Propos recueillis par Jacqueline Sellem.

Daniel Decourdemanche

Au lycée Rollin, le professeur Daniel Decourdemanche, alias Jacques Decour, continue son métier d'enseignant. Jamais il n'a négligé ses élèves. L'un d'eux, Jean-Louis d'Hourselles, lui rendra hommage à la Libération dans les *Lettres françaises* : « Tous ceux qui sont passés dans les couloirs de Rollin ont vu Jacques Decour, grand et souriant, ils ont su la sympathie qui l'unissait à ses élèves, le renom de son enseignement ; tous ceux qui lui ont parlé, qui l'ont connu, en savent plus encore. Nous nous rappellerons longtemps ses cours ; des cours d'allemand vivants, loin du savoir livresque, des textes rebattus. Nous avions des cahiers bourrés de notes – plus de notes que de textes, peut-être – qui constituent une véritable documentation, une base de culture artistique et intellectuelle. Decour jouissait d'une réputation, d'une sorte de petite popularité dans le lycée. Il y a trois ans, à la rentrée d'octobre (1941), nous vîmes tomber chez nous un groupe de cinq à six élèves déserteurs d'un vieux professeur qui n'en pouvaient mais, et qui voulaient tout bonnement "faire l'allemand avec Decour". Decour sourit, arrangea la chose : ces élèves restèrent avec lui[1]. »

En réalité, le jeune auteur Gallimard se dédouble. Derrière l'image du professeur sérieux, aimé de ses élèves, qui traverse Paris à vélo, se cache une autre personnalité. Un jour de septembre 1941, au coin de la rue du Bac et des quais de la Seine, au café La Frégate, deux jeunes écrivains, Jacques Decour et Jacques Debû-Bridel, ont rendez-vous. Le communiste Decour explique au monarchiste Debû-Bridel son désir de regrouper les écrivains de la zone nord dans un Comité national des écrivains. Son but : créer un hebdomadaire littéraire. Le premier noyau comprendra, outre Jacques Decour et Jacques Debû-Bridel, Jean Paulhan, Jean Blanzat, Jean Guéhenno, Charles Vildrac, le révérend père Maydieu et, plus tard, François Mauriac. En décembre 1941, Jean Blanzat, auteur chez Grasset, organise chez lui une réunion secrète : Decour, Paulhan, Debû-Bridel et Charles Vildrac sont là. Le sommaire du premier numéro de la nouvelle revue est élaboré. Il s'agit des *Lettres françaises*.

Les hommes ne sont pas seuls à se cacher pour survivre. Les statues aussi ! Le 11 octobre 1941, paraît au *Journal officiel* le décret suivant : « Nous, maréchal de France, chef de l'Etat français décrétons : il sera procédé à l'enlèvement des statues et monuments en alliages cuivreux, sis dans les lieux publics et les locaux administratifs, afin de

1. Les *Lettres françaises*, 23 septembre 1944.

remettre les métaux constituants dans le circuit de la production industrielle et agricole. » Le 4 décembre, le recteur demande aux chefs d'établissement « la liste des monuments qui existeraient dans les lycées et seraient susceptibles d'être refondus ». Le proviseur de Rollin répond « Néant » : la majestueuse statue en bronze de Charles Rollin qui trône dans la cour d'honneur est sauvée !

Au début de l'année 1942, Decourdemanche, alias Decour, et ses amis Politzer et Solomon continuent leur travail de journalistes de l'ombre. En février, le trio publie secrètement un deuxième numéro de *La Pensée libre*. Le cahier clandestin est tiré à 200 exemplaires et comprend plus de cent pages. Un article évoque les otages de Châteaubriant, Claude Lalet et Guy Môquet sont cités.

C'est aussi en février que Danielle Casanova photographie Jacques Decour au jardin du Luxembourg. C'est la dernière photo qui nous reste de lui. Les deux résistants jouent aux touristes. Amie de Maï Politzer et d'Henriette Nizan, Danielle Casanova vient d'entrer dans l'équipe de *L'Université libre*. Responsable au sein du Parti communiste du rassemblement des femmes pour la Résistance, elle est chargée, en outre, des intellectuels et des jeunes. C'est elle qui donne le nom de « Bataillons de la jeunesse » aux premiers groupes armés créés par la Jeunesse communiste, dont certains étudiants furent élèves au lycée Rollin.

Mais durant l'hiver 1941-1942, la police française s'est lancée dans la chasse aux communistes. Le 15 février, Danielle Casanova, Marie-Claude Vaillant-Couturier et les époux Politzer sont arrêtés. Le 17 février, Jacques Decour est pris alors qu'il se rendait chez les Politzer pour les avertir du danger. Le 2 mars, Jacques Solomon et sa femme Hélène, Georges Dudach et Arthur Dalidet, responsables du Parti, sont appréhendés à leur tour. Au total 116 personnes seront arrêtées. Le 2 mars, le proviseur de

Rollin, reçoit une lettre de son professeur prisonnier : « Ayant reçu l'autorisation d'écrire, je veux m'excuser auprès de vous d'interrompre brusquement mon service. Je me trouve actuellement au Dépôt, à titre de consigne provisoire, et j'espère bien qu'un prompt éclaircissement de mon cas me rendra bientôt au lycée Rollin. J'attends cette décision avec impatience et je me permets de compter que l'Administration voudra bien me conserver mon poste[1]. » Le père de Jacques Decour prend rendez-vous auprès du proviseur pour que celui-ci intervienne auprès du rectorat. En vain.

Emprisonné à la Santé, torturé, Jacques Decour est fusillé le 30 mai 1942 au mont Valérien. Il avait 32 ans. Ses amis Politzer et Solomon ont été fusillés une semaine auparavant. Le premier numéro des *Lettres françaises* fondées par le jeune professeur de Rollin ne verra jamais le jour.

Dans sa dernière lettre à ses parents, le matin de son exécution, Jacques Decour écrit : « Faites dire à mes élèves de 1re par mon remplaçant, que j'ai bien pensé à la dernière scène d'*Egmont* ». En pleine Occupation, le jeune professeur a fait lire à ses élèves cette pièce de Goethe. Le texte évoque la révolte des Pays-Bas contre l'Espagne du XVIe siècle, mais il s'agit surtout d'un plaidoyer en faveur de la liberté. Egmont, le héros, déclare dans sa dernière tirade : « Je meurs pour la liberté, pour laquelle j'ai vécu et lutté, et à laquelle je me sacrifie douloureusement. [...] Pour sauver ce que vous avez de plus cher, je tombe avec joie, ainsi que je vous en donne l'exemple. »

1. Lettre citée par Pierre Favre dans sa biographie *Jacques Decour, l'oublié des « Lettres françaises »*, Farrago, 2002.

La dernière lettre

Samedi 30 mai 1942

6 h 45

Mes chers parents,

Vous attendiez depuis longtemps une lettre de moi.

Vous ne pensiez pas recevoir celle-ci. Moi aussi, j'espérais bien ne pas vous faire ce chagrin. Dites-vous bien que je suis resté jusqu'au bout digne de vous, de notre pays que nous aimons.

Voyez-vous, j'aurais très bien pu mourir à la guerre, ou bien même dans le bombardement de cette nuit. Aussi, je ne regrette pas d'avoir donné un sens à cette fin. Vous savez bien que je n'ai commis aucun crime, vous n'avez pas à rougir de moi, j'ai su faire mon devoir de Français. Je ne pense pas que ma mort soit une catastrophe ; songez qu'en ce moment, des milliers de soldats de tous les pays meurent chaque jour, entraînés dans un grand vent qui m'emporte aussi.

Vous savez que je m'attendais depuis deux mois à ce qui m'arrive ce matin, aussi ai-je eu le temps de m'y préparer, mais comme je n'ai pas de religion, je n'ai pas sombré dans la méditation de la mort ; je me considère un peu comme une feuille qui tombe de l'arbre pour faire du terreau.

La qualité du terreau dépendra de celle des feuilles. Je veux parler de la jeunesse française, en qui je mets tout mon espoir.

Mes parents chéris, je serai sans doute à Suresnes ; vous pouvez si vous le désirez demander mon transfert à Montmartre.

Il faut me pardonner de vous faire ce chagrin. Mon seul souci depuis trois mois a été votre inquiétude. En ce moment, c'est de vous laisser ainsi sans votre fils qui vous a causé plus de peine que de joie. Voyez-vous, il est content tout de même de la vie qu'il a vécue, qui a été bien belle.

Et maintenant voici quelques commissions. J'ai pu mettre un mot à celle que j'aime. Si vous la voyez, bientôt j'espère, donnez-lui votre affection, c'est mon vœu le plus cher. Je voudrais bien aussi que vous puissiez vous occuper de ses parents qui sont bien en peine. Excusez-moi auprès d'eux de les abandonner ainsi ; je me console en pensant que vous tiendrez à remplacer un peu leur « ange gardien ».

Donnez-leur des choses qui sont chez moi et appartiennent à leur fille : des volumes de la Pléiade, les *Fables* de la Fontaine, *Tristan*, les 4 saisons, les petits poussins, les 2 aquarelles (Vernon et Issoire), les 4 pavés du Roy.

Je voudrais que le jeune Michel ait mes affaires personnelles (stylo, porte-mine, portefeuille montre et briquet). Embrassez-les tous les trois pour moi.

J'ai beaucoup imaginé, ces derniers temps, les bons repas que nous ferions quand je serais libéré. Vous les ferez sans moi, en famille, mais pas tristement, je vous en prie. Je ne veux pas que votre pensée s'arrête aux belles choses qui auraient pu m'arriver, mais à toutes celles que nous avons réellement vécues. J'ai refait pendant ces deux mois d'isolement, sans lecture, tous mes voyages, toutes mes expériences, tous mes repas. j'ai même fait un plan de roman. Votre pensée ne m'a pas quitté, et je souhaite que vous ayez s'il le fallait beaucoup de patience et de courage, surtout pas de rancœur.

Dites toute mon affection à mes sœurs, à l'infatigable Denise, qui s'est tant dévouée pour moi, à la jolie maman de Michel et de J. Denis.

J'ai fait un excellent repas avec Sylvain le 17, j'y ai souvent pensé avec plaisir, aussi bien qu'au fameux repas de réveillon chez Pierre et Renée. C'est que les questions alimentaires avaient pris de l'importance. Dites à Sylvain et Pierre toute mon affection, et aussi à Jean Bailly, mon meilleur camarade, que je le remercie bien de tous les bons moments que j'aurai passés avec lui.

Si j'étais allé chez lui le soir du 17, j'aurais fini tout de même par arriver ici, il n'y a donc pas de regret !
Je vais écrire un mot pour Brigitte à la fin de cette lettre, que vous lui recopierez. Dieu sait si j'ai pensé à elle. Elle n'a pas vu son papa depuis deux ans.
Si vous en avez l'occasion, faites dire à mes élèves de première, par mon remplaçant, que j'ai bien pensé à la dernière scène d'*Egmont*, et à la lettre de TH-KI à son père – sous toute réserve de modestie.
Toutes mes amitiés à mes collègues et à l'ami pour qui j'ai traduit Goethe sans trahir.
Il est 8 heures, il va être temps de partir.
J'ai mangé, fumé, bu mon café, je ne vois plus d'affaires à régler.
S'il y a chez Mme Politzer 170 ter, rue de Grenelle des objets qui m'appartiennent (livres, notamment ceux du lycée, phono, etc.) tâchez de les récupérer. Il y a aussi votre *Mémorial de Sainte-Hélène*.
Mes parents chéris, je vous embrasse de tout cœur. Je suis près de vous, et votre pensée ne me quitte pas.

Votre Daniel[1]

Certains élèves sont effondrés par la disparition de leur professeur d'allemand. Le jeune Charles Gélinet, en classe de première, militant à la JEC, décide d'entrer dans le réseau de résistance Libération-Nord.

Jean-Paul Duru, élève de quatrième, se souvient d'un événement qui le marquera à vie : « C'était au matin du 30 mai 1942, au lycée Rollin. Nous suivions le cours d'un professeur dont j'ai oublié le nom lorsqu'un des directeurs est entré, l'air grave, dans notre classe. Nous, les élèves, silencieux, nous nous sommes tous levés. Le directeur est monté sur l'estrade. Grave, un feuillet à la main, il nous a dit : "Votre professeur d'allemand a été fusillé par les mili-

1. Archives de Mme Brigitte Decourdemanche.

taires qui nous occupent. Il m'a chargé de vous lire cette lettre." Presque soixante-dix ans après, je ne me souviens plus des termes exacts lus par le directeur mais je me souviens de leur sens et des derniers mots : il nous écrivait que lorsque nous prendrions connaissance de sa lettre, lui, Daniel Decourdemanche, ne serait plus. Qu'il mourait pour qu'un jour, nous devenions des hommes libres. Le directeur a lentement replié la lettre et, nous regardant, il a quitté la salle de classe. Il a fallu que notre professeur nous demande de nous asseoir. Dans cette classe, les élèves avaient des opinions opposées. Les uns pétainistes, les autres gaullistes, un même collaborationniste au point de, plus tard, s'être engagé dans la légion des Volontaires contre le bolchevisme, d'autres enfin obsédés par la faim. C'est le silence qui a suivi cette intervention. Comment, ce professeur, que nous avions vu il y avait seulement quelques jours bavarder avec ses collègues, n'était plus ? Pour la première fois, tous incrédules, nous prenions conscience de l'horreur de la guerre. Le plus surprenant fut qu'aucun des élèves du lycée ne dénonça le directeur aux Allemands ! Courageusement, il avait risqué sa vie pour donner à ses élèves une leçon de dignité, de patriotisme[1]. »

Le professeur d'histoire Maurice Thiédot n'oubliera jamais la présence de Jacques Decour au lycée. Ancien combattant de la Grande Guerre, il fait l'objet d'un calembour d'Edgar Morin et Henri Alleg : « M. Thiédot ? Ni trop froid, ni trop chaud[2] ! » Pourtant Thiédot n'est pas un personnage frileux. Résistant de la première heure, il n'a jamais craint de dire ce qu'il pensait devant ses élèves, même miliciens ou autres nazillons. Le vieil enseignant adhère aux Mouvements unis de résistance (MUR). Il recrute lui-même, pour le réseau Arc-en-Ciel, des jeunes qui participeront à des coups de main contre l'occupant.

1. Entretien avec l'auteur, octobre 2008.
2. Emmanuel Lemieux, *Edgar Morin l'indiscipliné*, Seuil, 2009.

Robert Briaud, élève de seconde en 1942, se souviendra : « Il se dégageait de cet homme une sorte de charme, tout à la fois viril et raffiné, qui en imposait à nos adolescences. Bref, Monsieur Thiédot, ce matin-là, commença son cours... Le sujet en était : la Prusse au dix-huitième siècle. [...] Ce n'était plus un cours d'histoire, cela devenait une conférence partisane. Le professeur agrégé, d'ordinaire si amoureux de la nuance, céda la place à un tribun de meeting, à un prédicateur fougueux et tonitruant, excessif et démesuré. Ah ! Comme elle était belle, la colère de Monsieur Thiédot ! Le buste penché en avant, les poings serrés, l'œil méchant, il marchait, de long en large, devant sa chaire, tout en lançant vers nous le plus inouï, le plus violent, le plus implacable réquisitoire que j'aie jamais entendu prononcer contre le militarisme prussien. Inconscient du danger qu'il courait, il faisait, sur un ton féroce, le procès de ce militarisme, et de ses prolongements actuels. Il le faisait minutieusement. Cela n'avait plus que de très lointains rapports avec le sujet traité, mais c'était très beau à entendre, en pleine guerre, en 1942, et en plein Paris[1] ! »

1. *Bulletin-annuaire,* Association amicale des anciens élèves de Rollin-Decour, n° 2-1963.

Le « Témoin des martyrs »

En février 1942, Louis Aragon, le poète surréaliste, écrit le texte qui deviendra celui du « Témoin des martyrs ». Il sera publié en tract et diffusé sur Radio-Alger, Radio-Brazzaville, Radio-Londres, Radio-Moscou : « Les enfants de France. Dans Paris bâillonné, le 11 novembre 1940, moins de cinq mois après qu'un maréchal de France eut proclamé que la Patrie avait touché la terre des épaules, les étudiants descendirent dans la rue et leur jeune voix retentit si haut que la France tout entière l'entendit et cessa de croire à la défaite. Les étudiants de Paris sont les fils de toute la France, l'espoir spirituel de la Nation. [...] Au début de 1941, devant un tribunal pour enfants, une vingtaine d'étudiants, dont un tiers était formé de jeunes filles, eurent donc à répondre de ce crime singulier. C'était comme par hasard des sujets d'élite ; deux lycéens, des étudiants en droit, en médecine, en lettres, des Beaux-Arts. Ils avaient parmi eux des lauréats du Concours général, ils pouvaient justifier de livrets scolaires excellents, rien ne put être relevé contre leur moralité. Nos meilleurs enfants avaient témoigné pour nous. Parmi eux, arrêtés pour avoir protesté contre les arrestations du 11 novembre, se trouvait un garçon de dix-neuf ans, déjà marié avec une jeune fille de dix-sept ans, étudiante elle-même, inculpée à ses côtés. Il s'appelait Lalet. Il fut condamné à huit mois de prison. Il les fit. Huit mois, diront certaines gens, ce n'est pas payer cher le droit d'affirmer son patriotisme. Mais les huit mois expirés, il ne fut pas libéré. Il fut transféré au camp de Châteaubriant, et là, fin octobre, sur l'ordre de Pucheu, livré aux Allemands, parmi les vingt-cinq martyrs et, avec eux, fusillé pour répondre de l'exécution à Nantes d'un colonel de l'armée d'occupation. A ses côtés, tombait le lycéen Guy Môquet, qui est déjà entré dans la légende[1]. »

Le lycée Rollin se trouve être le vivier du « martyrologe de l'esprit » cher à Aragon. Outre Claude Lalet que cite le poète, nombreux sont les autres « enfants de France » à avoir étudié à Rollin. Aragon, au nom de l'hagiographie communiste, parle de sujets d'élite, de livrets scolaires excellents. Ces jeunes se distingueront par leur courage extraordinaire, mais ils ne sont pas des enfants modèles, loin de là.

Le 1er février 1942, Karl Schoenhaar et son camarade Jean Debrais attaquent des véhicules de la Wehrmacht, place de la Concorde, à proximité du siège de la Kommandantur. Des explosifs sont placés sous les camions qui seront endommagés. Le 1er mars, il participe à l'attentat contre une école, rue de Tanger, à Paris, où sont cantonnés des soldats allemands. Le colonel Fabien supervise l'opération dirigée par Jean Debrais. Schoenhaar tire quatre coups de feu sur la sentinelle : le soldat allemand est tué. Une bombe, déposée, n'explosera pas. Daniel Bret garde les vélos pour le repli. Georges Tondelier et Emile Tardif sont postés en protection.

Tony Bloncourt, l'élève antillais de Rollin, s'est fait arrêter à un barrage de police, lors d'un contrôle d'identité, le 6 janvier. Pour frapper l'opinion, les autorités allemandes organisent une série de procès de « terroristes ». Du 4 au 6 mars 1942 se tient au Palais-Bourbon, à Paris, le premier grand procès de l'Occupation. Tony Bloncourt

1. Pierre Seghers, *La Résistance et ses poètes*, Editions Seghers, 1974.

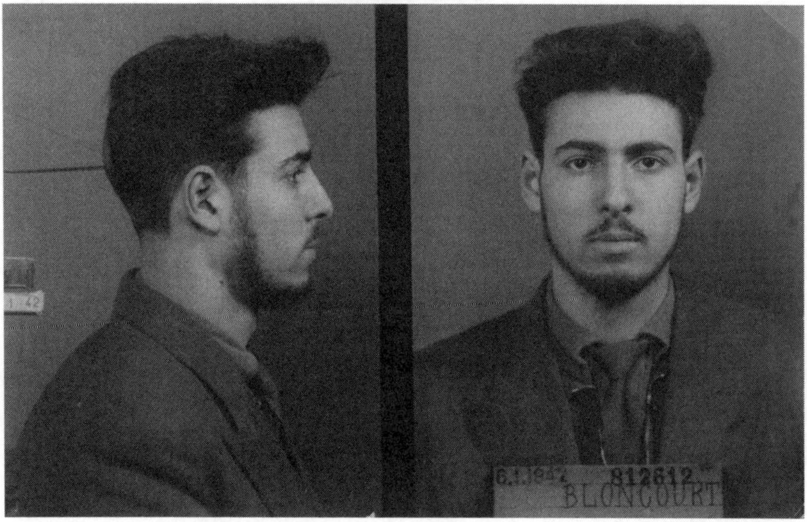

et ses camarades, Christian Rizo, Roger Hanlet, Asher Semahya, Robert Peltier, Pierre Milan et Fernand Zalkinow sont accusés d'avoir commis les attentats. Le journal de la collaboration *Les Nouveaux Temps,* daté du 5 mars, commente : « Les accusés, tous ressortissants français, sont au nombre de sept dont un juif et un demi-juif ; ils appartiennent tous au Parti communiste. Ils ont perpétré des attentats de toute sorte contre l'armée allemande et il a été établi au dossier de l'accusation que dans les exécutions dont ils se sont rendus coupables ils n'ont pas été guidés par un simple souci de patriotisme mais n'ont fait que suivre les prescriptions de la décision du programme du Parti communiste rédigé au sixième congrès de Moscou en 1928… Il ne s'agit donc pas de terroristes ordinaires, mais bien d'auteurs d'attentats faisant partie d'un groupe parfaitement constitué avant même l'occupation allemande qui se fussent autorisés à commettre des crimes et des méfaits sous quelque gouvernement que ce fût en obéissance aux ordres du Kremlin. »

Les sept jeunes communistes sont fusillés le 9 mars 1942 au mont Valérien. Tony Bloncourt avait 21 ans.

De la prison de la Santé, ce dernier écrit une dernière lettre à ses parents :

Maman, papa chéris,

Vous saurez la terrible nouvelle déjà quand vous recevrez ma lettre. Je meurs avec courage. Je ne tremble pas devant la mort. Ce que j'ai fait, je ne le regrette pas si cela a pu servir mon pays et la liberté !

Je regrette profondément de quitter la vie car je me sentais capable d'être utile. Toute ma volonté a été tendue pour assurer un monde meilleur. J'ai compris combien la structure sociale actuelle est monstrueusement injuste. J'ai compris que la liberté de vivre ce que l'on pense n'est qu'un mot et j'ai voulu que ça change. C'est pourquoi je meurs pour la cause du socialisme. J'ai la certitude que le monde de demain sera plus juste, que les humbles et les petits auront le droit de vivre plus dignement, plus humainement.

Je suis sans haine pour les Allemands qui m'ont condamné et je souhaite que mon sacrifice puisse leur profiter aussi bien qu'aux Français. Je garde la certitude que le monde capitaliste sera écrasé, que l'ignoble exploitation cessera. Pour cette cause sacrée, il m'est moins dur de donner ma vie.

Je suis sûr que vous me comprendrez, papa et maman chéris, que vous ne me blâmez pas. Soyez forts et courageux. Mon cœur est plein de tendresse pour vous et déborde d'amour. Maman chérie, je t'aime comme jamais je ne t'ai aimée. Je sens maintenant tout le prix de l'œuvre que tu as entreprise en Haïti. Papa chéri, toi qui es un homme fort, console maman. Sois très bon en souvenir de moi. Maman Dédé chérie, tu as la même place dans mon cœur que maman. Tous, vivez en paix, ne m'oubliez pas. Je vous embrasse bien fort comme je vous aime.

Tony[1]

1. MRN, Champigny-sur-Marne.

Karl Schoenhaar est arrêté le 8 mars 1942 lors d'une tentative d'attentat à la bombe visant l'exposition « Le bolchevisme contre l'Europe » qui venait d'être inaugurée salle Wagram. Un deuxième procès organisé par les nazis a lieu du 7 au 14 avril, cette fois-ci à la Maison de la chimie, toujours à Paris. Le potache allemand est inculpé avec 24 autres camarades. Le journal collaborationniste *Le Cri du peuple,* daté du 15 avril, se déchaîne contre les résistants : « Les accusés ont organisé et entretenu des fabriques de bombes et des dépôts d'armes. Il a été prouvé au cours du procès qu'ils appartiennent au Parti communiste et même à une organisation spéciale au sein de ce parti. Ils ont assumé dans cette organisation spéciale des tâches militaires et les accusés se considèrent comme des soldats du communisme et comme tels, ont appris l'exercice d'armes, le lancement de bombes, la recherche d'emplacement, la topographie, etc. »

Karl Schoenhaar est fusillé le 17 avril 1942 au mont Valérien à l'âge de 17 ans.

De la prison de la Santé, Carlo, comme le surnommaient ses camarades, écrit une dernière lettre en allemand à son amie Tatia en espérant que celle-ci pourra la donner à sa mère. Or la mère de Carlo était détenue aussi à la Santé, mais ignorait que son fils se trouvait à quelques mètres d'elle. Déportée au camp de Ravensbrück, elle survivra à l'horreur.

La Santé, 14 h 30 17 avril 1942.

Ma chère Maman,

Je t'écris une dernière fois. J'espère que cette lettre te donnera le courage de supporter cette nouvelle épreuve. Je t'en supplie une dernière fois, essaye de dominer ton chagrin en pensant que jusqu'au dernier moment je suis resté courageux.

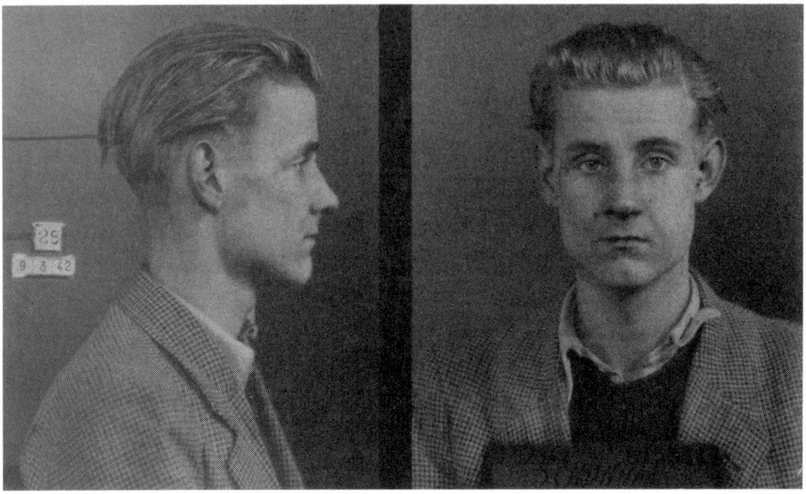

Essaye finalement de mener une vie calme avec ton époux. Je désirerais ardemment que tu aies un nouvel enfant, à qui tu pourrais offrir tout ton amour, celui que tu as éprouvé pour moi. Le temps viendra où ta peine diminuera, tu le sais, le temps guérit tout.

Si tu peux, essaye de voir Tatia. La réunion avec une personne que j'ai aimée et qui me connaît, te fera peut-être du bien. Elle a pu m'envoyer un magnifique paquet, qui m'a aidé à supporter les derniers instants. Si je ne l'ai pas toujours montré, sache que je t'ai aimée au-dessus de tout. J'ai été souvent ingrat, notamment à l'égard d'Uri[1].

Ma chère Maman, sépare-toi des objets qui m'appartiennent. Ne garde rien du passé. Tu es encore jeune et peux te construire un monde plus beau, particulièrement si tu avais encore un nouvel enfant. Ce serait mon souhait le plus ardent.

J'espère que Tatia pourra te communiquer cette lettre, quoique je ne sais pas où ils te gardent.

1. Le beau-père de Carlo.

Pardonne-moi pour le chagrin que j'ai pu te causer jusqu'à ma mort. Essaye d'être heureuse avec Uri. C'est mon plus grand désir.
Je t'enlace une dernière fois.

Ton fils Carlo

Courage[1].

1. MRN, Champigny-sur-Marne.

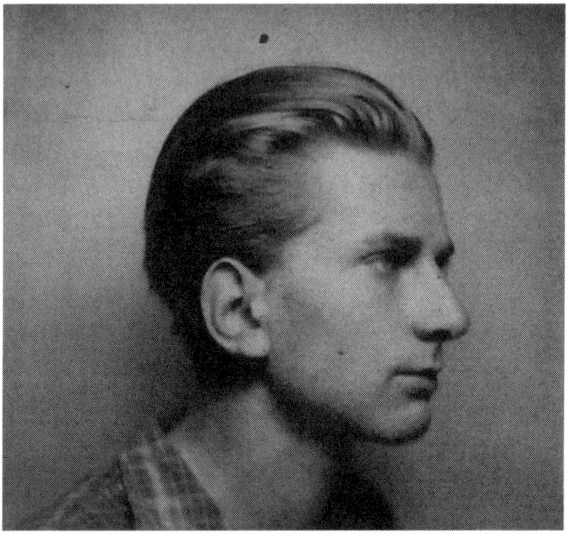

Olivier Souef

Le 28 avril 1942, Olivier Souef et son petit frère Claude sont arrêtés à leur domicile, à Paris. Souef, ancien responsable des lycéens communistes à Rollin, est victime d'une grande vague d'arrestations organisée par les autorités d'Occupation dans le département de la Seine. Ce coup de filet vise majoritairement des militants du Parti communiste.

Son frère Claude raconte : « 28 avril 1942, à l'aube. Il fait encore nuit. Des coups contre la porte. On se lève, ma grand-mère, mon frère et moi. Mon frère s'habille en vitesse et va dans la cuisine obscure. Celle-ci a une sortie sur la petite entrée qui donne sur le palier. A moitié habillé, je vais ouvrir : deux soldats allemands et un inspecteur français.

« — Olivier Souef ?

« — Il n'habite plus là.

« J'espère que les Allemands se dirigeront vers le fond de l'appartement, dans les différentes pièces, et qu'ainsi mon frère pourra, par la petite entrée, gagner l'escalier et s'échapper.

« Un Allemand s'éloigne vers une chambre mais l'autre va vers la cuisine, aperçoit mon frère et donne l'alerte. Le flic dit à mon frère de prendre quelques vêtements. Aucune fouille de l'appartement. Olivier est emmené. J'essaie de calmer ma grand-mère, au bord de la crise de nerfs. J'ai à peine le temps de faire un brin de toilette que, de nouveau, on frappe. Ce sont les mêmes qui reviennent. Pour moi, cette fois-ci. Sans doute ont-ils raconté que j'avais essayé de faire croire que mon frère n'était pas là et leur a-t-on ordonné de venir m'arrêter comme "complice". Mon frère était connu comme communiste puisqu'il avait déjà été arrêté le 26 novembre 1940. Moi, par contre, je n'avais jamais eu de contact avec la police. Commissariat du VIIe arrondissement, rue de Grenelle. Je retrouve mon frère et d'autres qui viennent d'être arrêtés. Nous sommes transférés à l'Ecole militaire et parqués avec plusieurs centaines de personnes dans un grand hall, tout en longueur, très haut de plafond. Chacun porte un baluchon ou une petite valise. Nous sommes gardés par des Allemands qui nous font aligner face au mur. Départ pour la gare du Nord. Nous arrivons rue de Dunkerque, côté bagages, là où les camions peuvent se garer dans une espèce de cour qui donne directement sur les quais. Elle n'existe plus maintenant. Tout le long des quais, des soldats armés de mitraillettes. On nous fait monter dans les classiques wagons 40 hommes/8 chevaux. Sans brutalité excessive, simplement des hurlements et quelques bourrades. Quand le wagon est plein, la porte coulisse. On est plongés dans une obscurité complète, au début. Le train démarre. Par une petite ouverture grillagée et quelques fentes dans le bois, on essaie de voir et de deviner notre destination. Nous avons une place suffisante pour nous asseoir. Sur le mur du wagon qui fait face au côté de la porte défile, obscurci, en noir et blanc, la tête en bas, le paysage que nous traversons. Nous sommes dans une chambre noire. Arrivée à Compiègne. Les portes sont déverrouillées, nous sautons sur le quai, toujours entourés de soldats armés. Nous traversons une partie de la ville. Il y a peu de monde dans les rues. Puis c'est la campagne. Nous avançons par des chemins de terre. Un pied-bot est parmi nous. Peu à peu, il rétrograde dans les rangs et se trouve bientôt seul à l'arrière. Un soldat armé reste à côté de lui. On arrive à Royallieu, le Front Stalag 122, d'anciens bâtiments militaires. Le camp est désert ou presque, comme si on avait fait rentrer tous les internés dans les baraquements. On nous répartit dans les blocks, principalement le C5. Ma chambrée, c'est la 7. Une chambrée, ce sont deux rangées de châlits superposés, séparées par un passage assez large. Au milieu, il y a un poële, une espèce de "Godin" rond. Les portes des chambrées donnent sur un couloir. Celui-ci va, d'un côté, vers les "petites piaules" où sont les responsables du block et, de l'autre, vers la salle des lavabos. Je partage un châlit avec mon frère, lui en haut, moi en bas. A l'opposé de la porte d'entrée, ce qui est une bonne chose en cas d'irruption inopinée d'un Allemand. Mon matricule est 3944, celui de mon frère, 3941. Quand on arrive comme ça, dans un monde inconnu, il y a un moment d'étourdissement. Un stade est franchi. Plus de retour arrière possible. Barbelés, murs d'enceintes, miradors, sentinelles. Difficile à admettre. Mais pour ceux qui viennent de prison, Royallieu, c'est une espèce de liberté, ce n'est plus l'enfermement. Bien sûr, tous savent ce qui les attend : otages, déportés ou fusillés. Mais c'est quand même une espèce de liberté, avec de l'air, la propagande, des camarades, des arbres, un paysage. Premier appel. Tous sur la place, par block, par rangs de cinq. Les Allemands. Le responsable français du camp, notre camarade Georges Cogniot, s'adresse aux nouveaux. Je me souviens seulement du sens de ses premiers mots. “Qui que vous soyez, quelles que soient les raisons qui font que vous venez d'arriver ici, quelles que soient vos convictions, sachez que nous sommes tous embarqués sur le même bateau.” Dans ce camp où il n'y a presque rien à manger, les “anciens” nous invitent à partager un repas avec eux, un ou deux par chambrée [...].

« Le 19 juin, un groupe d'officiers allemands arrive au camp. Un appel spécial va avoir lieu, une liste d'une centaine de “libérables” est annoncée. Pourquoi cette mesure ? Nul ne le sait. Mystères des administrations allemandes. Les officiers allemands entrent dans le bâtiment où nous allons comparaître à tour de rôle. Aux premiers appelés, on demande à la sortie comment ça s'est passé. Bien, mais on leur a demandé de signer une déclaration. Immédiatement, des émissaires, dont mon frère, se précipitent pour consulter la direction clandestine du camp. Doit-on signer ? La réponse est immédiate. Il ne s'agit pas de libérations individuelles. On peut signer. Cela n'engage en rien. Une fois dehors, on agira comme bon nous semblera. Les camarades avaient déjà, en d'autres occasions, discuté du problème d'éventuelles libérations. Ils n'étaient pas unanimes. La chance a voulu que ce soient, si mes souvenirs sont exacts, Désirat puis Cogniot qui répondent. Quand, à mon tour, je passe devant les officiers allemands, après un simple contrôle d'identité, il me faut donc signer une déclaration où je m'engage à n'avoir aucune action contre l'armée allemande ou pouvant lui nuire et à dénoncer toute attitude hostile dont j'aurais connaissance. Retour à la chambrée. Les voisins nous écrivent des adresses sur des bouts de papier, nous confient des commissions pour leurs proches. Le jour même ou le lendemain matin, je ne sais plus, nous quittons le camp. Juste avant de sortir, une directive nous dit de détruire tout papier compromettant car on va être fouillés. Du coup, on essaie de mémoriser les adresses et le contenu des messages que nous détruisons aussitôt. Adieu à mon frère. Il me demande de dire à sa fiancée qu'elle se considère comme dégagée de leurs engagements mutuels. Il me dit aussi qu'il devient responsable politique de l'organisation clandestine, je crois même qu'il emploie l'expression de "commissaire politique", ce qui était une terminologie courante à cette époque. Ce qui me fait penser, peu après, qu'il savait qu'une évasion devait avoir lieu. Ceux qui s'évadaient avaient prévu une nouvelle direction clandestine. Nous sortons du camp les uns après les autres, en montrant notre *Ausweis*. Sans avoir été fouillés. Nous sommes libres. Une jeune fille arrive à notre rencontre. Elle est à vélo, ses cheveux volent au vent, sa jupe également, qui découvre ses jambes nues au-delà du genou. Elle semble joyeuse et, comme les cyclistes des réclames, pédale sans effort. La plus jolie fille du monde... Elle nous croise, nous nous retournons. Si, au détour de la route, elle quittait le sol et continuait son chemin sur un nuage, nous ne nous en étonnerions pas.

« Dans la nuit du 21 au 22 juin, 19 camarades s'évadent de Royallieu par un souterrain, dont Georges Cogniot, Louis Thorez, Charles Désirat, Henri Kesterman, André Tollet. Le lendemain, un avion "inconnu" bombarde le camp. Le 5 juillet, Olivier écrit à notre mère alors à Marseille sur une carte officielle du camp "J'ai tout ce qu'il me faut comme vêtements. Le moral et la santé sont excellents. Ne vous inquiétez donc pas pour moi. Nous allons sans doute changer de résidence et vous serez peut-être assez longtemps sans nouvelles. Je vous embrasse tous. Gardez courage et, comme dit Colas Breugnon, Bonhomme vit toujours[1]." »

1. Archives privées confiées à l'auteur. Témoignage écrit le 30/06/1999.

Le 6 juillet 1942 à l'aube, les détenus sont conduits sous escorte allemande à la gare de Compiègne et entassés dans des wagons de marchandises. Le train part une fois les portes verrouillées, à 9 h 30. Le voyage dure deux jours. Non ravitaillés en eau, les déportés souffrent surtout de la soif. Le 8 juillet 1942, Olivier Souef est enregistré au camp souche d'Auschwitz (Auschwitz-I) sous le numéro 46109 (sa photo d'immatriculation n'a pas été retrouvée). Il y meurt le 9 août 1942, parmi les premiers « 45 000 ». Il a 21 ans.

Abel Bonnard, la Gestapette

Au printemps 1942, Jérôme Carcopino, le secrétaire d'Etat à l'Education nationale, chantre de l'Ordre moral, démissionne. Son successeur, Abel Bonnard, est très différent. Académicien, homosexuel, septuagénaire, le nouveau ministre est fasciné par les jeunes garçons blonds aux yeux bleus. Son chef de cabinet, Jacques Bousquet, chef du mouvement collaborationniste Les Jeunes du Maréchal, est l'archétype de l'Aryen correspondant à l'esthétique nazie. Le ministre Abel Bonnard encourage désormais la propagande à l'intérieur des lycées. Dès le 13 mai, le ton est donné par une circulaire indiquant :

« Prière de lire aux élèves :

« J'ai l'honneur de vous informer que le port de l'insigne comportant la francisque est désormais autorisé à l'intérieur de tous les établissements de la zone occupée.

« Le port de cet insigne est volontaire. Il constitue un témoignage de fidélité au Maréchal, il doit être considéré comme un signe de la participation des maîtres et des élèves à l'œuvre de la Révolution Nationale et annonce la fierté de contribuer à cette œuvre.

« Cet insigne doit être distingué de celui des Jeunes du Maréchal, réservé aux membres de cette Association et qui ne peut être admis que dans les Etablissements où elle a été autorisée[1]. »

---

1. Archives lycée Jacques-Decour, Paris.

En fait, le ministre académicien encourage l'action des Jeunes du Maréchal au sein des lycées.

Le 22 juin il propose de nouvelles « Instructions relatives à l'éducation générale » :

« On se plaint d'un surmenage intellectuel et physique. La question de surmenage intellectuel ne pourra être vraiment résolue que par une nouvelle conception de l'enseignement. J'ai déjà dit qu'il faut remplacer un enseignement de critique par un enseignement de vie. Cela ne consistera pas seulement à présenter les enfants à leur vie d'hommes mais à les traiter, dès leur entrée en classe, en êtres vivants, c'est-à-dire, selon les forces, les facultés, les aptitudes de leur nature et de leur âge, de façon à leur inspirer le goût de l'effort au lieu de leur en laisser le dégoût. Bien loin de ne voir en eux que leur esprit considéré comme un meuble vide qu'on bourre en s'efforçant d'y entasser deux ou trois fois plus de choses qu'il n'en peut raisonnablement contenir, on considérera l'enfant tout entier dans sa nature morale, intellectuelle et physique, dans sa personne authentique de petit Français : au lieu d'abuser de ce que la mémoire des enfants a de prompt, sans prendre garde à ce qu'elle a d'infidèle, on se rappellera qu'ils n'ont vraiment appris que ce qu'ils assimilent. Une telle conception implique de toute évidence la simplification des programmes. » Abel Bonnard, surnommé « Gestapette » par le tout-Paris, ajoute : « Le Français d'hier était un homme de lieu clos, et beaucoup de ses défauts et de ses pauvretés s'expliquent par là. Il faut ramener les enfants de France vers la nature[1]. »

Evidemment, pour les enfants juifs, il n'est pas question d'épanouissement personnel et les lieux clos seront Drancy et les camps. Le retour de Pierre Laval au pouvoir marque surtout l'accentuation de la répression contre les juifs.

---

1. Archives lycée Jacques-Decour, Paris.

La rafle du Vél d'Hiv

Le décret du 29 mai 1942 institue à partir du 7 juin le port de l'étoile jaune pour tout juif âgé de plus de 6 ans.

Le collégien de sixième A2 Bernard Gurovici réveille un passé enfoui : « Nous allons chercher nos étoiles au commissariat du Xe arrondissement. Les étoiles nous sont délivrées gratuitement, mais contre des tickets de textile en vigueur destinés à l'achat des vêtements. Maman me coud l'étoile sur mes vêtements pour aller au lycée. J'y vais avec crainte et appréhension... Je ne me rappelle plus quelle a été la réaction exacte des professeurs et des élèves quand tous les élèves juifs du lycée Rollin sont arrivés, portant l'étoile. Je ne me souviens que de deux choses : que j'étais très surpris en voyant combien nous étions nombreux à la porter, et que personne ne nous a molestés, ni même injuriés[1]. »

Pierre Gérard, élève de troisième, se plonge dans ses années de lycée : « Daniel Decourdemanche m'a laissé un souvenir très vivace car il avait une forte personnalité et nous engageait à apprécier, et même à aimer la langue, la littérature et la culture allemandes quoi qu'il me souvienne d'une réflexion qu'il fit un jour disant en parlant des Allemands : "Quel dommage que ce soit une race de cuisiniers !" Il avait une fort belle voix et nous fit apprendre *Die Lorelei* en chantant. J'ai pour mon condis-

---

1. « Mon étoile jaune », par Bernard Gurovici dit Dov Gury, blog du Comité français pour Yad-Vashem, 29 décembre 2008.

ciple Paul Pascal un souvenir particulier. Nous habitions, ainsi que mon autre copain Jacques Dupont, le même quartier proche des gares du Nord et de l'Est. Contraint de porter l'étoile jaune, Paul Pascal ne pouvait accéder à certains lieux où nous aurions voulu nous rendre. Pour y parvenir, Dupont ou moi portions sous le bras le vêtement "étoilé" de Pascal et nous nous relayons *(sic)* pour effectuer la visite[1]. »

Une étape est franchie dans la descente aux enfers lors de la grande rafle parisienne des 16 et 17 juillet 1942. Près de 4 500 policiers français sont mobilisés. 12 884 personnes sont arrêtées, 3 031 hommes, 5 802 femmes et 4 051 enfants. Entassés à Drancy et au Vélodrome d'Hiver, ils seront tous déportés. Des fuites ayant eu lieu 8 000 juifs environ ont pu échapper à l'arrestation, souvent avec la complicité de la population parisienne.

L'élève Claude Masaraki est juif d'origine turc. A Rollin, il a suivi les classes de la sixième à la première de 1935 à 1943. Sa mère porte l'étoile jaune mais son fils refuse de la mettre pour aller au lycée. Il trouve cela infamant. En 1942, alors que commencent les rafles, la sœur de son copain de classe, Yvette Arnaud, prévient Claude : « Il ne faut pas que tu restes là, cette nuit, ils vont venir. » Il est parti chez des amis et quand les Allemands sont venus chez lui, la mère de Claude leur a déclaré avec aplomb : « Mon fils, vous savez, un garçon, des fois la nuit, il s'en va[2]... »

Jean-Louis Barsacq décrit avec émotion sa vie au lycée. « En octobre 1941, je suis entré en septième au lycée Rollin. J'avais alors 10 ans. J'ai entamé ma scolarité à Rollin lorsque commencèrent les tristes années de l'Occupation. Mes souvenirs les plus anciens remontent à la classe de sep-

1. Entretien avec l'auteur, février 2009.
2. Caroline Langlois et Michel Reynaud, *Elles et Eux de la Résistance*, Editions Tirésias, 2003.

tième. Nous habitions plus haut dans Montmartre, rue Berthe, près du funiculaire, non loin du théâtre de l'Atelier où mon père, André Barsacq, venait de succéder à Charles Dullin comme animateur et metteur en scène. On gagnait alors les petites classes du lycée en passant par la porte de la rue Bochart-de-Saron. J'étais le plus souvent en retard, surtout le matin, et je dévalais les rues m'amenant au lycée. Je traversais en courant la place Dancourt où se dresse le théâtre, puis le boulevard Rochechouart, et en moins de cinq minutes, j'étais arrivé. Ma classe donnait directement sur la cour. Comme j'avais été jusqu'alors élève d'une école communale du XIVe arrondissement, je n'étais pas trop dépaysé puisqu'en septième, nous n'avions qu'un seul professeur. Sauf que...

« Sauf qu'à Rollin, certains de mes camarades étaient d'origine juive. On n'en savait pas plus. Ils étaient plus renfermés, plus discrets que les autres. A la fin de mon année de 7e, ils ont été obligés, sur ordre des autorités d'occupation, de coudre une étoile jaune sur leurs vêtements. Les autres élèves et les profs faisaient comme si de rien n'était. C'était leur façon d'être laïques. De temps en temps, tel ou tel de ces camarades ne revenait plus au lycée. Profs et élèves s'abstenaient de commenter publiquement. Je faisais comme tout le monde. C'était un temps où, à la suite de "rafles" dans les rues, les écoles et les appartements, les autorités occupantes (et hélas souvent la police française) arrêtaient pêle-mêle les porteurs d'étoiles jaunes, les résistants et d'autres personnes jugées indésirables (les Tsiganes, par exemple), les regroupaient commodément non loin d'une gare, à Drancy par exemple, et les déportaient vers l'Allemagne dans des wagons à bestiaux. Ma 7e à Rollin, c'est également l'époque où maman, souffrant d'angoisses insurmontables, avait été invitée par Jean Anouilh, l'auteur dramatique ami de mes parents, à venir se cacher dans son appartement de l'avenue Trudaine, tout près du lycée. On devine assez facilement, vu l'époque, pourquoi ma mère aurait eu besoin de se cacher. Du jour au lendemain, elle a quitté ses trois enfants et son mari, avec pour tout bagage une chemise de nuit, une robe de chambre, des chaussons, sa brosse à dents et son peigne, et c'est tout. Comme j'allais tous les jours au lycée j'étais chargé, du haut de mes 10-11 ans, d'assurer la liaison entre les deux domiciles. J'apportais le courrier, je transmettais les messages. Je racontais aussi ce que j'avais vu et entendu "là-bas". Ce qui se passait rue Berthe. Ce qui se passait avenue Trudaine. Bien sûr, ces événements me dépassaient un peu et je comprenais mal pourquoi maman n'était plus chez nous. Et pourquoi elle se mettait à pleurer quand je disais qu'elle nous manquait et que mes petits frère et sœur réclamaient sa présence. Ce séjour forcé, pendant lequel mes parents ne se sont pas vus une seule fois et ne se sont jamais téléphoné, ce séjour forcé a duré plusieurs longues semaines, peut-être un mois. Finalement, maman est rentrée à la maison. Souffrait-elle trop de la séparation ? Les rafles devenaient-elles moins fréquentes ? Elle est rentrée. Tout ceci a largement contribué à mon éducation. Quand j'arpente aujourd'hui l'avenue Trudaine, je ne peux m'empêcher de penser que j'ai "appris la vie" bien jeune. Je pense aussi à Jean Anouilh et à sa femme, Monelle, qui se sont alors comportés avec courage et dignité, ce qui, en 1942, n'était pas tellement courant[1]. »

A l'été 1942, il est question de la réaffectation au culte catholique de la chapelle du lycée Rollin. Le proviseur Camille Perrin adresse, le 26 juin, une lettre au recteur de l'Académie de Paris : « Cette chapelle a été transformée il y a une douzaine d'années en salle d'art. Des gravures extraites de livres de la bibliothèque générale avaient été exposées sur des panneaux disposés des deux côtés de la nef. Etant donné les petites dimensions des reproductions et leur disposition défectueuse sur les panneaux cette salle

1. Entretien avec l'auteur, avril 2009.

n'a jamais eu beaucoup de visites et n'a eu que peu d'utilité. Si l'on jugeait opportun de conserver au lycée une salle d'art je proposerais de l'installer dans une partie des locaux de l'ancien internat aménagés à cet effet. Je considère donc qu'il ne peut y avoir aucun inconvénient pour la vie scolaire du lycée à rendre ce local à sa destination première et je donne un avis favorable à la demande de M. l'Aumônier[1]. »

Le clergé catholique rallume la guerre scolaire alors que les persécutions antisémites prennent une tournure sans précédent. Les évêques sont en effet au courant de la rafle du Vél d'Hiv. Emmanuel Suhard, l'archevêque de Paris, écrit une lettre de protestation, privée, au maréchal Pétain le 22 juillet 1942 : « Monsieur le Maréchal. Profondément émus par ce qu'on nous rapporte des arrestations massives d'Israélites opérées la semaine dernière et des durs traitements qui leur sont infligés, notamment au Vélodrome d'Hiver, nous ne pouvons étouffer le cri de notre conscience. C'est au nom de l'Humanité et des principes chrétiens que notre voix s'élève pour une protestation en faveur des droits imprescriptibles de la personne humaine. C'est aussi un appel angoissé à la pitié pour ces immenses souffrances, pour celles surtout qui atteignent tant de mères et d'enfants. Nous vous demandons, Monsieur le Maréchal, qu'il vous plaise d'en tenir compte, afin que soient respectés les exigences de la justice et les droits de la charité. Emmanuel Cardinal Suhard, Archevêque de Paris[2]. » La première protestation officielle de l'Eglise catholique est encore prudente face à la tragédie qui s'annonce.

Freddy Menahem, 18 ans, ancien élève de Rollin, chef local chez les Eclaireurs israélites de France (EIF) se souvient : « Le 16 juillet 1942 après la rafle du Vél d'Hiv, nous

1. Archives lycée Jacques-Decour, Paris.
2. Lettre citée par Michèle Cointet, *L'Eglise sous Vichy,* Perrin, 1998.

étions installés avec tout mon groupe local rue Lamarck dans l'asile de nuit. Il s'agissait de recevoir les enfants séparés de leurs parents. La directive de Laval n'avait pas encore été appliquée. (La directive de Laval ordonnera, afin de « ne pas séparer les familles », que tous les enfants juifs doivent être déportés.) Nous avons reçu un peu près 150 enfants qui arrivaient en autobus du Vél d'Hiv. Là, nous avons bénéficié de la protection du clergé du XVIIIe arrondissement, en particulier de la basilique du Sacré-Cœur, qui a mis à notre disposition, un peu plus bas que l'asile de nuit de la rue Lamarck, un local de leur patronage. Ce qui nous a permis de faire respirer les enfants, de ne pas les cantonner dans un asile de nuit[1]. »

L'élève de confession juive Claude Misrachi a fait toute sa scolarité à Rollin sous la botte nazie. Pourtant, il

1. Entretien avec l'auteur, novembre 2008.

conserve un bon souvenir du lycée. « Je me souviens bien de Daniel Decourdemanche, dit-il, de sa belle démarche. Il était très bon[1]. » A partir de 1942, Misrachi porte l'étoile jaune, comme plusieurs de ses camarades, notamment Daniel Morgenstrein et Roger Devidas. Les professeurs et les élèves non juifs le soutiennent dans son malheur. Seul souvenir pénible, le professeur d'allemand Cornu lui adresse une remarque antisémite : « Quand vous serez commerçant, hein ! Elle est bien votre marchandise. » Heureusement ses parents l'inscrivent chez les Eclaireurs israélites. Il rencontre Freddy Menahem rue Claude-Bernard les jeudis. Parfois les scouts partent une journée se promener en forêt le dimanche. L'enfant persécuté se rappelle aussi le centre de l'avenue de Ségur. Il arrive que ses parents et lui quittent leur appartement et se cachent chez Ginette Bonvalot, rue Stephenson. Les Bonvalot sont des Justes. En 1944, avant la Libération, la famille abandonnera son appartement du boulevard Barbès, qui sera occupé par les Allemands. Le jeune garçon détient une fausse carte d'identité au nom de Laurent. Misrachi ne sera pas déporté et passera son bac à Rollin en 1946 : c'est un miraculé.

Le 27 mars 1942, c'est le départ du premier convoi de déportation des juifs de France du camp de Drancy vers Auschwitz. Le train transportait 1 000 déportés. Parmi les victimes se trouve Edouard Arditi qui, à 19 ans, devait passer son bac philo. Edouard habitait au 5, rue des Messageries, dans le Xe arrondissement de Paris. Jean Lehman, embarqué lui aussi dans le premier convoi, a 18 ans et a quitté le lycée en seconde. Jean habitait au 7, rue du Temple, à Enghien. Les deux adolescents ne reviendront pas.

Le 19 juillet 1942, lors du départ du 7e convoi de déportation de Drancy vers Auschwitz, le train contenait

1. Entretien avec l'auteur, janvier 2009.

999 déportés. Parmi eux, Anno Sonnabend, âgé de 17 ans, était en première. Né à Dresde en Allemagne, il habite au 49, rue Rochechouart, dans le Xe arrondissement de Paris. Le 22 juillet 1942, départ du 9e convoi : 996 déportés. Raphaël Sonnabend a 15 ans. Il a quitté le collège en sixième, dès 1940. Les deux frères, Anno et Raphaël Sonnabend, déportés dans des convois différents, ne reviendront pas.

Le 7 août 1942, départ du 16e convoi : 1 069 déportés. Parmi les enfants, David Becherbluth, 15 ans, et Georges Goldberg, 14 ans, sont dans la même classe au lycée, copains en quatrième A3 !

Un autre élève sera déporté dans le convoi n° 16, Edouard Krakovski. Celui-ci, 12 ans, est en sixième A1. Edouard est né le 25 mai 1930 à Mulhouse. Sa famille habite au 57, rue de Flandre, dans le XIXe arrondissement de Paris. Inscrit au lycée de 1940 à 1942, le garnement est souvent puni car il « ne suit pas en classe ». Il apporte au lycée son jouet favori : un pistolet de cow-boy. Edouard est arrêté avec ses parents le 16 juillet 1942, lors de la grande rafle du Vél d'Hiv. Interné à Pithiviers, transféré à Drancy, il est aussi déporté à Auschwitz. Le convoi n° 16 comptait 1 069 déportés dont 311 enfants. En 1945, il y aura 6 survivants, mais aucun enfant ne reviendra.

Le 26 août 1942, 24e convoi, composé de 1 002 déportés. Dans un wagon se trouve Denis Kamrat, 14 ans. Denis, né le 29 juin 1928 à Paris, habite au 78, rue Morel-d'Arieux, à Pierrefitte. Il a quitté l'école l'année précédente. L'enfant ne reviendra pas.

Le 28 août 1942, le 25e convoi est composé de 1 000 déportés. Parmi eux, Henri Weinberg a 16 ans. Henri, né le 27 décembre 1926 à Paris, habite au 15-18 cité Trévise dans le Xe arrondissement. Lui aussi a dû abandonner ses études et ne reviendra pas.

Le journal d'Henri Gradsztajn

Henri Gradsztajn est en cinquième A1 en 1942. Il a 14 ans. Né à Lublin en Pologne, il vit avec ses parents au 15 *bis*, rue Cauchois. Pendant l'été, il commence sur un carnet son « Journal de vacances d'un lycéen parisien pendant l'année de 1942 – juillet-septembre – ». Sur la page 2, l'enfant écrit un prologue à l'encre noir : « Pour occuper mes heures de loisir et garder quelques souvenirs de mon enfance, je vais dans ce qui suit relater ma vie jour après jour pendant la période de vacances de l'année 1942. J'espère que celui qui le lira trouvera quelque amusement et pourra se rendre compte de la vie d'un lycéen en vacances et j'espère, avec mes faibles moyens, intéresser l'auteur – Je dedis *(sic)* surtout ceci à mes parents – H. G[1]. »

Henri ne terminera pas son journal. Le lycéen de Rollin est arrêté lors de la rafle du Vél d'Hiv, le 16 juillet 1942. Le 16 septembre 1942, Henri est déporté par le convoi n° 33 de Drancy à Auschwitz.

1. Additif n° 6. *Le Mémorial des enfants juifs déportés de France*, Serge Klarsfeld, Editions Fayard, 2001.

Le Collège de Jeunes Chefs

Les enfants juifs sont désormais « chassés » et assassinés dans les camps d'extermination.

Au même moment, le 22 juillet 1942, le ministre de l'Education nationale annonce la création d'une étrange école :

« Le Secrétariat général de la Jeunesse ouvre à La-Chapelle-en-Serval (Oise) un collège de Jeunes.

« Il y poursuivra parallèlement à un enseignement secondaire, un enseignement direct, capable de former des hommes et des chefs.

« Il fait apppel *(sic)* aux Jeunes de France, aptes à une vie rude au service du pays.

« Le concours d'admission a lieu à La-Chapelle-en-Serval du 1er au 15 septembre, les conditions d'admissibilité sont les suivantes : être français – non juif –, de constitution physique, intellectuelle et morale robuste –, apte à suivre une troisième de lycée, c'est-à-dire sortant de 4e de lycée, de 3e d'E.P.S ou posséder une formation équivalente.

« La date limite d'inscription est fixée au 25 août 1942.

« Le jeune homme admis est entièrement pris en charge par le secrétariat : logement — nourriture — habillement — fournitures scolaires — enseignements.

« Pour toute demande d'inscription ou de renseignements, adresser la correspondance à :

« Monsieur le Directeur du Collège de Jeunes Chefs,

« Vieux Château – LA-CHAPELLE-EN-SERVAL (Oise)[1] »

1. Archives lycée Jacques-Decour, Paris.

Dès le 4 janvier, Jacques Frantz, le chef jéciste de Rollin en terminale (math II) avait participé à l'inauguration de ce « Collège de Jeunes Chefs » à La-Chapelle-en-Serval, fondé par l'ingénieur catholique Georges Lamirand, alors secrétaire général à la Jeunesse (les résistants communistes le surnomment « le Führer de la jeunesse »). Mais très vite, le chef des Jeunes du Maréchal, Jacques Bousquet, en prend le contrôle. La-Chapelle-en-Serval ne se fixe pas moins pour objectif que de devenir une école des cadres nazis.

Enfin le « Commissariat à la lutte contre le chômage » impose pour la deuxième année le Service civique rural. « Assujettis : tous les élèves de 17 à 21 ans au premier juillet 1942, sauf juifs et étrangers ». Pour la durée des grandes vacances, le service du lycée Rollin est affecté à Voves, en Eure-et-Loir, dans la Beauce. Les travaux des champs sont parfois pénibles pour des gamins de Paris. Cependant une poignée d'élèves seront volontaires, et mêmes enthousiastes à l'idée de se ressourcer à la campagne.

Charles Peyre, Max Peyre et Gaston Béraut

Les frères Charles et Max Peyre sont inséparables de leur copain Gaston Béraut depuis leurs études ensemble au lycée Rollin. En juillet 1942, Béraut, âgé de 21 ans, devient commandant FTP (Francs-Tireurs et Partisans français) pour la région de Villiers. A la suite de nombreuses arrestations, l'ancien lycéen antifasciste est obligé d'entrer dans la clandestinité. Mais le 13 août 1942, il est arrêté. Le rapport des Renseignement généraux de la préfecture de police signale : « A son domicile ont été saisis de nombreux tracts et documents de propagande, notamment un n° de L'Avant-Garde de juillet 42 intitulé "En avant pour le 2e front" et de 2 souscriptions en faveur des Francs-Tireurs. »

Gaston Béraut est fusillé le 21 octobre 1942 place Balard avec son oncle, sa tante et son cousin. Joseph

Kessel s'inspirera de lui dans son roman *L'Armée des ombres*.

Charles Peyre a plus de chance. Membre de l'Organisation Secrète, il est arrêté à Montfermeil le 17 août 1942 par les Brigades spéciales. Cependant, la police ne trouve rien de compromettant sur le jeune homme et le libère. Charles, réfractaire au STO, passe finalement avec succès le concours pour être commissaire de police ! « Etrange commissariat que le sien, où l'on délivre plus de fausses cartes d'identité que de vraies. Avec une rare insouciance, bien souvent sur un simple mot de passe, aviateurs abattus, prisonniers évadés, résistants STO, communistes, israélites, déserteurs même, se trouvèrent non seulement munis de faux papiers, mais d'un certificat de travail, d'une carte d'alimentation, d'un laissez-passer, d'un lieu de refuge[1]. » A 23 ans, Charles Peyre mènera une double vie : commissaire de police et officier clandestin du BCRA, les services secrets de la France libre.

1. *L'Echo du Raincy*, 1964. Témoignage de E. Wegstein, camarade de classe de Charles Peyre.

1942-1943

LES OGRES
DE LA COLLABORATION

Jeune force

A la rentrée scolaire 1942, deux jeunes fanatiques, Robert Hersant et Jean-Marie Balestre, se disputent la tête du magazine collaborationniste *Jeune force*, mensuel tiré à 5 000 exemplaires publié par Les Jeunes du Maréchal. Le mouvement et son journal s'installent au 3, rue Récamier, dans les locaux de la Ligue de l'enseignement. Le 1er septembre 1942, Jean-Marie Balestre adresse au proviseur du lycée Rollin une lettre étonnante :

> Cher Monsieur et Lecteur,
>
> Le Journal *Jeune Force* reparaîtra à dater du 1er octobre 1942, après avoir subi une légère modification dans sa formule, sous la forme de magazine de la Jeunesse, bimensuel de 12 pages, dont la diffusion sera assurée dans les deux zones.
>
> L'objet de la présente est de vous mettre en garde contre les agissements d'une personne de la Rédaction de ce Journal qui, voulant s'attribuer, par un abus de pouvoir inadmissible, des droits sur notre organe, a cru bon de faire paraître en son nom un numéro daté du mois de septembre.
>
> Nous tenons à vous rassurer en vous priant de ne pas tenir compte de cette parution et de ne pas vous formaliser outre mesure de ce petit incident auquel la justice française a mis un terme.

Dans l'espoir que notre journal saura vous plaire et vous intéresser, nous vous prions de croire, Cher Monsieur et Lecteur, à l'expression de notre considération distinguée.

Le Directeur du Journal.
J. Balestre

LA FRANCE SERA CE QUE NOUS LA FERONS[1]

Robert Hersant et Jean-Marie Balestre sont maintenant rivaux. Hersant, sous le pseudonyme de Monfort, accuse son copain Balestre, dans le journal antisémite *Au pilori*, d'être un opportuniste. D'une certaine manière, c'est exact. Avant de s'engager à l'extrême droite, Jean-Marie Balestre, fils d'un combattant des Brigades internationales, travaillait avant guerre pour la Ligue internationale contre l'antisémitisme (Lica), ancrée à gauche. En 1942 donc, Hersant dénonce son camarade : « Que dirait le Maréchal s'il savait que celui qui a la prétention de vouloir diriger un mouvement de jeunes usant de son nom, le dénommé Jean Balestre, ex-secrétaire de Bernard Lecache de la LICA (Ligue internationale contre l'antisémitisme), écrivait régulièrement dans *Le Droit de vivre,* organe officiel des Juifs, cent pour cent belliciste, et cela jusqu'au dernier numéro, c'est-à-dire une semaine avant l'armistice ? Que dirait-il s'il savait que ce candidat à la direction des Jeunes de la France nouvelle organisait des réunions et des manifestations, faisait des conférences pour le compte des Juifs, et même, comble de l'asservissement, allait quêter dans les banques antiracistes et se plaisait à interviewer le grand rabbin de Paris[2] ? »

Le 18 novembre 1942, Balestre lance un nouveau journal, *Jeune force de France*. Michel Courage, ancien élève du lycée Rollin, y écrira plusieurs articles. Les Jeunes du

1. Archives lycée Jacques-Decour, Paris.
2. F. Monfort, *Au pilori,* 21 septembre 1942.

Maréchal se réunissent le 14 novembre à la salle des Sociétés savantes et le 22 novembre au Moulin de la Galette. Balestre organise aussi une manifestation dans un cinéma des boulevards. Le film *Le Jeune Hitlérien Quex* est diffusé. Des tracts sont distribués. Le message est clair : « Il ne faut plus accepter duplicité et double jeu. Engage-toi dans les forces motorisées de combat du Parti National-Socialiste, les NSKK[1]. »

1. Dominique Pons, *Dossier H... comme Hersant,* Editions Alain Moreau, 1977.

MGR SUHARD

Une partie de l'Eglise de France considère le désastre militaire de 1940 comme un « châtiment divin » : l'« Ecole sans Dieu » serait à l'origine de la défaite. Depuis la loi de séparation de l'Eglise et de l'Etat de 1905, certains évêques attendaient une occasion de prendre leur revanche. L'épiscopat tient la France pour un « pays de mission » qu'il faut rechristianiser. La peur du communisme pousse ainsi une partie des catholiques dans les bras du nouveau régime : l'éducation religieuse est introduite dans les horaires scolaires, et un service d'aumônerie s'ouvre dans les collèges publics.

Le 24 octobre 1942, l'archevêché de Paris écrit au recteur qui transmet la lettre au proviseur de Rollin : « La Chapelle du lycée Rollin va être rendu au culte catholique et son Eminence, en venant personnellement présider la première messe qui y sera célébrée le jeudi 5 novembre, exprimera publiquement sa reconnaissance à vous-même Monsieur le Recteur, et à l'administration du lycée. Quel usage sera fait de cette chapelle ? Nous serions heureux que la messe pût y être célébrée : — le jeudi matin, pour les enfants qui préparent leur communion solennelle ; — le dimanche, pour les élèves de classes diverses qui auront le désir et la possibilité d'assister à la messe dominicale de leur lycée ; — les jours scolaires, pour les élèves beaucoup moins nombreux qui auront un motif personnel ou l'occurrence d'une fête de l'Eglise les incitant à assister à la messe ce jour-là. D'autre part, il serait désirable que, à tel moment prévu de la journée, durant un temps libre, les élèves puissent entrer à la chapelle soit pour y prier, soit pour trouver Monsieur l'Aumônier. La chapelle serait ainsi un foyer spirituel qui exercerait, sur les élèves du lycée, un rayonnement discret et contribuerait en même temps à y développer son esprit de famille. [...] Signé A. Leclerc, Vicaire Général[1] »

Mgr Suhard, le cardinal-archevêque de Paris, se considère ainsi comme le gardien spirituel de la Cité. Le prélat se veut le « *Defensor civitatis* » ! Le 3 novembre 1942, Mgr Suhard rend une visite de courtoisie au maréchal Pétain à Vichy. Et puis, le 5 novembre, Mgr Suhard est enfin invité au lycée Rollin. Alors que Vichy applique la législation antisémite, la chapelle de l'établissement scolaire est rendue au culte catholique. Mgr Suhard se déplace en personne pour y célébrer la première messe. Le lendemain de la cérémonie au lycée, le 6 novembre 1942, l'archevêque de Paris enfonce le clou et assure que « le Français a tout à gagner d'un catholicisme florissant, le catholique a tout à gagner d'une France raffermie ; le clergé doit donner l'élan[2] ».

François Truffaut raconte : « Pendant la guerre, le lycée Rollin a connu un nouveau lustre. Il y avait là une chapelle fermée depuis longtemps. Elle a été rouverte en 1943 par un cardinal qui avait la réputation d'être un collaborateur des Allemands, l'archevêque de Paris, Suhard. Il est venu bénir la chapelle. Une chorale d'enfants chantait, et moi j'ai communié pour la première fois. Alors un copain m'a dit : “Tu avais pris ton petit-déjeuner avant ?” Je lui ai répondu : “Oui”. Il m'a fait : “Oh, là, là ! T'es mal parti !” ça, c'était l'ambiance typique de l'Occupation[3]. » François Truffaut a trans-

1. Archives lycée Jacques-Decour, Paris.
2. André Kaspi, *Les Juifs pendant l'Occupation*, Seuil, 1997.
3. Entretien Truffaut/de Givray, archives des Films du Carrosse.

posé ce souvenir de l'Occupation dans son film *Le Dernier Métro*.

La date du 11 novembre approche. Le gouvernement de Vichy veut à tout prix éviter des manifestations comme en 1940. Le recteur envoie une circulaire dès le 4 novembre :

« Conformément aux décisions du gouvernement, le souvenir des Français morts pour la Patrie doit être honoré dans les tout premiers jours de ce mois et la journée du 11 novembre ne doit donner lieu à aucune manifestation particulière.

« En conséquence, chaque établissement honorera la mémoire de ses anciens élèves, de ses maîtres et de ses agents morts pour la France, en une cérémonie tout intime, qu'il vous appartiendra d'organiser dans l'après-midi du samedi 7 novembre prochain et qui se déroulera strictement à l'intérieur de l'établissement.

« Des fleurs ou des couronnes seront déposées au pied de la plaque commémorative par le chef d'établissement, entouré d'un représentant du personnel, d'un représentant des anciens élèves, d'un représentant des parents d'élèves et de six élèves. Elles y resteront dans la journée du dimanche et seront enlevées pour le lundi matin, avant l'entrée des élèves.

« C'est dans le recueillement de cette cérémonie silencieuse que devra se concentrer la ferveur des sentiments dont ces fleurs, ces couronnes, seront le témoignage – puisqu'aucune autre manifestation de cette nature ne devra avoir lieu après le 8 novembre.

« Vous voudrez bien me rendre compte de l'observation de cette circulaire[1]. »

Pierre Angrand, professeur agrégé d'histoire, vient d'être affecté à Rollin. Le 11 novembre 1942, dans le plus grand secret, il honore au lycée Carnot la mémoire de Guy Môquet par le dépôt clandestin d'une gerbe au monument

1. Archives lycée Jacques-Decour, Paris.

aux Morts. Angrand, en effet, a enseigné à Carnot, le lycée de Guy Môquet, d'octobre 1940 à 1942. Dès octobre 1940, après sa démobilisation, le professeur a pris part à la fabrication et à la diffusion de la revue clandestine *L'Université libre*. Sous le nom de guerre de Delpierre, et en liaison avec Polizter, Solomon et Decour, il a donné des articles contre la nazification de l'enseignement secondaire. Il est menacé à deux reprises par les arrestations effectuées contre les auteurs de *L'Université libre*. La première fois en février-mars 1942, lors de l'arrestation de ses amis Politzer, Solomon et Decour, la seconde fois lors de l'arrestation de son équipe reconstituée avec Husson, Adler et d'autres universitaires, en mars 1943. Angrand contribue au numéro de *La Pensée libre* en écrivant le premier article dénonçant les violences de l'ennemi. Il continue son action clandestine dans *L'Université libre*, devenu le journal du Front national universitaire, désormais dirigé par René Maublanc.

Le 11 novembre 1942, organiser une nouvelle manifestation contre l'envahisseur n'est plus possible. Et puis, un événement considérable vient de se produire : les troupes anglo-américaines ont débarqué en Afrique du Nord. Aussitôt, les troupes allemandes et italiennes envahissent la zone dite libre, et procèdent à l'occupation totale de la France.

Un OSS à Rollin

L'arrivée des Américains au Maroc réveille d'autres réseaux de résistance. Jean-Edouard Ehrhard, 37 ans, professeur de lettres à Rollin depuis un an, normalien, de la même promotion que Sartre, Nizan et son collègue pétainiste Lefranc, parle six langues étrangères. L'agrégé est plutôt apprécié. Le 21 novembre 1942, l'inspecteur général Abry note : « M. Ehrhard corrige une version latine avec ses élèves de 1re. Il a cru devoir, pour gagner du temps, expliquer lui-même le texte et si, pour la traduction, il sollicite le concours des élèves, il n'en joue pas moins le rôle presque unique. M. Ehrhard entre très profondément dans le texte avec des retours et des scrupules, et sa traduction méticuleuse et serrée, souvent avec bonheur, s'élabore devant l'auditoire avec une intensité de recherche méthodique qui est un spectacle intéressant et un exemple excellent. Mais en classe le travail des élèves importe plus que celui du professeur. C'est leur effort qu'il faut provoquer et des résultats moins raffinés seront meilleurs et plus profitables s'ils sont l'œuvre des esprits qu'il faut former. Que M. Ehrhard, oubliant sa propre culture si complexe, simplifie pour des apprentis et fasse de son enseignement un acte vivant. Il aura peut-être moins de satisfactions intellectuelles, mais il connaîtra les pures joies de l'éducateur[1]. »

Dans la salle des professeurs, Ehrhard se montre discret… car il est en réalité membre des services secrets

1. Archives privées.

américains ! A partir du mois de mars 1943, l'agrégé ne vient plus au lycée Rollin. Un médecin de son organisation ultrasecrète, l'OSS[1], lui a signé un certificat selon lequel son état nécessitait un séjour à la montagne, ce qui lui permet de préparer dans les Alpes un camp de jeunes, destiné à accueillir les réfractaires au STO et à surveiller les voies ferrées. Comme ses papiers sont en règle, Ehrhard voyage sans cesse entre Paris et le sud-est de la France. Au cours d'un rendez-vous à Madrid, il est arrêté. En prison, il est soumis pendant vingt-sept jours à des tortures presque ininterrompues et pendant quatre-vingt-sept jours à des tortures intermittentes, se refusant à livrer aucun renseignement. Le professeur sera sauvé *in extremis* grâce à une intervention énergique du gouvernement des Etats-Unis le 15 mars 1944.

1. L'OSS, Office of Strategic Services, est l'agence de renseignement américaine, créée le 13 juin 1942, après l'entrée en guerre des Etats-Unis.

L'ETHNO-RACISME

La politique de Vichy se durcit de jour en jour. L'enseignement raciste ne se réalise véritablement qu'en 1942, après l'arrivée au ministère de l'Education du sinistre Abel Bonnard. Le ministre est à l'origine de la création de l'Institut d'etudes des questions juives et ethno-raciales (IEQJER), présidé par le professeur George Montandon, au parcours on ne peut plus atypique.

Médecin bizarre, né en Suisse en 1879, la police helvétique le déclare membre du Parti communiste et bénéficiaire d'une subvention des services secrets russes. Dans les années 1920 il signe des articles à *L'Humanité*, et dans la revue *Clarté* fondée par Henri Barbusse, aux côtés de Romain Rolland, René Maublanc et Robert Desnos. Pourtant, dès 1933, il devient un inconditionnel du régime nazi et obtient la chaire d'ethnologie au Muséum d'histoire naturelle à Paris. Vers 1938, il fait la connaissance de l'écrivain Louis-Ferdinand Céline et, dès 1940, signe des articles qui expliquent « Comment reconnaître les Juifs ». En 1941 Céline le recommande pour un poste à l'Institut des questions juives en qualité d'ethnologue. Dans *Féerie pour une autre fois*, l'écrivain dresse un portrait étonnant de son ami : « Il ne savait pas rire Montandon, il était gris de figure, de col, d'imperméable, de chaussures, tout... mais quel bel esprit ! tout gris certes ! pas une parole plus haut que l'autre ! mais quelles précisions admirables ! Il montait nous voir que je l'ausculte. Sitôt posée sa serviette, Bébert lui sautait sur les genoux et "ronron et ronron" je t'adore ! Bébert qu'est le malgracieux ! le griffeur, le bouffeur fait chat !... il comprenait le "charme Montandon[1]"... »

Ultra-collaborationniste, le professeur Montandon se couvre d'ignominie en délivrant moyennant finance des certificats de « non-appartenance à la race juive ». En 1942, il lance l'idée d'un « passeport ancestral ». Montandon n'a jamais travaillé à Rollin, cependant il était dans le collimateur de Jacques Decour. En février 1942, Jacques Decour, Georges Politzer et Jacques Solomon avaient composé un nouveau numéro de la revue clandestine, *La Pensée libre*. Decour, sous le pseudonyme de Philippe le Bel, y signait un article intitulé « La faune de la collaboration ». Le texte dénonçait les forfaits de l'Institut allemand, officine nazie, et s'attaquait directement à Montandon : « Il n'est pas de Herr Professor exhibé par l'Institut allemand de Paris qui ne commence par déclarer que le professeur Montandon représente en Allemagne une grande autorité en matière de racisme. Tout le monde en France sait que la théorie des races n'a aucun fondement scientifique, que les prétendues "races humaines" n'ont que le nom de commun avec les races familières aux naturalistes. »

A la rentrée 1942, le collégien Jean-Louis Barsacq, accompagné de ses parents, a pris rendez-vous chez le sinistre professeur George Montandon pour obtenir un certificat de « non-appartenance à la race juive ». Jean-Louis est le fils d'André Barsacq, directeur du théâtre de l'Atelier à Montmartre depuis 1940. Sa mère, Mila Barsacq, d'origine juive, craint pour sa vie. L'auteur Jean Anouilh la cache chez lui avenue Trudaine, en face du lycée.

Après avoir questionné son père sur les origines de la famille, le vieux professeur s'adresse à l'élève. Le gamin

1. Louis-Ferdinand Céline, *Féerie pour une autre fois*, Gallimard, 1952.

n'oubliera jamais cet épisode : « On est rapidement passé sur mes tenants et aboutissants, on a cité, certificats à l'appui, le baptême "amélioré" de 1938, les cours de catéchisme au lycée Rollin, la communion en perspective pour la fin de l'année. Tout cela n'a pas déplu. Restait le petit examen final. Là, je dois dire, j'ai craqué, et me suis réfugié peureusement près de mon père quand Montandon, me prenant par la main, a fait mine de m'emmener dans la pièce à côté. Magnanime, le professeur a bien voulu procéder à la chose en présence de mes parents. "Baissez votre culotte, m'a-t-il dit. Le slip aussi. Soulevez votre chemise." Mes parents ne disaient rien. Montandon a regardé mon trois-pièces, de l'air d'une ménagère examinant un bifteck douteux. (Mais qu'est-ce qui lui prend ? il est taré, ce type ou quoi ?) J'étais estomaqué. J'ignorais tout de la circoncision. Il n'a touché à rien, m'a ordonné de me rhabiller, et s'est tourné alors vers Maman. "Je ne vois rien à redire à ces messieurs. J'espère qu'il en sera de même pour vous ? Y a-t-il quelque chose que vous souhaiteriez me dire pour commencer notre entretien ?" Maman s'est lancée à l'eau la tête en avant : "J'ai une tache mongole à l'épaule gauche". "Une tache mongole ?" Le professeur en était tout retourné. "On peut voir ?" Il fallut bien se rendre à l'évidence. Couvrant la totalité de l'épaule et descendant jusqu'à l'omoplate, une tache couleur feuille morte, légèrement granuleuse, occupait l'espace. Apparemment, le professeur n'avait de sa vie jamais rien vu de tel. "Et pourquoi mongole ?" Il retournait à l'école, le cher professeur. Maman explique : "On disait chez nous que seules les populations du nord de la Sibérie portaient ce signe distinctif. Les Kalmouks, les Nenets, les Tchoukts... Tous Mongols, à ce qu'il paraît." Les Tchouktches... Le professeur était perplexe. (Comment diable ça peut-il s'écrire ?) Le terrain devenait glissant, vivement la terre ferme. "Montrez-moi vos papiers d'identité." La mère du jeune Jean-Louis lui montre de faux papiers d'identité et des photos de famille. Le savant fou demande alors : « Connaissez-vous les Khazars ? [...] “Mon enfant, dit Montandon, s'adressant à ma mère en brandissant la photo de Marc Kliatchko, votre père est le portrait vivant d'un authentique Khazar. Observez ce nez altier. Voyez cette bouche fine, ce regard fier, ces oreilles bien ourlées... Un Khazar, vous dis-je, un authentique Khazar !” Je n'irai pas jusqu'à dire qu'il embrassa Maman. Mais l'idée y était, semble-t-il. “J'écris de ce pas au commissariat général aux Questions juives. Votre cas est réglé. J'en fais mon affaire.” » Ses parents recevront la lettre suivante

> Paris, le 8 janvier 1943.
>
> Madame,
>
> J'ai l'honneur de vous faire connaître que par lettre en date de ce jour, j'avise la préfecture de police qu'il y a lieu de vous tenir pour non-juive, puisque vous avez fait l'objet d'un rapport favorable de M. le professeur Montandon par qui vous avez été examinée. Veuillez, etc.
>
> Pour le commissaire général aux Questions juives, le directeur du statut des personnes. Signé : J. Witte[1].

Le collégien Barsacq a servi de sujet d'expérience pour étayer les théories racistes d'un savant fou : le voilà sauvé. Dans sa classe, il est devenu copain avec Samy Kossovsky. « J'aurais beaucoup d'histoires à vous raconter sur le lycée Rollin, dit-il. La première anecdote a eu pour théâtre la sixième A2. En décembre 1942, est arrivé un “nouveau”, rondouillard, à l'accent chantant du sud-ouest ; son père, ténor, venait de quitter le Capitole pour l'opéra de Paris. Ce “nouveau” a contesté la place de caïd de la classe que j'occupais ; nous avons fini par nous rouler par terre pour essayer de régler le conflit, qui s'est poursuivi dans

1. Jean-Louis Barsacq, *Place Dancourt*, Gallimard, 2005.

la rue “à la sortie”... Nous sommes finalement devenus fort bons amis, jusqu’à la fin de l’année scolaire. C’était Claude Nougaro[1]. » Le futur chanteur ne supporte pas de voir des copains porter l’étoile jaune.

Autre lycéen tourmenté, Bernard Jérusalem, 18 ans, n’est pas juif, mais ses parents doivent sans cesse se justifier auprès des autorités. L’adolescent, en math élém, porte toujours sur lui son certificat de baptême.

1. Entretien avec l’auteur, mai 2009.

Les récréations enfiévrées

Jamais vacances de Noël ne furent aussi tristes que celles de décembre 1942. Pour la plupart des parents d'élèves, la vie quotidienne devient de plus en plus insupportable. Abel Bonnard, ministre de l'Education nationale, transmet une circulaire de son secrétariat ayant pour objet la préparation de Noël. Même pour le ministre vichyste, les festivités s'annoncent mal :

> Pour la quatrième fois, la France va connaître un Noël chargé d'angoisse. Au lieu des joyeuses réunions familiales, ce sera encore pour beaucoup de Français la dispersion des familles et l'absence d'êtres chers. Au lieu de l'abondance et de la bûche flambante dans l'âtre, ce sera trop souvent l'indigence et le froid au foyer.
>
> Comme l'an passé, les enfants de France auront à cœur de soulager pour Noël les misères dont ils sont les témoins et ils prouveront au Maréchal de France, Chef de l'Etat, leur dévouement charitable et leur désir d'aider dans toute la mesure de leurs moyens au soulagement du grand malheur de la Patrie.
>
> La préparation et la célébration de Noël, sur l'initiative du Secrétariat d'Etat à l'Information et à la Propagande, donneront donc lieu, cette année en particulier, aux activités suivantes :
>
> Dans chaque école, dans chaque classe, les enfants confectionneront eux-mêmes, sous la direction de leurs maîtres, le plus grand nombre possible de travaux pouvant être vendus au cours d'une réunion organisée dans ce but : menus objets, travaux de

couture, broderie, petite menuiserie, vannerie, etc. Deux parts seront faites dans le produit des ventes réalisées :
— l'une qui permettra d'organiser localement un arbre de Noël à l'intention des pauvres ou des éprouvés de la commune et de l'école.
— l'autre qui sera remise au Maréchal de France, Chef de l'Etat, pour lui permettre de soulager l'infortune d'enfants malheureux, de la part des écoliers de France. MM. les Inspecteurs d'Académie recevront les versements de chaque école de leur département suivant les modalités qu'ils voudront bien fixer. Le don au Maréchal aurait lieu le 19 décembre à Vichy, lors de la venue de 1 200 élèves et accompagnateurs. Les renseignements relatifs à ce voyage seront communiqués ultérieurement
Les arbres de Noël locaux sont prévus pour le Dimanche 20 décembre. Dans toute la mesure du possible la plus grande initiative sera laissée aux enfants et aux jeunes des mouvements de Jeunesse qui pourront utilement seconder l'effort de leurs cadets.
A l'occasion de Noël *(sic)*, le Maréchal de France, Chef de l'Etat éprouve une grande satisfaction en apprenant que des milliers d'enfants et d'adolescents ont effectivement mis en pratique ses appels à la solidarité.
Ce lui sera un précieux réconfort au milieu des soucis angoissants auxquels il doit, jour après jour, faire face.
Pour le Ministre et par délégation
Le Secrétaire Général de l'Instruction Publique

A. Terracher[1]

Le début de l'année 1943 marque un tournant dans la guerre. Le professeur Aristide Beslais, qui n'a jamais renié les idées du Front populaire, écrira : « 1943 : les Américains sont en Afrique, du Nord. Bientôt, ils auront la Tunisie, conquis la Sicile. Ils seront en Italie. A l'est, Stalingrad est dégagée, les Allemands vont y subir leur première

1. Archives lycée Jacques-Decour, Paris.

grande défaite. Et ils reculent, reculent, reculent. C'est le reflux qui commence. 1943 = 1918 affirment d'innombrables graffitis. Ils se trompent de deux ans. Mais l'espérance, la certitude de la victoire est en nous. Devant les cartes affichées sur les murs du Cercle, chaque matin, les nouvelles, les bonnes nouvelles, sont ardemment commentées. Les stratèges – nous n'en manquons pas – s'en donnent à cœur joie. Et nos élèves, les petits comme les grands, ont aussi leurs idées sur les moyens de hâter la victoire. Tous les quinze jours, on annonce le débarquement pour la semaine suivante : les récréations en sont enfiévrées. Cependant la guerre dure et le débarquement reste un rêve[1]. »

Le 23 février 1943, le directeur du cabinet d'Abel Bonnard se plaint au proviseur de Rollin de la mauvaise conduite des élèves.

> Le Ministre, Secrétaire d'Etat à l'Education Nationale a appris par l'Administration de la Comédie-Française, autant que par les récits de nombreux témoins, que les élèves des établissements d'enseignement secondaire qui assistent aux représentations de ce Théâtre, s'y étaient souvent signalés par des manifestations de très mauvais goût, qui ne peuvent que donner la plus piètre idée de la jeunesse française au moment où elle doit prouver au contraire, par sa bonne tenue, sa correction et sa discipline, qu'elle a compris le caractère tragique des circonstances où se trouve la France.
>
> Ces manifestations sont d'autant plus répréhensibles que ceux qui s'y livrent croient échapper à la responsabilité de ce qu'ils font. C'est pourquoi les chefs d'établissement et directeurs devront prévenir les élèves, dans toutes les classes, que tous ceux d'entre eux qui seront pris sur le fait dans des manifestations de cet ordre subiront aussitôt les sanctions qu'ils auront méritées.
>
> René Georin[2]

1. *Decour-Eclair*, n° 13, 5 octobre 1945.
2. Archives lycée Jacques-Decour, Paris.

Au sein de la forteresse scolaire règne désormais une atmosphère oppressante. Le 6 avril, le proviseur prévient le recteur du renouvellement du conseil d'administration « du fait du départ de M. Baby, professeur d'histoire ». En réalité Jean Baby, militant antifasciste, était menacé. Son ami et collègue au sein du conseil d'administration, Daniel Decourdemanche, alias Jacques Decour, avait été fusillé. Les nouveaux membres nommés du CA étaient tous des pétainistes convaincus. Baby avait quitté Paris à l'été 42 pour prendre un poste en zone libre au lycée de Nîmes, où il s'était engagé dans la résistance du Gard.

Au cours de l'année 1942-1943, le père du collégien Guy Letellier avait retiré son fils du lycée Voltaire, siège du mouvement pétainiste Les Jeunes du Maréchal, pour l'inscrire à Rollin. Letellier précise : « Rollin était un lycée parisien gaulliste où il existait un mouvement très patriotique et anti-nazi ». Le jeune Letellier, qui habite dans la banlieue nord de Paris, au Blanc-Mesnil, se souvient avec émotion d'avoir vu des trains de déportés à la gare du Bourget, et suit l'actualité du front allié, avec ses camarades. « En classe de permanence, l'un d'entre nous avait construit un poste à galène pour écouter Radio-Londres. Et on punaisait les opérations en Afrique du Nord, sur des cartes géographiques[1]. »

Le docteur Raymond Fischer, élève de Rollin en philo 1, durant l'année 1942-1943, se remémore un étrange épisode : « Jean Bardy et moi sortions du lycée par son côté au square d'Anvers, et nous nous dirigions habituellement vers l'avenue Trudaine. Depuis quelque temps nous avions observé un homme qui semblait toujours attendre quelqu'un, un élève sans doute. Bien habillé, bonne tenue, chapeau feutre (pas courant pour la saison et ses temps qui couraient, où l'on manquait de tout), la trentaine envi-

1. Entretien avec l'auteur, mai 2007.

ron. On ne le vit jamais avec personne. Il est vrai que nous n'avions pas le loisir de le contempler longuement, car nous sortions toujours en nombre à la fin de nos classes, assez pressés de disparaître. Jusqu'à ce jour où nous sommes sortis seuls, tous les deux, et que le personnage, rapidement, nous aborde et nous dit à peu près ceci : “Pouvez-vous m'accorder quelques minutes ? J'aimerais vous parler de quelque chose qui pourrait vous intéresser.” Etonnés, pas inquiets, mais curieux, Bardy et moi avons accepté la proposition, pensant plutôt que l'individu allait nous parler de marché noir. Et nous nous sommes retrouvés tous les trois dans le café qui fait l'angle entre le boulevard de Rochechouart et la petite rue de Steinkerque.

« “Voilà, dit-il, je sais que vous n'aimez pas les boches et les collabos. (Comment, diable savait-il cela ?) Moi non plus. Je suis lieutenant et j'ai réussi à ne pas être fait prisonnier par les Allemands en 1940. Depuis je ne pense qu'à me battre contre eux. Je reviens de Londres, où j'ai rencontré le général de Gaulle” (Sur le moment il ne nous a pas semblé curieux qu'on puisse aussi aisément aller en Angleterre et rencontrer de Gaulle tellement nous avions envie de le croire.) Bardy et moi nous nous sommes regardés, et dans le regard on devinait l'enthousiasme prêt à s'emparer de nous. Evidemment apparaissaient l'aventure, la gloriole à venir d'une action clandestine, mais aussi la satisfaction promise de servir la France autrement que par la collaboration avec l'Allemagne. Patriotes, nous l'étions : Bardy très Vieille France de Gambetta, et moi plus Alsacien que jamais qui ne cessais de pleurer tous les miens, restés en Alsace et persécutés par les nazis. Mais inconsciemment une retenue vint contenir nos ardeurs. Sans nous en rendre compte ouvertement il nous semblait que tout ce que nous disait ce “lieutenant” était trop net, trop franc, trop beau, trop... facile ! Alors, nous lui avons demandé un délai de réflexion de 24 heures. Il a accepté, non sans avoir tenté de nous faire donner notre nom et notre adresse. A ce moment le doute fit place à la méfiance : nous étions jeunes, naïfs et vulnérables, certes, mais pas idiots ! "Rendez-vous demain, même heure, dans ce café."

« Le soir même, nos pères, informés de la chose, poussèrent les hauts cris, s'enquérant tout de suite de savoir si nous avions donné nos noms et adresses, et nous bardant d'interdictions et de précautions à prendre, rappelant qu'il s'agissait d'un piège, que cela sentait à plein nez la Gestapo ou la Milice. Si nous devions revoir le personnage sur le trottoir de Rollin, lui dire "non" de la façon la plus énergique et que nous allions passer l'information à tous les copains du bahut. Enfin, nos pères nous recommandèrent bien de faire attention à ce qu'on ne soit jamais suivis dans la rue. Nous n'avons plus jamais revu le personnage, mais nous avons quand même beaucoup parlé de lui au lycée[1] ! » Ainsi des policiers collabos, des agents provocateurs rôdent autour des lycées pour démasquer les résistants en herbe.

Toujours pendant l'année scolaire 1942-1943, le potache André Bessière entre au lycée Rollin et suit la classe de première D2. Né le 2 décembre 1926 à Paris, le garçon s'était enrôlé un an auparavant dans la résistance au Front national[2] à la section du Xe arrondissement de Paris. Dès l'âge de 15 ans, il est affecté à la propagande et à la couverture d'actions clandestines. En octobre 1942, lui et ses copains collent des affiches dénonçant la collaboration, mais sont pris en flagrant délit par des miliciens. André parvient à s'échapper et décide de fuir en Espagne. Des gendarmes l'arrêtent à la frontière, pour finalement le laisser partir. L'adolescent remonte à Paris chez ses parents et reprend le chemin des cours. A Rollin,

1. Entretiens avec l'auteur, mai, juin 2009.
2. Le Front national est une organisation de la Résistance créée par le Parti communiste en mai 1941.

Bessière sait que son professeur d'histoire Georges Lefranc est collabo. Un lundi, le gamin effronté extrait un paquet de tracts de sa serviette et les répartit sur les pupitres, ajoutant un faire-part adressé au professeur. André Bessière décrira la scène dans son livre *L'Engrenage* : « Lorsqu'il entre dans la classe, Monsieur Lefranc salue d'un petit signe de tête, considère les mines hilares des élèves parcourant le document qu'ils trouvent à leur place puis, apercevant les deux feuillets posés sur son bureau, jette un regard sur celui bordé de noir. Derrière ses verres de myope, ses yeux s'arrondissent. "Dans votre intérêt personnel nous vous engageons à cesser votre activité en faveur des Boches. C'est le premier avertissement. La Résistance." Négligeant de lire le second feuillet qu'il froisse rageusement et lance dans la corbeille, il explose, trouvant inadmissible que dans un lycée d'Etat, de telles menaces anonymes puissent impunément pénétrer. Tant que le coupable n'aura pas été démasqué et renvoyé, il interrompra les cours de cette classe, de plus, s'il n'est pas retrouvé dans les vingt-quatre heures, il portera une appréciation salée sur chacun des bulletins. Aux élèves d'en tirer les conséquences à trois semaines du baccalauréat. Monsieur Lefranc quitte la classe afin d'informer Monsieur le Proviseur de la situation et de sa décision. » Des élèves miliciens dénoncent Bessière, et le proviseur Perrin le renvoie aussitôt. Pourtant, le chef d'établissement lui dit : « Je ne vais pas briser vos études par un renvoi officiel, mais je vous mets en demeure verbale de quitter le lycée. D'ici trois semaines c'est l'examen, arrangez-vous avec l'un de vos camarades et travaillez chez vous. Quant à la prochaine année scolaire, ne tardez pas à poser votre candidature à Louis-le-Grand, j'en parlerai au proviseur que je connais bien. Maintenant, allez récupérer vos affaires et filez[1]. »

---

1. André Bessière, *L'Engrenage*, Buchet-Chastel, 1991.

Sur le bulletin scolaire d'André Bessière, il est signalé dans la case Observations : « Sorti 31 mars 1943 sur invitation. » Quant au sinistre professeur d'histoire Georges Lefranc, il est bel et bien un pétainiste convaincu. L'ancien condisciple de Sartre est entré dans le cabinet d'Abel Bonnard, ministre de l'Education nationale en avril 1942, et y organise les échanges scolaires franco-allemands. Il participe à la rédaction de la « Charte du travail » de Pétain, et écrit dans *L'Œuvre*, journal de Marcel Déat. Son épouse, Emilie, est employée au cabinet d'Hubert Lagardelle, que Pierre Laval a nommé secrétaire d'Etat au Travail en avril 1942 et qui sera remplacé par Marcel Déat.

Plus tard, le professeur Lefranc tentera de justifier son parcours politique : « Professionnellement, j'ai continué mon enseignement au lycée Rollin. Dans le même esprit, rencontrant en octobre 1979, au colloque de Bondy, Claude Fuzier (futur maire socialiste de Bondy en Seine-Saint-Denis), mon ancien élève de Rollin, il m'a dit : "Je retrouve avec plaisir mon ancien maître. C'est vous qui avez fait de moi un socialiste et un historien. — Quand ? — En 1942." Preuve que mes convictions profondes n'avaient pas changé[1]. » Bien que pétainiste, Lefranc se considère toujours comme un homme de gauche.

Le collégien Jean-Louis Barsacq a de son côté subi l'épisode épouvantable de l'examen « ethno-racial ». Ses souvenirs du collège sont aussi très curieux. « A la fin de mon année de septième, j'ai présenté et réussi le DEPP, un examen qui débouchait sur l'entrée en sixième. Je fais connaissance avec un nouveau mode d'enseignement où chaque matière relève d'un professeur spécialisé. Je me souviens encore de mon prof de français-latin, M. Beslais, grâce à qui j'ai découvert la beauté des textes en latin (*"Tityre, tu patulae recubens sub tegmine fagi"*... ça vous

1. *Cahier & Revue de l'Ours*, n° 119, avril 1981.

marque pour la vie !) et les dures règles de la syntaxe latine (*"Timeo Danaos et dona ferentes"*, par exemple). Je me souviens parfaitement, en revanche, que cette année-là j'ai fait ma première communion. Elle s'est déroulée au lycée Rollin, dans la chapelle qui se trouve le long du boulevard Rochechouart. S'il n'y avait eu ni guerre, ni Occupation, je n'aurais sûrement jamais fait de première communion. Les pratiques religieuses laissaient mes parents dans l'indifférence la plus totale. Seulement voilà... A l'époque où j'étais en sixième, il était quand même plus prudent, en cas de contrôle d'identité, d'avoir en poche un certificat de baptême, ou, mieux encore, un certificat pour le baptême et un pour la première communion. Nous avons conservé ce dernier, imprimé sur un méchant papier jaunâtre. On peut y lire au recto le texte des prières appropriées, et au verso les trois lignes dactylographiées suivantes : "Je soussigné, Jean-L. Barsacq, ai librement et sincèrement renouvelé les promesses du baptême dans la chapelle Sainte-Barbe, au lycée Rollin." Le dimanche 16 mai 1943. Et c'est signé de ma main, J.-L. Barsacq. Je laisse un instant la parole à un témoin visuel, mon père. La lettre qui suit était destinée à son frère Léon Barsacq, alors installé à Nice.

> 18 mai 1943. [...] Dimanche dernier, programme chargé. Première communion de Jean-Louis, déjeuner avec son parrain Jean G., l'après-midi grand gala et 100e représentation de *L'Honorable Mr Pepys*[1], au bénéfice du Stalag VI-G[2], et enfin le soir fête intime sur la scène pour célébrer la 100e de *Mr Pepys*. On s'en est bien tirés, Jean G. a amené les bouteilles, nous la

1. *L'Honorable Mr Pepys*, pièce de Georges Couturier mise en scène par André Barsacq. Un grand succès.

2. Un peu comme aujourd'hui le Téléthon, ce gala était destiné à recueillir des fonds pour aider les soldats et sous-officiers français internés dans un Stalag (camp de prisonniers de guerre) portant le numéro VI-G.

viande, Jean G. était plus ému que son filleul, il y avait même un évêque venu pour la confirmation à la chapelle du lycée Rollin. Un des communiants s'est mis à vomir dans l'après-midi et un autre a dit au moment du serment : « Je renonce à Jésus-Christ à jamais. » Tout cela était charmant et familial. Le soir, le buffet était dressé sur la scène du théâtre et tous ensemble on a bu et mangé quelques discrets sandwiches. Après, petits divertissements improvisés dont un par Sauguet[1] très réussi en vieille princesse russe Poutoff. Jean-Louis avait lampé du champagne et son parrain engloutissait coupe sur coupe et en avait les larmes aux yeux, ému et attendri. Bref, tout très réussi. On se congratulait mutuellement en se quittant contents d'une journée aussi bien réussie. [...]
Embrasse bien les enfants et Yvonne. J'espère que nous nous reverrons bientôt. Je t'embrasse.

André.

« Pour préparer ma première communion, reprend Jean-Louis, j'avais été inscrit au catéchisme. Les cours avaient lieu soit dans la chapelle du lycée, soit à l'aumônerie du 8, rue Choron, en bas de la rue des Martyrs. C'est là que le prêtre chargé des élèves du lycée avait son bureau. Si je ne me trompe, il s'appelait l'abbé Chaveneau. Il portait une soutane et un béret basque, il était jeune et plutôt sympathique. Il m'intimidait un peu, je crois. Ses cours de catéchisme me paraissaient tout à fait étranges, je n'avais encore jamais rien entendu de pareil, ces résurrections, ces voix célestes, ces miracles... Je ne me lassais pas du récit de Jésus marchant sur les eaux. Fantastique ! L'abbé Chaveneau constatait que je progressais régulièrement, et disait s'en réjouir. Ne voulant pas semer le doute dans son esprit, je ne lui posais pas de questions. Il ne m'en posait pas non plus. Avec le recul

1. Henri Sauguet, compositeur et inoubliable créateur, en 1945, du ballet *Les Forains*. Très lié avec les Barsacq.

des années, j'imagine maintenant qu'il se rendait très bien compte de ma situation, mais qu'il ne voulait pas faire de moi un cas particulier. C'était sans doute la meilleure attitude à adopter. Le catéchisme se complétait pour chacun de nous de messes obligatoires, à suivre tous les dimanches dans l'église de sa paroisse. Je montais donc une fois par semaine à Saint-Pierre de Montmartre, dont dépendait la rue Berthe. C'était tout près de la place du Tertre. Pour que mon assiduité de futur communiant soit bien contrôlée, je devais faire tamponner ma carte de présence par le prêtre qui avait dit la messe. Puisque mes parents m'avaient demandé de le faire, je n'avais aucune objection à participer à ces messes et à ces séances de catéchisme. Un peu comme s'ils m'avaient inscrit à un cours particulier de gymnastique ou de dessin. Un beau dimanche, la messe avait déjà commencé quand soudain les sirènes d'alerte retentirent. Nous étions censés descendre aux abris. C'est ce qui se passait en cas d'alerte quand j'étais au lycée. Mais là, à Saint-Pierre de Montmartre, le prêtre interrompit à peine sa messe et nous dit : “Ne bougez pas. Vous ne craignez rien. Dieu vous a en Sa sainte garde !” Il y eut des mouvements divers dans l'assistance, mais peu de chose. Deux ou trois familles sortirent. Je m'interrogeai. La foi religieuse protège-t-elle mieux des bombes que la “défense passive” ? Le débat reste ouvert. Ce jour-là, le prêtre avait eu raison et la fin de l'alerte résonna sans que la moindre bombe ne tombe sur l'église Saint-Pierre[1]. »

L'envahisseur a besoin de boucs émissaires mais aussi d'esclaves. Pierre Laval, le chef du gouvernement, par la loi du 4 septembre 1942, avait soumis au travail obligatoire en Allemagne les Français de 18 à 50 ans. Le STO (Service de travail obligatoire) se met en place. Vichy instaure le 17 février 1943 le STO pour la classe 1941, 1942

1. Entretien avec l'auteur, avril 2009.

et 1943, et à Rollin, le proviseur reçoit une avalanche de circulaires. En mars 1943, on lui demande la liste des membres du personnel appartenant aux classes 1940-1941-1942. Apparemment, il n'y a plus d'enseignants suffisamment jeunes pour travailler outre-Rhin. En revanche surveillants, moniteurs de gymnastique, maîtres auxiliaires d'externat, et même l'aumônier seront requis par le STO. Désormais, la désobéissance devient la règle.

Les enfants assassinés

Jean-Claude Brisville, qui a participé à la manifestation antiallemande du 11 novembre 1940, passe alors son baccalauréat. Le futur auteur dramatique écrira : « En 1942, je vivais à Paris, avenue Trudaine, à quelques centaines de mètres de la rue d'Ornano, mais je n'ai de cette période aucun souvenir personnel insoutenable, sinon d'une sorte de honte vague et des difficultés communes à tous. J'étais en classe de philo au lycée Rollin, devenu par la suite Jacques-Decour. Nous étions une trentaine. Sur ce nombre, deux nazis qui finirent sous l'uniforme de la Milice, abattus en 1944 sur les toits de Lyon ; deux engagés dans un réseau de résistance, et un juif, un garçon souffreteux à lunettes, au visage toujours baissé. Sa sœur, une très jolie jeune fille de seize ou dix-sept ans – l'âge de Dora Bruder –, venait souvent l'attendre, à midi, à la sortie des cours. Quand notre professeur, M. Daude, citait les noms de Spinoza ou de Bergson, les deux nazis sifflaient dans le silence de la classe "Ju-iff... Juiff..." Un jour de 1942, le frère et la sœur disparurent. On les avait mis, disait-on, en camp de concentration[1]. »

Raymond Fischer, lui aussi en philo, se souvient de ce garçon souffreteux : « Je revois très bien cet élève, toujours seul, triste et apparemment apeuré, un regard particulier protégé par des lunettes. Il attendait, effectivement, à l'angle du square d'Anvers, une ravissante jeune fille, à

1. Jean-Claude Brisville, *Quartiers d'hiver*, Editions de Fallois, 2006.

moins que ce ne soit elle qui attendît le petit frère, et nous étions quelques-uns qui auraient bien aimé la connaître ! On en voulait presque que ce garçon eût une aussi belle sœur. Deux pauvres êtres à l'étoile jaune qui sans aucun doute cherchaient à se protéger mutuellement, engoncés dans la peine quotidienne[1]. » L'élève souffreteux s'appelle Jean-Claude Godchaux.

Au cours de l'année 1942-1943, la déportation des élèves juifs s'intensifie. Les bulletins scolaires sont interrompus. Henri Reprowski, 17 ans, a été renvoyé de Rollin. Motif invoqué : « sur invitation de l'autorité rectorale : propagande politique. Déchu de sa bourse ». Henri était puni par le surveillant pour « brutalités envers un camarade », « indiscipline dans la cour » et « très mauvaise tenue ». L'élève rebelle s'est engagé dans le réseau de résistance Valmy sous la direction de Pierre Georges (futur colonel Fabien). Arrêté le 8 mars 1942, torturé, Henri est envoyé à Drancy et à Pithiviers, puis déporté à Auschwitz par le convoi n° 35, le 21 septembre 1942. Mais le lycéen a pu jeter une lettre par la fenêtre du train :

> Chère Maman,
>
> Nous sommes déportés dans une direction inconnue. Ne te désole pas de cette adversité. Nous vaincrons[2] !

Marcel Gerling, 14 ans, est déporté à Auschwitz juste après, par le convoi n° 36, du 23 septembre 1942. Sylvain Gherman, 13 ans, est déporté à Auschwitz par le convoi n° 38, du 28 septembre 1942. Denis Mudric, 12 ans, est déporté à Auschwitz par le convoi n° 42, du 6 novembre 1942. Haïm Perahia, 16 ans, né à Salonique, est déporté à Auschwitz par le convoi n° 44, du 9 novembre 1942.

1. Entretien avec l'auteur, juin 2009.
2. David Diamant, *Jeune combat*, L'Harmattan, 1993.

Philippe Block, 14 ans, et son grand frère Raymond, 17 ans, Richard Fligelman, 16 ans, sont déportés par le convoi n° 53, le 25 mars 1943 au camp de Sobibor. Pourtant, Richard Fligelman est l'unique enfant juif dont l'administration du lycée reconnaîtra officiellement la disparition ! Richard Fligelman est né à Varsovie en Pologne en 1926. Avant guerre, il habitait avec ses parents 196, avenue de Versailles, à Paris dans le XVIe. Au moment des premières rafles, les Fligelman s'étaient réfugiés 251, avenue de La Rochelle, à Niort. Richard revient à Paris car les siens se sont fait arrêter. Il effectue alors sa scolarité au lycée Rollin en 1942-1943 en classe de math élém 2. Sur la demande d'inscription, sous le titre « Renseignements sur les études antérieures et observations diverses », il est noté : « Excellent élève. Prix d'excellence au Concours général 1942. » A « Nom, adresse et profession des parents », il est indiqué : « Asile israélite. 16, rue Lamarck (parents déportés, tuteur en prison). » Le jeune garçon est arrêté le 15 février 1943. L'administration du lycée remarque son absence car Richard est le meilleur élève de sa promotion ! Sa dernière adresse de résidence mentionnée sur la fiche du camp de Drancy est la rue Lamarck. Richard Fligelman est déporté au camp de Sobibor par le convoi n° 53 le 25 mars 1943.

Partout, les enfants juifs sont pourchassés : Xavier Vallat, responsable de l'action antijuive à Vichy, avait été jugé « insuffisamment énergique ». Le 5 janvier 1943, Darquier de Pellepoix le remplace à la tête du Commissariat général aux questions juives, et impose la dissolution de la direction jeunesse de l'UGIF (Union générale des Israélites de France). Une branche secrète de résistance est aussitôt créée : La Sixième des Eclaireurs israélites de France. (Les scouts étaient rattachés à la VIe section, la section sociale de l'UGIF.) L'enjeu est la sauvegarde des familles juives. Il s'agit de trouver des cachettes, de fabriquer de faux papiers, de faire échapper le plus grand nombre d'enfants et d'adultes vers la Suisse ou l'Espagne.

Un soir de mars 1943, l'ancien élève de Rollin Freddy Menahem est convoqué dans le bureau d'Emmanuel Lefschetz, rue Claude-Bernard à Paris. Lefchetz, commissaire régional des EIF, demande à Freddy de constituer une équipe. Mission : créer une officine de faux papiers et aider les enfants à se cacher ! Freddy entre ainsi dans la clandestinité sous le faux nom de Jean Ménard.

Le 31 mars 1943, Darquier de Pellepoix s'adresse au recteur de l'Académie de Paris :

> Désirant déterminer les conditions précises dans lesquelles pourrait être proposée l'organisation d'un enseignement secondaire réservé aux seuls enfants juifs, je vous serais obligé de bien vouloir me faire parvenir les renseignements ci-après :
> 1) Relevé des lycées et collège de garçons et filles du ressort de l'Académie de Paris avec indication pour chacun d'eux du nombre d'élèves juifs inscrits en 1942-1943[1].

Le ministère de l'Education donne la réponse sans états d'âme :

> Louis le Grand : 6, Henri-IV : 5, Montaigne : 6, Saint-Louis : 5, Charlemagne : 25, Condorcet : 27, Janson : 17, Buffon : 10, Voltaire : 39, Carnot : 12, Michelet : 3, Lakanal : 1, Pasteur : 12, Rollin : 34, Claude Bernard : 7, Marcelin-Berthelot : 4, collèges modernes de la Seine : 86[2].

Roseline Jouffa, la sœur d'Yves Jouffa, travaille au foyer d'enfants de l'UGIF, rue Claude-Bernard. Elle porte

---

1. Archives nationales AJ 16 7148. Document cité dans *Un lycée dans la tourmente. Jean-Baptiste-Say 1934-1944*, Calmann-Lévy, 1994.
2. Archives nationales AJ 16 7148.

l'étoile jaune. Maurice Lugan, policier au camp de Drancy et condisciple de son frère Yves au lycée Rollin, amoureux d'elle, a fait libérer son ancien camarade de lycée. Rue Claude-Bernard, Roseline Jouffa a croisé le destin d'Hélène Berr, avant de mourir à la Libération. Sur des photos, Yves Jouffa a voulu effacer à l'encre bleue l'étoile portée par sa sœur.

Dans le convoi n° 57 du 18 juillet 1943, les portes du wagon se referment sur quatre anciens élèves de Rollin : un frère et une sœur, Pierre, 14 ans, et Paulette Francfort, 10 ans, Jean Rubin, 13 ans, et Norbert Bernheim, 16 ans. Ce dernier est un adolescent bien singulier.

Norbert Bernheim

Pendant la « drôle de guerre », Norbert Bernheim, 13 ans, élève en quatrième B, est allemand ! Le surveillant général Buzin note dans son rapport à son sujet et à celui de deux autres camarades qu'ils sont des « Heimatlos », c'est-à-dire des « apatrides allemands ». Sur le dossier scolaire du jeune Bernheim, il est noté : « Sorti le 8 janvier 40 : Allemand évincé, rentré le 27 février 40. » La famille Bernheim avait fui l'Allemagne nazie et vivait à Paris, 19, boulevard Barbès. Pour cette grande bourgeoisie berlinoise propriétaire de l'usine de chocolat Progress, l'arrivée en bas de Montmartre est un choc terrible. Heureusement, le petit Norbert parle le français. Ses parents, francophiles, l'avaient inscrit au lycée français de Berlin. Pendant l'année scolaire 1940-1941, le jeune Allemand est en troisième B1 à Rollin. Mais il est juif, et dans sa classe, beaucoup d'élèves antisémites militent déjà dans des organisations pronazies.

La famille Bernheim est arrêtée lors de la grande rafle du Vél d'Hiv et déportée à Auschwitz en 1942. Norbert échappe miraculeusement à la rafle et se réfugie à Nice, chez des cousins. Mais, en 1943, il est arrêté alors qu'il est revenu clandestinement à Paris pour récupérer de l'argent et des bijoux. De lui, il nous est resté six lettres rédigées en allemand. Cinq de ces lettres proviennent du camp de Drancy.

Dans sa première missive, il décrit son arrestation, son interrogatoire et la torture par la Gestapo dans le XVIe arrondissement de Paris, rue de la Pompe. Apparemment, le jeune garçon est pris pour un espion en liaison avec la résistance.

Il était 8 heures lorsque le train entra en gare de Lyon à Paris. Ce jour-là, lundi 5 avril, le train n'avait pas de retard. Ma valise à la main, je sautai sur le quai, cinq minutes plus tard j'étais dans le métro. J'avais l'intention de me loger dans le quartier Opéra-Madeleine et sortis donc à Opéra. Pendant une heure, je cherchai un hôtel qui puisse offrir un peu de confort et j'atterris finalement vers 9 heures et demie à l'hôtel Folkestone. L'estomac dans les talons je grimpai cinq étages jusqu'à une chambre minuscule où je me jetai sur le lit. Après avoir mangé quelques gâteaux secs, je m'endormis car le voyage m'avait beaucoup fatigué. Seulement, j'étais si nerveux que je n'arrivais pas à dormir. J'étais donc bien content quand la nuit fut terminée. Mon premier appel téléphonique fut pour Madame Lieber, qui tout étonnée me fixa un rendez-vous. Le matin même j'y étais. Elle m'accueillit avec cette hospitalité russe typique, mais me sembla très nerveuse. C'est par elle que j'appris combien l'arrestation de Borris et Bokeza avait été mouvementée et que Paris était moins sûr que jamais. J'en vins bien sûr à parler de l'objet de ma visite. Madame Lieber savait avec précision où se trouvaient les affaires et promit de me les procurer le soir même. Elle voulait aussi me procurer des denrées qu'il était plus difficile de trouver à Nice. Bref, j'étais content que toutes nos affaires soient en ordre et que mes craintes ne soient pas justifiées. Mademoiselle Lieber, la fille de la maison, arriva pendant que nous discutions. Je la reconnus à peine : le teint blafard, les yeux gonflés d'avoir pleuré, pas maquillée – elle me salua – sortit un instant de la pièce avec sa mère – parla avec elle en proie à un certain énervement. La vieille dame revint ensuite en s'excusant auprès de moi : il était arrivé quelque chose de fâcheux à sa fille et celle-ci avait des ennuis. A la suite de cela je pris congé et fis encore quelques courses. Je revis mes amis parisiens qui tous m'accueillirent très gentiment, et une fille que je connaissais des scouts m'invita à dîner le jeudi. J'allai aussi à la gare de Lyon pour prendre mon billet de retour. A midi, j'avais mangé au comptoir dans un bar. Pas question de penser à m'amuser car mon programme de ces quelques jours était surchargé. Le soir arriva vite et à 9 heures j'étais chez Madame Lieber qui s'était occupée de toutes mes affaires. Je m'en réjouis fort. Malheureusement il manquait 50 000 F que Borris avait sans doute mis de côté quelque part. Après une discussion, je me déclarai satisfait et me concertai avec Madame Lieber sur la manière d'emporter l'argent. Nous décidâmes d'envoyer une partie en espèces par la poste, je prendrais une autre partie avec moi et un ami sûr m'apporterait le reste gratuitement. Peut-être aurais-je même tout pris, je ne savais pas encore très bien. Après avoir pris une tasse de thé et des tartines, je rentrai chez moi sans rien emporter parce que je ne voulais rien garder à l'hôtel et que je ne savais pas s'il y avait des contrôles la nuit. Le jour suivant, le mercredi, je vis d'abord la fille de Borris qui séjournait aussi à Paris cachée. Bêtasse comme elle est, elle ne savait rien et était heureuse d'être en vie. Le jeudi, j'avais décidé de rendre visite à Maître Castille, ce que je fis donc. A 9 heures j'étais chez lui, il était au courant de tout et j'appris des détails sur Pappi et Borris ce qui me fit plaisir. Je lui fis part de mes intentions et il m'offrit son aide. Je pris rendez-vous avec lui pour 3 heures de l'après-midi. La même matinée, j'ai vu Loulou et l'ai invitée à prendre un café au Quartier Latin. Elle m'a raconté que la jeune Lieber avait de gros ennuis, à savoir les suivants : la vie légère qu'elle menait lui permettait de faire de nombreuses connaissances parmi les officiers allemands. Elle avait entre autres fait la connaissance d'un certain officier, le baron von Rosen. Ce dernier avait, je crois, un poste important dans la marine militaire, mais fut soupçonné d'espionnage, arrêté, traduit devant un tribunal militaire et fusillé. Mais la police allemande ne se contenta pas de cela et fit des investigations dans l'entourage de von Rosen. Cela les mit ainsi sur la piste de Mademoiselle Lieber, qui eut bien sûr des difficultés pour se défendre auprès de la police. Je n'ai aucune idée des relations exactes entre elle et von Rosen, cependant je crois pouvoir supposer qu'elle n'avait rien à voir avec l'affaire d'espionnage. Bref, j'ai écouté ce que Loulou disait, j'ai trouvé la chose aussi captivante qu'un film à suspense et après que je lui eus promis de n'en rien dire, la conversation passa à un autre sujet. A midi nous nous quittâmes et, cette fois, j'allai faire un vrai repas dans un restaurant de la Chaussée-d'Antin. Après le déjeuner, j'allai chez Madame Lieber chercher l'argent. J'avais l'intention d'aller avec chez Castille. Je dois dire que les derniers temps j'étais très inquiet et nerveux. Je me retournais même souvent machinalement pour voir si on ne me suivait pas. J'ai toujours une sensation bizarre quand quelque chose cloche ou quand quelqu'un me court derrière. J'eus ce sentiment lorsque je sortis de la station « Rue de la Pompe » et que je dirigeai mes pas vers le domicile de Madame Lieber. Plusieurs fois je me retournai, mais je ne vis personne d'important. Avant d'entrer dans la maison, je regardai encore une fois derrière moi : à 100 mètres il y avait un homme en imperméable jaune qui, peut-être tout à fait par hasard, avait les yeux fixés sur la maison. Je n'attachai aucune importance à ce fait et deux minutes plus tard, j'étais avec Madame Lieber à la table de la salle à manger en train de faire le décompte. Ensuite je pris congé car Maître

Castille m'attendait. J'avais réparti l'argent sur tout mon corps et cette nouvelle condition me donna de nouveau un sentiment d'insécurité impossible à décrire. Mais en réfléchissant je réprimai mon inquiétude. Car je me disais qu'à Paris il n'y avait personne, en dehors de celles qui étaient impliquées, qui connaisse mon projet. Avoir de « bons » papiers me rassurait aussi. Rassemblant mon courage, je franchis la porte cochère et de nouveau mon regard rencontra involontairement l'homme à l'imperméable jaune qui se tenait au coin de la rue dans une pose anodine. Comme je ne savais pas qui pouvait bien me filer, je me dirigeai d'un pas pressé vers le métro. J'avais à peine parcouru quelques pas – j'étais juste devant le lycée de la rue de la Pompe – que je me retournai et vis à ma grande frayeur l'homme à l'imperméable jaune derrière moi. Là, je pris vraiment peur. Je me mis à marcher vite, m'apprêtai à franchir le portillon... quand quelqu'un me tape sur l'épaule : « Police, vos papiers ! » C'était l'homme à l'imperméable jaune. Maintenant, je n'arrive pas à décrire ce qui se passa en moi. Je pensai qu'on me transperçait le cœur... Durant une seconde, je restai comme paralysé – dans l'instant suivant je m'étais repris et, avec un calme étrange qui me surprit moi-même, je sortis mes papiers de la poche. Le bonhomme les prit, y jeta un coup d'œil, les mit tranquillement dans sa poche et dit d'un ton poli teinté d'ironie : « Ces papiers sont faux, venez avec moi, monsieur ! » Et il repoussa toutes mes explications : « Ce n'est qu'une vérification de papiers », disait-il constamment. « Je vous amènerai à la police judiciaire, d'où l'on téléphonera à Nice, puis on vous relâche 1/2 heure après. N'ayez pas peur, on ne vous fusillera pas, car vous n'avez pas d'armes. » En disant cela il me fouilla superficiellement, ce qui me donna des sueurs froides, mais il ne trouva rien. Ensuite il me menaça de son pistolet pour le cas où je m'enfuirais en courant, me saisit sous le bras et m'entraîna vers le métro Pompe. Nous prîmes le métro, dans lequel la foule ne se doutait pas que j'étais arrêté. Le bonhomme me tenait solidement et je ne pouvais bouger. Tous mes efforts désespérés pour atteindre ma poche et jeter l'argent étaient impossibles car le bonhomme m'avait à l'œil. J'essayais d'être aussi insouciant que possible et discutais tout à fait amicalement avec lui. Il essaya de me donner du courage : « Vos papiers sont vrais, je vous lâcherai après un coup de téléphone, on ira boire un coup au bistrot après. » Et nous arrivâmes ainsi à la station Saint-Michel, où nous sortîmes. Malgré l'assurance que me donnait l'authenticité de la carte (d'identité), je fus effrayé par le regard ironique et faux du policier, mais restai tranquille comme si je n'avais sur moi que mon argent de poche. Cinq minutes plus tard, nous entrâmes dans un bâtiment public sur le quai de Seine, je ne m'en souviens plus très bien. Nous rencontrâmes un « agent de police » et, après avoir traversé une cour, nous montâmes au premier étage du bâtiment d'en face. Il n'y avait absolument personne. Soudain je vis devant une porte avec un emblème de souveraineté et en dessous ces mots agréables : « Gestapo — Service de sécurité — Bureau n° XXXX ». Je perdis de nouveau toute mon assurance, mais avant que je me ressaisisse, mon inspecteur avait ouvert la porte d'un geste brusque, m'avait saisi sans ménagement au collet pour me pousser d'un seul coup dans la pièce. A l'intérieur, il y avait deux tables, plusieurs chaises et de quoi écrire, et surtout il y avait là, blond et gigantesque, un capitaine de la Gestapo en uniforme, avec à côté de lui son interprète. « Le voilà, notre gars, dites-lui de vider ses poches, et vite. Tu t'appelles Bernheim, mon garçon, c'est ça ? ». Mon inspecteur en imperméable jaune changea de physionomie et dit alors : « Alors, mon vieux Bernheim, inutile de nier nous savons tout, ton père a été déporté en août, ta mère et ta sœur, c'était en juillet ! » Ensuite, il commença à me déshabiller et en un clin d'œil, les pierres de Hartmann et les bijoux se retrouvèrent sur la table. Avec un large sourire le capitaine commença à compter, mais remarqua tout de suite qu'il manquait encore quelque chose. Et il sortit les choses manquantes de ma poche latérale. C'était incroyable, ce type savait tout. Lorsqu'il m'eut mis nu comme un ver et qu'il m'eut tout pris, il commença à m'interroger. En même temps il vint se planter tout près de moi. D'abord il me demanda combien j'avais payé pour la carte (d'identité) et d'où je la tenais. Je n'avais pas encore retrouvé mes esprits que je reçus un sacré crochet à la mâchoire. Après un misérable : « Je ne sais rien » ça recommença : « Dites à ce gars qu'il doit se dépêcher parce que sinon ça va barder. » L'interprète me répéta la question et le sieur capitaine fit claquer sa droite sur l'arête de mon nez. Comme je vis que ça ne servait à rien de continuer à me taire, je commençai à faire lentement quelques déclarations : « Cette carte (d'identité) me vient de la police, tout à fait officiellement, vérifiez donc ! » Enfin, je lui dis encore que j'avais ces relations à la Préfecture grâce à Mademoiselle Ludubru. Il changea alors de sujet : « Et à présent allons à l'essentiel. Quelles sont tes relations avec le baron von Rosen ? Vite, je n'ai pas de temps à perdre. Bon, alors ça vient ? » *Boum !* De nouveau un crochet à la mâchoire – que pouvais-je dire ? –, ça dura 1/4 d'heure. Il me posa des questions au sujet d'une valise à double fond qui devait contenir les documents, puis il voulut des renseignements sur mes relations à Nice et sur une « bande » qu'il voulait débusquer là-bas. Tout se brouillait devant mes yeux. Et comme je ne répondais pas, coups sur mon visage et menaces pleuvaient. Il serait trop long de continuer à décrire ici cet agréable interrogatoire. Jusqu'à ce moment, je parlai français. Comme je vis que ces types savaient exactement qui j'étais, je commençai soudain à parler allemand. A la suite de quoi il se radoucit et le répugnant interprète alsacien fut exclu de la conversation. Il continua de me questionner, mais finit par se rendre compte que je ne savais rien, et j'expliquai la raison de ma présence à Paris. J'avais l'impression qu'il avait un peu pitié. Ma bouche et mon nez étaient en sang, je me sentais très mal. D'après ce que je déduisis de l'interrogatoire, il croyait que j'appartenais à une organisation d'espionnage qui pouvait être en liaison avec le baron von Rosen. Et il considérait peut-être mon argent comme un salaire ou comme devant servir à divers objectifs politiques. Il finit par avouer s'être trompé, me menaça encore plusieurs fois d'aller à Nice avec moi et de tout démasquer, de saisir l'argent qui me restait, puis il dit : « Ça m'est égal qu'un Juif de plus ou de moins se balade sans (?), j'ai cherché quelqu'un, (tu es ? /ce n'est pas toi ?), tu n'as pas eu de veine. Que dirais-tu si je te donnais ta carte d'identité et ton billet de retour pour que tu puisses rentrer ? Alors, je confisque ton argent ? ». Je repris un peu espoir, mais il me dit d'attendre. Et il se concerta dans la pièce d'à côté avec l'inspecteur en imperméable jaune et l'autre civil qui vraisemblablement lui ôtèrent cette idée de la tête. Il revint, me donna 70 F, appela un agent de police qui m'emmena. En bas, cinq autres m'attendaient. On me mit les menottes, on me fit traverser la rue comme un criminel pour me mener en prison. Là-bas, on me jeta dans une cellule crasseuse et infecte. J'étais tellement fatigué que je m'allongeai sur le sol crasseux, enveloppé dans mon imperméable récemment nettoyé. Au mur il y avait trois planches qui devaient servir de bancs. Dans un coin, il y avait une sorte de toilettes qui dégageait une odeur épouvantable. Je restai allongé ainsi un certain temps sans savoir si j'étais éveillé ou si je rêvais. Le pas régulier du policier de garde, l'ouverture de la cellule pendant des heures, le cliquetis des clés, les braillements de quelques voisins me rendaient fou. Le jour suivant, j'avais une faim terrible. On me glissa dans la cellule un bouillon infâme, ainsi qu'un morceau de pain. Vers 10 heures, on m'appela. Mon capitaine m'avait apporté ma valise avec mes vêtements, stylo, crayon, couteau. Je m'en réjouis fortement. Il manquait le portefeuille et quelques bricoles (pyjama, savon, serviette de toilette). Ce qui me redonna courage ce fut un paquet de biscuits que je trouvai dans la valise. On me ramena dans ma cellule et à 4 heures de l'après-midi j'appris que j'allais à Drancy. On nous jeta à vingt dans un camion et peu après nous arrivâmes à Drancy[1].

La lettre de Norbert Bernheim conserve son mystère. Car le baron Alexis von Rosen a été fusillé le 3 avril 1943 au stand de tir du ministère de l'Air à Balard, à l'âge de

1. Archives Serge Klarsfeld publiées en allemand par Beate Klarsfeld in *Endstation Auschwitz*, Böhlau Verlag. Traduction de Michelle Duma.

31 ans. Toujours au stand de tir de Balard, deux mois auparavant, des élèves du lycée Buffon y avaient été assassinés, ainsi que, six mois encore auparavant, Gaston Béraut, ancien élève de Rollin. L'avocat du jeune Bernheim est Robert Castille, ancien défenseur, avec Xavier Vallat, de Joseph Darnand lors du procès de la Cagoule, l'organisation d'extrême droite qui avait voulu renverser la République avant guerre ! Robert Castille est un avocat ambigu qui propose ses services aux juifs persécutés en échange d'une forte rémunération.

Le dernier signe de vie de Norbert Bernheim reste sa lettre du 18 juillet 1943, écrite dans le train de déportation :

> Ma chère Franca, chers Paul et Isenberg,
>
> Maintenant je suis vraiment dans la merde, c'est-à-dire dans un wagon à bestiaux dans lequel 40 personnes peuvent prendre place. Nous sommes 50 avec des bagages. J'espère que vous recevrez cette lettre, je l'envoie à tout hasard. La chaleur, la puanteur, les pleurs des femmes, des hommes et des enfants qui sont entassés ici, défient toute description. Il n'y a pas de toilettes. Nous ne savons pas non plus où nous allons. Pas question de penser à fuir. Je n'ai pas beaucoup à manger non plus. Les policiers allemands qui nous accompagnent sont des anges comparés à ceux qui étaient à Drancy. Heureusement je suis très bien équipé. Je vous ai réexpédié mes livres parce qu'ils sont trop encombrants. Dans le livre de physique (première), il y a une lettre. Notre train roule en direction de Metz. La destination précise nous est inconnue. C'est une honte qu'au XXe siècle un traitement aussi bestial soit infligé à des êtres humains innocents. Ces derniers temps, ça devenait insupportable à Drancy et les coups de bâton de montagne et les tirs au revolver étaient à l'ordre du jour. Heureusement qu'auparavant, à Nice, j'ai tellement mangé, si bien que je peux tout surmonter grâce à ma bonne santé. Beaucoup ne résistent pas à cette vie. Je vous prie encore de veiller à

nos affaires. C'est mon seul souci et qui m'a coûté ma liberté. Je ne sais pas non plus combien je te suis reconnaissant pour tout ce que tu as fait pour moi jusqu'à présent. Nous sommes plus éloignés de Paris maintenant. L'atmosphère devient insupportable ; ainsi par exemple pour faire certains besoins. Deux vieilles femmes se trouvent mal, une autre vomit. Notre réserve d'eau est maigre et doit suffire jusqu'à demain. La situation est charmante comme vous voyez. La comédie doit durer trois jours encore. Merci bien pour les fruits secs. Je suis dans un état de totale indifférence. Le bon Dieu l'a voulu ainsi, il nous sortira de nouveau de ce pétrin.
Beaucoup de bises.

Votre Norbert[1].

Norbert est déporté à Auschwitz par le convoi n° 57, le 18 juillet 1943, qui compte 1 000 déportés. Jean Rubin et Pierre et Paulette Francfort sont dans le même. Aucun ne reviendra.

1. Archives Klarsfeld publiées en allemand par Beate Klarsfeld in *Endstation Auschwitz*, Böhlau Verlag. Traduction de Michelle Duma.

« Au revoir, les enfants »

Hans Helmut Michel, 12 ans, commence sa sixième à Rollin en octobre 1942. Depuis son enfance, ce petit Allemand n'a connu que la peur. Son père, médecin à Francfort, s'était suicidé en 1933, après l'arrivée d'Hitler au pouvoir. Sa mère s'étant remariée, la famille s'était réfugiée en 1936 dans la ville libre de Dantzig. En 1938, ils obtiennent des visas pour la France, mais au moment de la « drôle de guerre », ils sont considérés comme des ennemis. Le vendredi 5 juin 1942, Hans Helmut et les siens se présentent au commissariat du IXe arrondissement pour y retirer l'étoile jaune en échange d'un point de leur carte textile. Lors de la rafle du Vél d'Hiv, dans la nuit du 15 au 16 juillet, des policiers français arrêtent l'enfant et sa mère. Hans Helmut est relâché, parce que sa grand-mère, trop âgée pour être arrêtée, peut le prendre en charge. Le gamin rentre chez lui, avec sa sœur mais leur mère part pour Drancy et sera déportée. Hans Helmut passe trois mois au lycée Rollin dans une solitude épouvantable. Le 28 décembre, deux hommes viennent arrêter le reste de la famille : le beau-père est emmené à son tour à Drancy mais les enfants réussissent à s'échapper par la porte de service. Ils sont ensuite recueillis par une amie de la famille, Marguerite Weinberg. En janvier 1943, cette amie prend contact avec le supérieur de la congrégation des Pères de Notre-Dame de Sion, le père Devaux, qui accueille les enfants et leur procure de faux papiers. Hans Helmut est caché dans le collège religieux d'Avon près de Fontainebleau, sous le nom de Jean Bonnet.

En octobre 1943, Jean Bonnet rencontre Louis Malle qui lui dispute la première place en classe, au collège d'Avon, et dont il devient l'ami. Le 15 janvier 1944, Hans Helmut et deux autres garçons juifs sont arrêtés avec leur professeur, le père Jacques. Le 18 janvier 1944, le gamin (13 ans), sous le nom de Jean Michel, est transféré à Drancy, et déporté à Auschwitz par le convoi n° 67. Le 6 février 1944, le gamin du lycée Rollin est dirigé vers la chambre à gaz. Ce drame est celui que raconte le film de Louis Malle *Au revoir, les enfants*. Hans Helmut avait été le condisciple de Jean-Louis Barsacq et François Truffaut au lycée Rollin.

Les anciens de Rollin

A la Sorbonne, les anciens élèves de Rollin, membres des Bataillons de la jeunesse, ont été décimés par la police française. Mais une nouvelle génération de rebelles va reprendre le flambeau.

Le jeudi 13 mai 1943, étudiants et lycéens du FNE (Front national étudiant, d'obédience communiste) se donnent rendez-vous au métro Luxembourg. Une cinquantaine de gamins descendent le boulevard Saint-Michel. On entend : « Formez le monôme ! », « Bonnard, Gestapette ! » Serge Apikian, ancien élève de Rollin, voit un camarade brandir un drapeau bleu-blanc-rouge et chanter *La Marseillaise*.

Robert Francès, ancien de Rollin, est étudiant en philosophie. Il est juif et ses papiers d'identité sont faux. Dès novembre 1942, il s'engage dans le réseau de résistance du FNE, où il accomplit une tâche importante de propagande et de recrutement chez les étudiants. Ses camarades et lui lancent des tracts dans les amphithéâtres de la Sorbonne appelant les étudiants à la résistance. Il appose des affiches et des inscriptions au quartier Latin, et participe à la rédaction et à la diffusion de *L'Université libre*, organe du FNU (Front national universitaire), puis à la diffusion du journal clandestin *France d'abord*. En février 1943, il passe aux FTP, Francs-Tireurs et Partisans région de Paris, sous la direction de Ginette Gros, la fiancée d'Olivier Souef, assassiné à Auschwitz. Robert Francès se signale par des coups de main armés contre la librairie allemande boulevard Saint-Michel, les bureaux de placement allemands rue de Rennes et les officines de la collaboration. « Promu au grade de lieutenant FTP en mars 1943, je me suis occupé de la réorganisation des groupes de choc dans les milieux étudiants et universitaires. A la date de mon arrestation, le 29 juin 1943 (par la Gestapo) je dirigeais toutes les formations paramilitaires FTP de l'Université de Paris[1] », déclarera-t-il.

Le 29 juin 1943, il est arrêté, conduit à la Gestapo et torturé. Il ne parle pas. Il est alors interné à Fresnes, Drancy, puis déporté à Auschwitz, Oranienburg, Flossenburg et Ganacker, d'où il sera libéré en 1945.

Rouben Melik, ancien de Rollin, étudiant en lettres à la Sorbonne, rédige et distribue lui aussi des tracts contre les Allemands. Le groupe FTP-MOI de Paris de Missak Manouchian le recrute comme agent de liaison. Il est placé sous les ordres de la poétesse Louise Aslanian, qui lui attribue le pseudonyme de Musset : son activité consiste à écrire des poèmes diffusés sous forme de tracts lors de réunions d'étudiants à la Maison des lettres et à la Maison du droit.

A l'été 1943, le piège se referme autour du réseau d'Edgar Morin et de ses anciens camarades de lycée. Dès 1940, réfugié à Toulouse, Edgar Morin avait retrouvé ses copains du bahut[2], Claude Dreyfus et Jacques-Francis Rolland. Le trio inondait les murs d'inscriptions au pochoir et lançait des tracts. L'année suivante, les amis partaient à Lyon, où Morin avait rejoint le Mouvement de résistance des prisonniers de guerre et déportés (MRPGD).

Edgar Morin n'oubliera jamais la disparition de son condisciple Joseph Récanati : « J'avais retrouvé Récanati

1. Entretien avec l'auteur, janvier 2010, et archives privées.
2. Voir photo de la couverture de ce livre, prise à Toulouse, en 1943, où l'on voit Edgar Morin et Jacques-Francis Rolland.

par hasard à Nice en 1943, et l'avais recruté pour notre mouvement. Peu de temps après, à Lyon, je devais aller à un rendez-vous dans le jardin du Musée, avec notre grand responsable André (Ulmann), qui devait me mettre en contact avec Henriot, chargé de la liaison BCRA[1] pour la zone Sud. Nous étions au bistrot, peu avant le rendez-vous, André (Ulmann), Récanati et moi. Au dernier moment, André (Ulmann) décide que Récanati l'accompagnera au rendez-vous et que je verrai Henriot plus tard. Il y avait une souricière au musée : la boîte à lettres d'Henriot avait été piégée. André (Ulmann) et Récanati furent arrêtés, puis déportés à Mauthausen. Ils participèrent à la résistance du camp. A la Libération, Récanati mourut. Ma responsabilité à l'égard de Récanati n'a cessé de me troubler[2]. »

Edgar Morin précise la fin tragique de Blaise Réties, autre copain de Rollin : « Réties a été contacté par Récanati qui l'a fait entrer au MRPGD. Malheureusement, Récanati, encore novice, avait un carnet d'adresses en clair et après son arrestation au square du musée de Lyon, la Gestapo est allée chez lui et l'a arrêté, je n'ai rien su de lui depuis, si ce n'est qu'il n'a pas reparu. La Gestapo est aussi allée chez moi, à Lyon également, mais sachant que Réca avait mon adresse dans son carnet, j'ai déménagé dès que j'ai su son arrestation et la Gestapo ne m'a pas trouvé[3]. »

Toujours au cours de l'année 1943, Roger Vailland envisage un moment d'assassiner Céline avec l'aide de Jacques-Francis Rolland. Celui-ci évoque l'affaire qu'il considère comme fantaisiste : « Céline a écrit, je ne sais où, que Vailland et sa bande avaient projeté son assassi-

1. Bureau central de renseignement et d'action, le service d'espionnage de la France libre.
2. Edgar Morin, *Pour sortir du XXe siècle*, Seuil, Point Essais, n° 170, 1984.
3. Entretien avec l'auteur, février 2009.

nat. Nous logions en effet tout près de chez lui, et nous avions attiré dans un de nos réseaux une jeune personne, la Chloé de *Drôle de jeu*, qui occupait un appartement contigu à celui de Céline et était, par conséquent, bien renseignée sur ses allées et venues. Pour fixer un point d'histoire littéraire, je jure que s'il nous est arrivé une fois ou deux de parler de “faire la peau à Céline”, il s'agissait de propos en l'air qui n'ont jamais été suivis d'une ombre de préparation quelconque. Dans le climat de l'époque, alors que tant de camarades étaient arrêtés et torturés, il était très normal d'exprimer parfois des vœux sanguinaires. Marcel Aymé se fâcha tout rouge un jour que je le lui déclarai être prêt à abattre de ma main le dessinateur de *Je suis partout*, Ralph Soupault. Nous admirions trop Céline pour penser sérieusement à un tel projet. [...] Ainsi, deux mondes totalement opposés se côtoyaient, et parfois des passerelles menaient d'une rive à l'autre, phénomène bien connu des périodes de crise. Plus tard, je n'hésitai pas à me servir de l'appartement de Marcel Aymé pour y abriter des réunions. Il lâchait un manuscrit en cours et, discrètement, partait faire le tour du Sacré-Cœur pendant que j'introduisais chez lui les dirigeants du Front national (d'obédience communiste), le professeur Debré, Henri Wallon et Frédéric Joliot-Curie[1]. »

Jacques Frantz, 18 ans, tout juste bachelier et chef jéciste du lycée Rollin, habite tout près de chez Céline, à Montmartre, où il aperçoit la bande de l'écrivain maudit dans les bistrots de la Butte. Par ailleurs, il est devenu copain avec le fils du caricaturiste antisémite Ralph Soupault, intime de Céline. Le jeudi 8 juillet 1943, Jacques et des amis de la JEC se rendent à la salle des Sociétés savantes, rue Danton. Le groupe universitaire des Jeunes de l'Europe nouvelle y a invité Jean Hérold-Paquis et Jean Azema, tous deux journalistes à Radio-Paris et militants

1. Jacques-Francis Rolland, *Adam*, mars 1969.

du parti fasciste de Jacques Doriot. La conférence rend hommage « aux héros de Mers el-Kébir[1] ». Séduit par leurs idées, étudiant peu assidu, Jacques fréquente surtout la faune de la collaboration du quartier Latin, et rêve maintenant de s'engager dans l'armée allemande.

1. Le 3 juillet 1940, la flotte anglaise avait coulé la flotte française dans le port militaire de Mers el-Kébir en Algérie.

1943-1944

LE GRAND CHAHUT

La bagarre pour de vrai

Dans les bordels de Montmartre, le champagne coule à flots. A l'école, cela fait quatre ans que les bambins ne mangent plus à leur faim. Le Secours national, organisation pétainiste, offre aux élèves détenteurs de la carte J3 (de 14 à 21 ans) des « dragées vitaminées » vendues 60 centimes pièce, à base de soja et de poudre d'os ! Les délégués de classe lancent des collectes auprès de leurs camarades pour recevoir des biscuits caséinés. Chaque élève verse 7 francs s'il reçoit 2 biscuits, 14 francs s'il reçoit 4 biscuits, 20 francs s'il reçoit 6 biscuits. L'argent recueilli est déposé au secrétariat qui achète les stocks de ces biscuits sans saveur. La cantine se trouve au rez-de-chaussée, les cuisines au sous-sol. Pendant toute la guerre, le cuisinier s'efforce de nourrir correctement les élèves, malgré les difficultés de ravitaillement. Le brave homme se rend ainsi aux Halles avec une voiture à bras pour chercher la nourriture. Les légumes sont mis en tas par lots, sans sac. Il faut charger la charrette et remonter jusqu'au lycée. L'oncle et la tante du cuisinier se débrouillent pour obtenir des pommes de terre et des pommes grâce à un réseau de marché noir[1]. Par ailleurs, le chef de la cantine assiste au bombardement de la porte de la Chapelle. Il a très peur car il circule beaucoup dans Paris et la banlieue.

---

1. Dans *La Traversée de Paris* de Marcel Aymé, les deux personnages joués par Bourvil et Jean Gabin passent par l'avenue Trudaine.

Jean Stoetzel, professeur de philosophie au lycée, futur introducteur de la méthode des sondages d'opinion en France, fondateur de l'IFOP, témoignera : « Pendant l'Occupation, comme j'étais un petit peu recherché par les occupants, j'ai demandé un congé que j'ai obtenu difficilement, parce qu'on manquait de professeurs de philo. Comme il fallait bien que j'aie un point de chute, j'ai demandé à avoir une bourse du CNRS, ce qui m'a permis de faire ma thèse. Dès que le manuscrit de ma thèse a été terminé, l'Université m'a repris et m'a nommé dans un lycée parisien qui s'appelle maintenant Jacques-Decour et qui était le lycée Rollin. Je n'y suis resté qu'un an, parce que c'était intolérable. Pour le 11 novembre 1943, qui était un jeudi, le proviseur m'a dit de revenir au lycée pour garder les élèves et les empêcher d'aller à l'Arc de triomphe. Je lui ai dit : "Je regrette, Monsieur le Proviseur, débrouillez-vous, mais moi je vais à l'Arc de triomphe ! Signalez-moi, si vous voulez, ça ne me gêne pas !" J'ai toujours été un très mauvais subordonné ! J'aurais des tas d'histoires à raconter sur cette période. Ainsi ce type qui arrive quinze jours en retard, qui fait la meilleure composition et qui n'est même pas là pour savoir qu'il a été premier car il est juif et a été déporté. On n'a plus jamais entendu parler de lui... Ce sont des souvenirs affreux, horribles[1]. » Bien que sous le choc de cette situation dramatique, Jean Stoetzel a travaillé comme chercheur à la fondation pétainiste Alexis-Carrel à partir du printemps 1942. L'étrange fondation étudiait « les mesures propres à sauvegarder, améliorer et développer la population française ». Drôle de programme en vérité !

A l'occasion de Noël 1943, le proviseur organise une collecte en faveur des enfants victimes des bombardements

1. Elisabeth Pradoura, entretien avec Jean Stoetzel, CNRS, 14 octobre 1986.

alliés. « Je reçois ce matin une lettre par laquelle M. le Recteur précise que les dons ainsi recueillis sont destinés aux enfants des régions filleules de la ville de Paris et du département de la Seine : la ville de Dunkerque et le département de la Meuse. Beaucoup de ces enfants sont orphelins, sinistrés, repliés ; un certain nombre ont tout perdu et jamais la solidarité entre jeunes Français n'a eu de motifs plus impérieux pour s'affirmer[1]. »

Les bombardements se multipliant, le ministre Abel Bonnard demande la création d'Equipes nationales dans chaque établissement scolaire, donnant pour mission aux lycéens d'aider les populations sinistrées. Le siège de l'organisation des Equipes nationales se situe au 13, rue La Fayette, pas très loin du lycée Rollin. Le 12 janvier 1944, le chef départemental des Equipes nationales, maréchaliste convaincu, écrit au proviseur :

> Monsieur le Proviseur,
>
> Au nom des Equipes nationales, j'ai l'honneur de vous adresser nos remerciements pour l'aide apportée par les élèves de votre établissement au cours des jours qui ont suivi le bombardement du 31.12.1943, aide que la discipline, la correction et le dévouement de ces élèves ont rendu particulièrement efficace puisque seules les Equipes nationales ont assuré les services sociaux dans la banlieue ouest du lundi 3 au vendredi 7 janvier.
> Les nécessités d'une mobilisation rapide ont démontré qu'il est urgent de multiplier les inscriptions dans tous les établissements secondaires. [...]
>
> F. Hemon[2]

Jean-Louis Barsacq se souvient de l'année 1943-1944 : « Je suis passé en cinquième. Le plus remarquable à l'épo-

1. Archives lycée Jacques-Decour, Paris.
2. *Ibid.*

que, c'étaient moins les cours que les bombardements. Les alertes étaient fréquentes et nous autres, les élèves, nous y trouvions un certain charme... La sirène nous envoyait dans les caves du lycée, où nous découvrions des trésors : une moto sans selle, de vieux appareils de physique, des cartes géographiques déchirées, une collection de livres couverts de poussière. Il y avait même un vrai squelette suspendu par le crâne et monté sur roulettes... C'était bien plus passionnant que les cours ! D'autant que, pour ajouter à la confusion, vers la fin de l'année scolaire (c'est-à-dire à quelques semaines de la libération de Paris), les élèves ne venaient plus au lycée que pour une demi-journée, le matin ou l'après-midi. J'étais de l'après-midi. Vers cette époque, je crois, nous avons fait la connaissance d'un nouveau surveillant général, M. Castel. Sobrement vêtu de noir, de taille moyenne, il dégageait une autorité naturelle qui en imposait à tous, élèves et professeurs. Il criait rarement, s'emportait encore moins, et donnait ses ordres ou prodiguait ses conseils d'un ton qui ne souffrait pas la réplique. L'aimions-nous ? Je ne m'en souviens plus. Mais très certainement, nous le respections.

« Pendant ce temps-là, à la maison, les choses s'arrangeaient un peu. Mon père qui, au hasard d'une tournée théâtrale en 1936, s'était lié d'amitié avec des syndicalistes CGT[1] travaillant aux Chemins de fer, avait pu faire établir avec leur aide, pour Maman, des papiers d'identité quasi authentiques. Elle vivait désormais comme tout le monde. Par ailleurs, André Barsacq avait mis en scène au théâtre de l'Atelier, en février 1944, une pièce de Jean Anouilh qui allait connaître un succès phénoménal, *Antigone*. Le public, en effet, avait immédiatement considéré que face à

1. CGT : Confédération générale du travail, un des principaux syndicats ouvriers en France. Beaucoup de ses membres ont été actifs dans la résistance.

son oncle Créon, roi de Thèbes, Antigone, l'héroïne de la pièce, incarnait la Résistance. Alors que Créon, qui la condamnait à mort, symbolisait la Dictature. Enthousiasmés par cette pièce qui narguait les autorités d'occupation, certains spectateurs n'hésitaient pas à l'applaudir très longuement, et même à revenir l'applaudir une deuxième, une troisième fois. Certains revenaient encore et encore... Bref, un triomphe[1]. »

Jean Collet, 22 ans, responsable des Jeunesses communistes de Paris-Rive droite (région P2) et ancien camarade d'Olivier Souef à Rennes, traîne dans le bas Montmartre. Avec d'autres étudiants, il distribue des tracts clandestins, détruit des poteaux indicateurs, assure la sécurité d'un copain qui prend la parole dans les cinémas. Ils volent, à la tombée de la nuit, les armes des soldats allemands sur le boulevard Rochechouart. « Ce fut moins rigolo un autre soir : nous eûmes "chaud aux côtelettes" devant le lycée près du métro Anvers. L'officier allemand, insuffisamment assommé, réussit à dégainer son revolver et à tirer dans notre direction sans nous atteindre. Nous étions jeunes, la course à pied était notre seule ressource et les rues du XVIIIe, nous les connaissions bien, les flics aux trousses[2]... »

A l'âge de 18 ans, André Bessière est chef de groupe dans le réseau de résistance du Front national (d'obédience communiste). Le potache a reçu pour mission de revenir dans son ancien bahut pour y dessiner des inscriptions antiallemandes ! C'est ainsi que le 3 janvier 1944 : « Sur le pourtour intérieur des murs de la cour du lycée Rollin, trois jeunes gens viennent d'achever de peindre une énorme frise faite de "V" majuscules, de croix de Lorraine et de "Vive de Gaulle". André Bessière ironise à l'idée que, s'il existe un groupe de résistants parmi les

1. Entretien avec l'auteur, mai 2009.
2. Jean Collet, *A 20 ans dans la Résistance : 1940-1944*, Graphen.

lycéens, ce qu'ils viennent d'accomplir représentera un casse-tête chinois pour son responsable, de son côté Riou aimerait bien voir le chahut au matin de la rentrée, Henri quant à lui ne songe qu'à déguerpir le plus vite possible. A l'instant où André, derrière ses camarades, referme la porte, trois miliciens jaillissent d'une traction noire en stationnement sur le boulevard Rochechouart et se précipitent afin de couper la retraite à Henri et à Robert qui, les ayant vus, foncent vers la rue Bochard. André s'élance dans la direction opposée, apercevant trop tard un quatrième milicien, sans doute le conducteur de la voiture, qui le télescope d'un violent coup d'épaule. Emporté par son élan, il s'agrippe à son adversaire et l'entraîne dans sa chute. Quand le crâne du milicien heurte l'asphalte avec un bruit mat, il lâche prise et le halo bleuté du lampadaire éclaire son visage. Eberlué, André reconnaît un de ses camarades de la communale qu'il savait avoir mal tourné. Il se redresse d'un bond, pique un sprint à travers le square d'Anvers, coupe en diagonale l'avenue Trudaine, prend la rue de Dunkerque puis s'engage rue du Faubourg-Poissonnière où, le souffle court, il se retourne pour voir s'il n'a pas été suivi. Rassuré, il réajuste ses vêtements et s'aperçoit qu'il a perdu son portefeuille contenant ses pièces d'identité[1]. » Le jeune insurgé n'a pas le choix. Il quitte la capitale. Malheureusement, le 10 janvier 1944, il est arrêté à la frontière espagnole et incarcéré au secret dans la citadelle de Perpignan. Après plusieurs interrogatoires et une simulation d'exécution, les Allemands le transfèrent au camp de Royallieu, à Compiègne, début février. Avec 1 700 autres résistants, il prend le train de la déportation le 27 avril 1944. Le 30 avril, le convoi s'arrête à Auschwitz-Birkenau, où il est tatoué sur l'avant-bras gauche du numéro matricule 185074. Ce transport, que l'Histoire a retenu sous le nom de « convoi des Tatoués »,

1. André Bessière, *L'Engrenage*, Editions Buchet-Chastel, 1991.

connaît successivement les camps de concentration de Buchenwald et d'extermination de Flossenbürg. André Bessière est envoyé au kommando Flöha, en Saxe, où il aura notamment comme compagnons d'infortune Charles Gélinet, « adjoint » de Jacques Decour, et le poète surréaliste Robert Desnos.

Le jeune Bessière est ébloui par sa rencontre insolite avec Robert Desnos : « Desnos, à Flöha, j'étais un de ses auditeurs privilégiés. Par hasard, nous dormions côte à côte et il m'émerveillait. J'ignorais absolument qui il était. J'étais un gamin très ordinaire, juste patriote, et le langage de cet homme me fascinait, me faisait oublier jusqu'à notre condition. C'est bien après mon retour, et par hasard, que j'appris sa célébrité. Nous nous pressions autour de lui, pendant ces exténuantes heures debout. Il nous éblouissait. Des récits incroyables[1]. » Atteint par l'épidémie de typhus, Robert Desnos meurt le 8 juin 1945. Son jeune ami, André Bessière, survivra à une meurtrière « marche de la mort » avant de rejoindre Theresienstadt, dans les environs de Prague, où il sera libéré par les Russes le 9 mai 1945.

Au printemps 1944, Edgar Morin arrive à vélo avenue Trudaine devant le lycée Rollin, où il a un rendez-vous secret. « Mon mouvement de résistance avait fusionné avec celui de François Mitterrand, auquel appartenait Marguerite (Duras), Robert (Antelme), Dionys (Mascolo). Mon nouveau coresponsable pour diriger la région parisienne du mouvement unifié, Georges Beauchamp, me procura un adjoint en me disant : "Je vous fais un très beau cadeau." Je rencontrai ce nouvel adjoint sur un trottoir de l'avenue Trudaine. C'était Dionys. Je fus ébloui par ce garçon beau, sensible, intelligent[2]. » On l'a vu, Morin

1. Dominique Desanti, *Robert Desnos. Le roman d'une vie,* Mercure de France, 1999.

2. *Duras,* Editions de l'Herne, 2005.

et Mascolo avaient tous deux fait leurs études au lycée Rollin. En 1940, après sa démobilisation, Mascolo avait exercé différents métiers, garçon de courses, téléphoniste, puis secrétaire administratif au Comité d'organisation des métaux non ferreux. Alors qu'il a sympathisé avec Michel Gallimard, neveu de l'éditeur Gaston Gallimard, ce dernier lui propose d'entrer au secrétariat et au comité de lecture. En 1942, il y rencontre Marguerite Duras, devient son amant et se lie d'amitié avec Robert Antelme, son mari. Avec Duras et Antelme, Mascolo crée le « Groupe de la rue Saint-Benoît », lieu de résistance et d'agitation intellectuelle. En septembre 1943, il rejoint un réseau de résistance, le MNPGD (Mouvement national des prisonniers de guerre et des déportés, dirigé par François Mitterrand). Edgar Morin écrira : « J'avais vingt-deux ans. Dionys en avait vingt-sept. Je fus émerveillé par son visage et son intelligence ; ce coup de foudre amical m'a marqué à jamais[1]. »

Avenue Trudaine, toujours, l'absentéisme scolaire s'aggrave. Personne ne sait pourquoi. On n'ose pas se renseigner. L'élève Claude Jean-Romain, en philosophie 2, est fusillé en mai 1944 : sans doute est-il pris dans un groupe d'otages. Des gamins de troisième sont arrêtés. Selon la rumeur, les adolescents ont dû peindre des « V » de la victoire sur les murs de Paris. Les distributions de tracts clandestins se multiplient, ainsi que les prises de parole. Les garçons les plus âgés, constitués en groupe de protection (GP), rentrent dans la cour et se précipitent dans une classe. Par prudence, les actions dans le lycée sont orchestrées par des potaches d'autres lycées. Un élève monte sur une chaise et appelle à rejoindre le Front national étudiant (d'obédience communiste). Le groupe de Rollin est très actif et comporte au moins une dizaine de « types

1. Edgar Morin, « Le cercle enchanté de Dionys Mascolo », *Le Monde*, 26 août 1997.

sûrs ». Ces prises de parole ont également lieu à Henri-IV, Janson, Condorcet et Carnot.

Enfin, les examens de fin d'année et les épreuves du bac sont sérieusement compromis. La presse parisienne du 25 mai publie le communiqué suivant : « En raison des difficultés et des restrictions de toutes sortes causées par les bombardements anglo-américains, en considération aussi des conditions particulièrement pénibles où les candidats seraient amenés à composer dans des concours extrêmement importants pour eux, dont les épreuves durent plusieurs heures, il n'est pas possible que ces concours aient lieu pour le moment. Tous les concours dont les épreuves écrites commencent après le 26 mai sont donc renvoyés à une date ultérieure, la plus prochaine possible, autant que les circonstances le permettent. »

Les chaises vides

Les derniers élèves juifs de l'établissement désertent maintenant les salles de classe.

En 1944, Jean Cohen, 15 ans, élève de troisième A1, reçoit le premier prix de mathématiques. Il est le seul dans sa classe à porter l'étoile jaune. Son père est le professeur Fernand Cohen, exclu du lycée en raison des lois « raciales ». Jean et son père avaient été internés à Drancy en septembre 1942 et relâchés trois mois plus tard ! A Drancy, Fernand Cohen avait retrouvé un ancien élève, Maurice Lugan, devenu policier du camp ! Jean Cohen avait réintégré Rollin en janvier 1943, et avait poursuivi ses études malgré les persécutions. Fernand Cohen écrit à son deuxième fils, Albert Cohen, réfugié à Marseille, une lettre sous forme codée : « Jean a retrouvé notre ancien lycée où l'atmosphère est excellente, à deux exceptions près, dont ton ancien professeur à qui on va pouvoir dire mori[1]... tu ne ris plus ! Ton jeune frère a été accueilli en héros et de fait, il a été vraiment chic. »

Le docteur Samy Kossovsky raconte : « Début 1944, alors en quatrième, avec comme condisciple Jean-Louis Barsacq, qui se faisait questionner avec bienveillance et intérêt par les profs sur son père, André Barsacq, qui dirigeait, dans la rue Dancourt voisine, le théâtre de l'Atelier, j'ai dû disparaître de la circulation. Deux policiers, l'un en civil, l'autre en uniforme avaient fait irruption dans notre appartement à trois heures du matin ; ma mère les a soudoyés avec le peu

1. Il s'agit du professeur Paul Maury.

d'argent qui lui restait ; ils nous ont laissés filer dans la nuit. Les voisins et amis nous ont hébergés, ma mère, mon jeune frère et moi. Par prudence, il a été décidé que je ne me présenterais pas au lycée. Je me suis retrouvé dans un pensionnat privé, à moins d'un kilomètre de chez nous, au Pré-Saint-Gervais, y étant plus ou moins bien caché[1]. »

L'acteur Pierre Richard, lui aussi élève à Rollin, en sixième, et âgé de 10 ans en 1944, note : « J'avais un copain, mon voisin de classe, tout brun, les cheveux bouclés. Il avait un sourire d'ange – et quarante ans plus tard, je distingue encore ses yeux noirs et profonds comme des lacs où brillaient les étoiles. Il en avait une aussi, jaune, sur le revers de sa veste. Et je trouvais ça joli, comme une pochette élégante ou je ne sais quoi. En rentrant à la maison, j'avais demandé à ma mère qu'elle veuille bien m'en coudre une pour ressembler à mon copain. Moi aussi j'avais les cheveux bouclés après tout. Ils étaient blonds, mais ça m'irait très bien quand même. Seulement il suffisait que je demande quelque chose à ma mère pour qu'elle refuse, je dus faire mon deuil de cette belle étoile jaune qui brillait tellement plus que les autres. Mon copain et moi, nous partagions nos gommes, nos fous rires, nos bonbons. Un matin, sa chaise resta vide. Plusieurs jours passèrent, puis le professeur nous apprit, en début de cours, que notre camarade était parti et ne reviendrait pas... C'est tout. Depuis, toutes les chaises vides me font penser à lui[2]. »

Etienne Caen est en classe de math élém en 1944. Au début de la guerre, son professeur d'allemand avait été Jacques Decour. Sa famille habite 3, avenue Maria, à Montmorency. Le soir du 30 mars 1944 trois policiers français, un *Feldgendarme* allemand et un interprète français se présentent chez eux, arrêtent Etienne et ses cinq sœurs. Les six

1. Entretien avec l'auteur, mai 2009.
2. Pierre Richard, *Le Petit Blond dans un grand parc*, Editions Olivier Orban, 1989.

enfants sont emmenés au commissariat de Soisy. Marianne, 19 ans, Francine, 16 ans, Gisèle, 14 ans, Micheline, 12 ans et Catherine, 6 ans, sont conduites avec lui à Drancy. Les parents, partis au Mans pour quelques jours, trouvent à leur retour chez eux un mot sur la porte : « Veuillez vous rendre au commissariat de Montmorency. » Les parents affolés retrouvent leurs enfants à Drancy. Le 13 avril 1944, les Caen sont tous déportés par le convoi n° 71.

Etienne Caen raconte : « Pour ma part, si je suis parmi vous, cela tient quelque peu au hasard. Tout d'abord, à notre descente du train, en piteux état, à Auschwitz, sur la rampe de Birkenau, en pleine nuit, à la lumière des projecteurs et dans les cris, une voix (sans doute un détenu des équipes chargées de récupérer les bagages dans les wagons) me suggéra de dire que j'avais plus de 18 ans, et je fus dirigé vers la colonne de ceux considérés comme "utilisables". Je perdis alors ma famille. Je ne devais plus la revoir. Au bout de 15 jours, je fus désigné pour faire partie d'un commando envoyé à Gleiwitz, un sous-camp d'Auschwitz, où nous devions réparer des wagons de la Reichsbahn. Au bout d'un mois, un phlegmon au pied m'envoya à l'infirmerie du camp (où je fus soigné par une pommade brune recouverte d'une bande en papier – c'était pratiquement tout ce dont l'infirmerie disposait). L'infirmerie était dirigée par deux médecins, un Français, le docteur Bloumel, et un certain docteur Isler. Ce fut ma seconde chance car ils me gardèrent à l'infirmerie jusqu'en janvier 1945, me cachant lors des sélections SS[1]. »

A Paris, en 1944, Freddy Menahem, l'ancien élève de Rollin, est devenu un adjoint de Léo Hamon au CDLR (Ceux de la résistance). Le 25 février 1944, Freddy participe au commando qui fait irruption dans les locaux du

1. Témoignage d'Etienne Caen. Cérémonie à la mémoire des déportés juifs de Montmorency, 10 mai 2009.

ministère du Travail, place Fontenoy, et qui détruit 200 000 fiches, évitant la réquisition au titre du STO !

D'autres élèves, malheureusement, n'ont pu échapper aux camps de la mort. Ainsi, durant l'année 1943-1944, quatre enfants et adolescents seront déportés à Auschwitz. Roland Strugo, 13 ans, est déporté par le convoi n° 61, le 28 octobre 1943. L'enfant a été arrêté à Nice. Jacques Eltabet, 11 ans, est déporté par le convoi n° 63, le 17 décembre 1943. Claude Zelidow, 14 ans, est déporté par le convoi n° 68, le 10 février 1944. L'enfant avait quitté le lycée en 1942 en sixième et a été arrêté à Toulouse. Robert Levy, 17 ans, est parti de Toulouse vers Drancy puis a été déporté par le convoi n° 75, le 30 mai 1944.

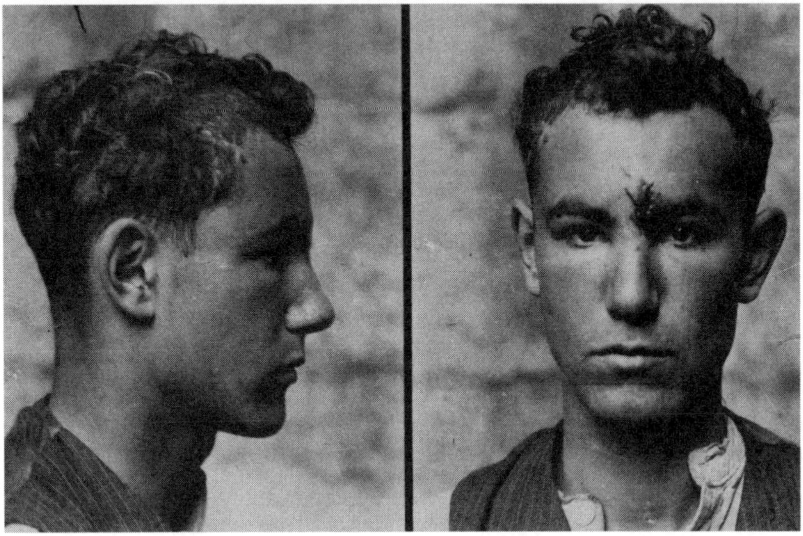

Autre martyr de Rollin : Julien Selonczyk, né à Paris en 1926 de parents polonais et juifs. Son père est tailleur, et la famille adhère aux idées du Front populaire. Le petit Julien entre à Rollin en sixième durant l'année 1938-1939.

Sur son bulletin scolaire, il est noté : « Trop de punitions. La conduite et le travail laissent à désirer, doit s'amender s'il veut rester au lycée. » Le jeune garçon aime la poésie. Lors des premières rafles, il est obligé d'interrompre ses études. En 1942, il quitte la capitale pour se rendre en zone libre, à Lyon, où il travaille pour gagner sa vie. Il s'inscrit aux Jeunesses progressistes et à l'UJRE (Union des juifs pour la résistance et l'entraide). En mars 1944, il s'engage comme FTP, et devient responsable politique des actions de résistance du bataillon Carmagnole, dans le maquis de Saint-Didier. Le 15 mai 1944, un membre du réseau est blessé lors de la fabrication d'un explosif. Julien Selonczyk et ses camarades transportent le blessé à l'hôpital, mais un surveillant alerte la police. Deux policiers surviennent. Des coups de feu éclatent. Le commissaire et un FTP sont tués. Julien Selonczyk est blessé. Arrêté, il est transféré à l'hôpital Saint-Paul et fusillé peu après au fort de la Duchère à Lyon. Il avait 18 ans.

Les petits soldats du Führer

Au lycée, une dizaine d'élèves se déclarent ouvertement nazis. Des garçons se sont engagés dans la Milice et imposent la terreur dans l'établissement. Au début de l'année, ces apprentis miliciens ne font qu'arborer à la boutonnière l'insigne de la Milice, le gamma. Maintenant, certains exaltés n'hésitent plus à porter l'uniforme : veste et pantalon bleu marine, béret, chemise kaki et cravate noire. Max Peyre, dont le grand frère est résistant, et qui déteste ces nazillons, se souvient bien des bagarres de classe : « Daude, notre professeur de philosophie manquait d'autorité. J'en profitais pour inscrire en cachette des croix gammées sur le siège des élèves qui admiraient Hitler. »

En mai 1944, sur le boulevard Saint-Michel, Jean Goupil se retrouve nez à nez avec un condisciple, Revel, revêtu de l'uniforme de la Milice – il est devenu franc-garde de la Milice encasernée au lycée Saint-Louis –, qui lui annonce : « Si Peyre passe par ici, je vais lui faire sa fête[1] ! » Raymond Fischer se rappelle un autre élève de Rollin, Martin, montant la garde devant le lycée Saint-Louis en tenue de milicien. Ange Leca, devenu étudiant en médecine, est très choqué de voir Martin, son ancien compagnon de la JEC (Jeunesse étudiante chrétienne), dans une guérite : « Voir un ancien élève de ma classe, planté là en uniforme, boulevard Saint-Michel, je ne lui ai

1. Entretien avec l'auteur, mai 2008.

pas parlé, j'ai détourné mon regard[1]. » Revel et Martin n'ont pas à aller très loin pour recevoir des ordres. Le quartier général de la Milice a réquisitionné l'immeuble du Parti communiste du 44, rue Le Peletier, à deux pas de Rollin.

Jacques Frantz ne veut pas être milicien. Il rêve d'un destin plus glorieux. Son bac en poche, il s'était inscrit dans différents établissements, Saint-Louis pour une préparation militaire, Sciences po et la faculté des lettres. Mais l'étudiant fréquente surtout les jeunes filles et les réunions politiques. Le 22 juillet 1943, Pierre Laval avait signé la loi autorisant la création d'une unité française de la Waffen-SS. Parmi les volontaires, une bonne moitié sont des lycéens et des étudiants. A 18 ans, Jacques décide de s'engager dans la Waffen-SS, décrite par la propagande comme une « armée d'élite européenne en lutte contre le bolchevisme ». Sa mère est catastrophée, et son père se précipite au bureau de recrutement pour tout annuler. Entre-temps, des copains de Jacques Frantz se sont engagés dans la résistance, Jean Gay chez les Jeunes chrétiens combattants (JCC), Pierre Vignolet chez les Francs-Tireurs et Partisans (FTP).

En janvier 1944, Pierre Vignolet compose un curieux poème pour Jacques Frantz.

Aux volontaires des F.T.P.
et de la Waffen-SS

Don de soi

De la dune blanche, le cavalier bleu
S'élance –
Vacances –
Le bleu sur le blanc,
Rien ne m'émeut.

1. Entretien avec l'auteur, janvier 2010.

Pas de vent. Midi le juste
Infiniment stable –
Sable –
La chaleur. Immobilité.
Je suis la pierre sous l'Arbuste.

Le Blanc est grand comme la Neige
Le Bleu haut comme le Ciel.
Le cavalier pressant comme l'appel de Dieu.
Il me regarde, et va ;
Je vais, vers mes frères héroïques qui m'appellent.
Ni regrets, ni hésitations – Pas même d'adieu.

Dans les mains de l'acier. Vêtement kaki.
J'entends,
Les sifflements.
Je vois les ennemis, mes frères…
Je vise. Ils tirent. Au revoir, les amis.

Sur la terre grise, l'ennemi stagne.
Il me garde, à jamais,
Triste valet.
Je regrette la vie,
Et le blanc, grand comme la neige des montagnes.

Kariboo

PV

Paris, janvier 1944[1]

Ce poème d'étudiant rend hommage à la fois aux FTP et aux Waffen-SS ! Visiblement, le jeune homme hésite entre deux chemins radicalement opposés, entre deux destins possibles.

1. Archives privées.

Au début de l'année, Jean-Marie Balestre, qui avait harcelé les élèves du lycée Rollin pour qu'ils s'engagent dans la Révolution nationale, crée le journal *Devenir*. Dans le numéro 2 paru en mars, Balestre signe un article : « Les soldats du Führer ». Extrait : « Les jeunes Français ont endossé leur uniforme de la Waffen-SS, ils défendent son drapeau et son prestige ; ils ont embrassé un idéal intransigeant et ils appartiennent maintenant à un ordre que l'on ne quitte que par la mort. » Jacques Frantz s'abonne à *Devenir* dont il conservera précieusement les numéros. Finalement, sa décision est prise : le 1er juin 1944, le jeune garçon se rend à la gare de l'Est, direction Mulhouse puis le camp d'entraînement de Sankt Andreas, près du village de Cernay (*Sennheim* en allemand). C'est dans cette école qu'est formée la première unité française de la Waffen-SS.

De là, l'élève SS écrit à son père :

O.U. den 11 Juni

Papa chéri,

Nous sommes maintenant entièrement installés à la 1re compagnie. Nous avons reçu nos numéros de secteur, et je t'écris tout de suite :

SS – Freiwilliger J. Frantz
Feldpost Nr 08392 B
SS – Feldpost
Amt D.11.2

SS – Frw J.F.
Feldpost Nr 08392 B
über SS-Hauptamt

Deutsche Dienstpost
Maastricht

Je t'ai mis tantôt mon adresse dans le paquet que je te renvoie avec les affaires civiles. J'espère que tu auras pu l'avoir, car les lettres pour la France mettent, paraît-il, plus d'un mois et tu n'es pas près d'avoir celle-ci. Mais les lettres dans l'autre sens mettent généralement moins de 8 jours.
Quand tu recevras cette lettre, tu seras sans doute rentré à Paris, à moins que ces Anglais n'aient encore fait des leurs. Nous n'avons ici aucune nouvelle de l'invasion, et recevons les journaux avec environ 8 jours de retard. Aussi il circule force bobards. Aujourd'hui, 11 juin, je pense toutefois que vous êtes tous les trois ensemble à Combloux et que l'invasion vous semble aussi loin qu'à nous. J'espère du reste que cela sera bientôt fini, et, maintenant que les combats décisifs sont arrivés, que les Anglais ne tarderont pas à être mis à la mer. Il restera toujours ensuite à reconquérir l'Afrique.
Le texte de ces lettres doit te paraître bien décousu et bien incompréhensible, sans compter les répétitions, mais je ne peux faire autrement, car c'est difficile d'écrire d'une façon logique quand les lettres doivent arriver un mois après et que j'en écris plusieurs de suite.
Il me semble t'avoir déjà dit que nous étions maintenant installés définitivement à la 1re compagnie. Les baraques sont très bien : chambres pour 14, salle de repos bien installée, lavabos en mosaïque, W-C très modernes, tous très bien. Les camarades sont

maintenant tous très bien, car à l'arrivée ici, l'*Obersturmführer*[1] qui commande la compagnie a fait un laïus pour nous terroriser, où il a dit que c'était très dur, exercice très dur, rien à manger, pas dormir, etc. finalement il a demandé à ceux qui ne voulaient pas rester de sortir des rangs. Sur 130, plus de 40 types sont partis et ceux qui restent sont très bien. Dans notre chambre nous sommes 13, 4 du PPF, 1 franciste, 1 RNP, 2 miliciens, les autres rien. Je suis avec Berdot. Tous sont sympathiques. Nous sommes classés par grandeur, de sorte que nous sommes la chambrée des plus grands. J'ai retrouvé Mazouet et Marty, deux types des JPF qui sont partis à Pâques. Queyrat est ici à la 2e compagnie et j'irai le voir demain.
Enfin tu vois que nous sommes ici vraiment très bien. Pour ce qui va se passer, je n'en sais rien. En principe nous devons rester ici de 6 à 9 semaines. Nous faisons toute l'instruction d'infanterie et ensuite nous allons ailleurs, on ne sait pas trop où, et en tout cas il faudrait que la situation soit normale.
Jusqu'à maintenant, j'ai écrit seulement à Paris et je n'ai pas envoyé de lettres à maman, ni à Combloux, car comme je te l'ai dit, il faut obligatoirement mettre son adresse sur l'enveloppe. Tu pourras donc leur renvoyer ces lettres, à moins qu'elles ne préfèrent malgré tout les recevoir directement. J'ai aussi envoyé une lettre par la mère à Berdot, j'espère qu'elle la renverra.
Aujourd'hui nous sommes dimanche. Il fait un temps superbe. Nous avons fait 1 heure de chant et 1 heure de thèmes ce matin : tantôt nous sommes libres. Pour l'instant j'écris, tout à l'heure nous irons prendre un bain de soleil dans l'herbe. Puis nous irons à la cantine qui est bien installée et où l'on trouve de la bière et tous les produits ménagers : cirage, brosse, savon, peignes, etc., etc.
Il y a un tel bruit ici, tous sont plongés dans une terrible discussion sur les divers moyens de tuer les vieillards et les inutiles, juifs compris, que je ne peux plus aligner deux idées. Petit papa chéri, je t'embrasse tant que je peux, embrasse bien fort maman et No, ainsi que mémé.

Jacques

P-S : Je pense tout d'un coup que je t'aurai peut-être vu avant cette lettre. Ce sera beaucoup mieux ainsi[2].

1. Lieutenant.
2. Archives privées.

Jean Marty fut militant des JPF (Jeunesses populaires françaises), l'organisation des jeunes du Parti populaire français de Jacques Doriot. Ancien élève de Rollin, Marty avait passé son bac philo en 1941.

Le 14 juin, Jacques Frantz écrit une seconde lettre :

Papa chéri,

Je me demande toujours ce qui peut se passer à Paris en ce moment. Nous recevons un peu moins les journaux maintenant et avons régulièrement un *Echo de Nancy* vieux de 2 ou 3 jours. (Ça y est, je n'ai plus d'encre encore une fois !) En tous les cas, cette invasion a déjà dix jours d'existence et son résultat le plus clair est pour l'instant de détruire la Normandie. Je voudrais bien tout de même les voir rejetés à la mer. Ce qui me paraît de bon augure, c'est que le front de l'Est n'a pas encore bougé et n'a pas l'air de vouloir bouger. Le Führer a dû trouver une solution idoine pour calmer les Russes, soit que ceux-ci préfèrent voir les Anglais se saigner un peu, soit qu'ils craignent les Japonais, qui viennent d'avoir d'importants succès en Chine. En tout cas, cette abstention des Russes est vraiment très curieuse et inattendue. Tout le monde croyait bien voir dans les offensives conjuguées à l'Est et à l'Ouest.

Je pense que vous êtes toujours à Combloux et que vous avez fait quelques belles balades. Etes-vous montés jusqu'à notre fameux barrage ? J'espère qu'il est toujours en bon état et que vous ne l'avez pas saboté ; sinon ! gare à vous... Etes-vous aussi remontés à Beauregard ? Il doit y avoir maintenant 2 ou 3 enfants en supplément, au moins... et la propriété a dû être augmentée d'autant.

Cela me fait penser que je n'ai pas encore écrit à Claude. Et puis c'est vraiment désagréable d'écrire car j'espère bien que je te verrai au début de juillet. Et je pourrais te dire de vive voix tout ce que je te raconte. Cela permettra seulement que vous receviez des lettres pendant le mois de juillet. Il est vrai que vous savez déjà tout ce que je raconte ; c'est donc uniquement une question de principe. Mais les principes sont les principes.

Ici, tout continue à aller pour le mieux. Nous faisons environ chaque jour 2 heures d'exercice : à droite-droite, etc... hinlegen, auflegen, etc., etc. Nous commençons dans quelques jours l'instruction au fusil et il faut apprendre toute la nomenclature en allemand, ce qui n'est pas un petit boulot. Ensuite, chaque matin, nous avons une heure de sport. Puis le reste du temps, en dehors du déjeuner, toujours composé d'une soupe viande-légumes très copieuse, et d'une heure de repos au lit de 12 à 13 h, nous avons des cours, cours politique, fait par un *Unterscharfürher*[1] suisse-allemand, muni d'une traduction suisse-français, et très intéressant. C'est lui qui nous commente les nouvelles, d'une façon très bien, et il nous fait des cours sur le racisme et le nazisme qui sont très bien faits, et que 1/3 des types ne comprend pas. Ce qui vaut autant car il y a un petit groupe d'idiots invétérés. Cours de chant où nous apprenons des chants français et allemands. Conférence du chef de compagnie, *Hauptsturmführer*[2], qui est épatant et nous fait des laiüs remarquables ; – cours de grades pour apprendre les insignes de grades de la SS, de la Wehrmacht, de la Luftwaffe et de la *Kriegmarine*, sans compter les règlements de discipline et les marques extérieures de respect.

Tout cela occupe le temps, tous ces cours se font en plein air. Quand il fait beau, nous nous asseyons sur de classiques tabourets. En plus de cela, l'après-midi est consacrée plus spécialement aux sports et nous faisons des courses, des lancers de grenade, etc. Il doit y avoir même deux après-midi. En plus, 1 jour par semaine, il y a Arbeitsdienst, cad que nous faisons divers travaux dans le camp qui est en aménagement constant et en agrandissement perpétuel. Il contient à présent près de 5 000 types, Français, Hollandais, Flamands, Norvégiens, Allemands, Danois et

1. Sergent.
2. Capitaine.

Suisses, et une cinquantaine de grandes baraques sont en plus en voix *(sic)* d'achèvement. Les plus gros travaux sont effectués par des sortes de bagnards.

Je t'envoie ci-joint une photo. Ils nous ont en effet pris en photo pour faire des papiers d'identité et nous avons pu disposer de 2. Malheureusement, il est regrettable que ces photos aient été prises en tenue de travail et que nous n'ayons pas eu les écussons SS. Je vous l'envoie à titre documentaire car elles n'ont rien de transcendant. J'ai pris ici un certain nombre de photos, 4 je crois mais une seule où je suis, et une où est Berdot. Les autres sont des vues des Vosges, du Jura et de la Forêt-Noire car on a du camp une vue magnifique.

Petit père chéri, je m'arrête là. Je continuerai demain une autre lettre.

Embrasse bien maman et Janette. Gros baisers.

Jacques[1]

Troisième lettre :

O.U. le 18 juin 1944

Petit papa chéri

Je suis content, content, et pas content à la fois : content (très) parce que j'ai reçu hier une longue lettre de toi, et du reste par un grand hasard. En effet, nous avons reçu hier la visite de l'Obergruppenführer Berger (ce qui correspond à général de corps d'armée). L'Obergruppenführer a passé en revue le 1er bataillon français, composé de 4 compagnies, et à cette occasion la 13e compagnie, qui est la compagnie de passage, est venue au camp. Elle comprenait le contingent de types arrivés la veille de France et parmi eux ce camarade de Berdot porteur de ta grande lettre, petit papa chéri, mais il faut que j'ajoute que je n'étais pas content de voir que tu étais rentré à Paris. Sans doute as-tu d'excellentes raisons, vilain monsieur, mais

1. Archives privées.

tout de même j'étais bien plus content de te voir à Combloux avec maman et No. A propos, cette lettre est matériellement aussi pour maman et No ; bonjour, maman ! bonjour, Nono ! Il ne faut pas que notre vilain papa annexe toutes les lettres.

Tous ces événements sont vraiment regrettables et la Normandie doit être dans un piteux état. J'ai changé de sujet, mais il faut te dire que la chambre est en ébullition parce que le bruit court que les représailles sur Londres sont commencées. Je ne sais si c'est vrai, il est tant de bobards ! Mais cela a l'air sérieux, et c'est assez plausible, car c'est le moment précis où ces fameuses représailles devraient se déclencher. C'est Jean-Hérold qui va être content puisque l'Angleterre, comme Carthage, doit être détruite. *Gott staft England.*

Vraiment j'ai été bien content d'avoir ta lettre. Pour y revenir, nous avons attendu 3 heures l'*Obergruppenführer* sous la pluie et en rangs, ce qui n'est jamais très drôle. Et pendant quelques minutes de pause, nous avons eu avec Berdot la chance de tomber juste sur son camarade. C'est de la veine, car nous n'avons aucun contact avec les types de la 13e, et si nous, nous y sommes restés que 6 jours, certains y restent 3 mois (ce qui n'est vraiment pas drôle, car au bout de 2 jours j'avais déjà plein le dos de cette compagnie de passage) et, venant dans les compagnies au fur et à mesure des besoins, pensant n'avoir strictement aucun contact avec nous. Enfin, le plus important c'est que nous avons eu les lettres et que j'ai la tienne, mon grand petit père.

D'après ce que tu me dis, Paris est très calme. J'espère qu'il n'y aura pas eu depuis de gros bombardements. Mais surtout j'espère que si vraiment ces représailles sont commencées, les 23 divisions anglaises qui sont sur la côte normande doivent commencer à s'inquiéter (je cherchais l'expression consacrée que j'employais tout le temps avant, et je n'arrive plus à me la rappeler), et l'aviation anglaise aura autre chose à faire qu'à se promener sur la France.

Tout de même, tu avais bien choisi ta date de départ pour Combloux et tout cela était vraiment calculé au quart de poil. C'est dommage que tu n'es *(sic)* pas pu rester là-bas avec maman Gi et petite sœur. Il faut dire à maman Gi qu'elle ne s'en fit *(sic)* pas, puisque tout s'arrangera et qu'elle se repose bien ; et il faut dire à petite sœur qu'elle se promène, qu'elle s'amuse, qu'elle fasse des cabrioles et qu'elle n'oublie pas de rire au moins 15 fois par jour, et de sourire (1er module) 30 fois et petit format au moins 50 fois. J'espère que Claude pourra y aller et, s'il y a un hôtel d'ouvert, Ophélie avait envie d'aller à Combloux. Je suis sûr qu'elle s'entendrait bien avec petite sœur, et elle qui n'arrête pas de rire, pourra bien faire rire maman et No si elles ne maintiennent pas les chiffres que je leur ai imposés.

Nous n'avons pu voir que quelques minutes le camarade de Berdot et nous n'avons pas eu le temps de causer avec lui. J'ai juste eu le temps de comprendre que tu l'avais vu et je voudrais bien le revoir pour savoir ce que tu lui as dit. Enfin d'après ce que tu me dis, je te verrai d'ici une quinzaine de jours et je suis bien content, je t'assure. J'espère que je pourrai avoir une journée de libre. En tout cas, nous sommes libres le dimanche et tu peux toujours venir le dimanche. J'oublie encore une fois que tu recevras cette lettre que longtemps après.

Pour te donner quelques détails sur ce qu'on fait ici, je vais te dire 2 heures de nettoyage : chaque samedi nous changons chemise, caleçon et 1 toile qui sert de drap de lit ainsi qu'une serviette de toilette qui sont lavés par la compagnie. Nous ne lavons seulement que les chaussettes et les mouchoirs... De même il n'y a ici aucune corvée de peluches *(sic)*, de vaisselle, etc. Tout cela est fait, comme le nettoyage, par des femmes qui sont employées dans le camp. C'est un avantage sur l'armée française qui passait son temps à éplucher les pommes de terre. Petit père chéri, je vais te quitter, car il est tard et il faut me coucher. Je t'embrasse bien fort ainsi que petite sœur et grande (hh ! oh !) maman Gi. Je vous embrasse tous les trois.

Jacques[1]

Dans une lettre datée du 9 juillet 1944, toujours adressée à ses parents et à sa sœur, Jacques Frantz décrit son programme de la semaine dans le camp d'entraînement des Waffen-SS :

1. Archives privées.

ce matin, nous avons touché individuellement le fusil et la baïonnette et nous avons passé toute la matinée à installer dans la chambre les râteliers et à nettoyer et graisser fusils et baïonnettes.

~~Fra~~ J'ai recopié ce matin le programme de la semaine et je vais vous le recopier.

<u>Lundi</u>.

7h – 8h 15 – Exerzierausbildungs mit Gewehr (exercice au fusil)

8h 20 – 9h 15 – Marschübungen mit Gewehr (marche d'entraînement avec fusil)

9h 30 – 11h 00 – Leibesübungen (sport)

11h 15 – 12h 00 – Weltanschaul Schulung : Judenfrage (question juive)

13h 00 – 13h 45 – Löhnungsappell (paye)

14h 00 – 14h 45 – Reinigungs des Gewehr – Unterricht (instruction sur le nettoyage des armes)

15h 00 – 15h 45 – Exerzierausbildungs mit Gewehr (exercice avec fusil)

16h 00 – 16h 45 – Singen (chant)

17h 00 – 17h 45 – Waffenpflege (nettoyage d'armes)

1900 – Impfen (piqûre)

19h 45 – KdF – "Sachen zum Lachen" (Force par la joie. Choses pour Rire)

<u>Mardi</u>

7h 15 – Morgenappell (appel du matin. contrôle des chaussures, chaussettes, linge, etc)

07h 30 – 9h 00 – Exerzierausbildungs mit Gewehr

9h 15 – 10h 30 – Gruppen Unterricht – Théorie sur les mouvements de la compagnie

10h 45 – 11h 45 – Deutsch Unterricht – Cours d'allemand

1400 - 1530 - Exerzierausbildung mit Gewehr

15' 45" - 16' 45" - Grundgesetze der SS (lois fondamentales de la SS)

17' 00" - 17' 45" - Waffenpflege

18' 45" - Film "Eine tolle Nacht" et "die deutsche Wochenschau"

<u>Mercredi</u>

07' 15 - 8' 45" - Leibesübungen (sport)

9' 00" - 11' 00" - Film "Der ewige Jude"

11' 15" - 11' 45" - Singen (chant)

14' 00" - 17' 00" - Piscine au village

17' 15" - 17' 45" - Waffenpflege

<u>Jeudi</u>

7' 00" - 11' 45" - Arbeitsdienst

14' 00" - 17' 45" - "

19' 00" - Impfen

<u>Vendredi</u>

5' 00" - Wecken (lever)

6' 00" - 12' 00" - Ausmarsch verbunden mit Geländebeschreibung
(marche avec reconnaissance du terrain)

14' 30" - 15' 30" - Politische Tagesfragen (questions politiques du jour)

15' 45" - 16' 45" - Deutschunterricht - cours d'allemand

17' 00" - 17' 45" - Waffenpflege

Samedi

7h00 - 8h00 - Exerzierausbildung

8h10 - 9h00 - Singen

9h10 - 10h00 - Exerzierausbildung

10h15 - 11h00 - Waffenpflege

11h15 - 12h10 - Waffenappell (appel des armes)

14h00 - 14h30 - Wäschetausch (nettoyage des effets)

14h45 - 16h00 - Reinigungs (nettoyage du cantonnement)

Revierabnahme (appel du cantonnement)

16h15 - Freizeit (quartier libre dans le camp)

Dimanche

7h00 - Wecken (lever)

8h00 - 9h00 - Putz und Flickstunde (couture et raccomodage)

9h15 - 10h15 - Appel

10h30 - 11h30 - chant

13h00 - 21h45 - Ausgang (sortie)

Tous les jours

06h00 - Wecken (lever)

12h10 - Mittagessen (déjeuner)

12h45 - 13h45 - Bettruhe (repos au lit)

18h00 - Befehlsausgabe (rapport)

18h10 - Warmes Abendessen (repas chaud du soir)

21h45 - Stubenabnahme (visite des chambres)

22h00 - Zapfenstreich (extinction des feux)

Le 17 août, les parents reçoivent une lettre provenant d'un lieu inconnu.

17 août 1944

Parents chéris,

Nous continuons notre voyage, lentement mais sûrement pour la Prusse Orientale ou plutôt Occidentale. L'adresse sera vraisemblablement : ... J. Frantz ;... [écriture illisible].

J'espère que cette lettre vous parviendra bien que je ne tarderai pas très vite à recevoir de vos nouvelles malgré la distance qui cette fois compte vraiment. Je vous mets plusieurs mots différents en espérant que une au moins pourra arriver. Je vous embrasse tous mille fois.

Jacques

Effectivement, après Cernay, Jacques Frantz poursuit son instruction en Tchécoslovaquie au sud de Prague au camp de Networschitz puis à Neveklau, une dizaine de kilomètres plus loin. Là aussi, il retrouve des condisciples du bahut ou de la JEC. Sans doute, Michel Préaux. Ainsi, certains anciens élèves du lycée iront se battre pour Hitler.

A l'été 1944, en face du lycée Rollin, une sentinelle du poste de guet de la Défense passive scrute le ciel. Les sirènes retentissent. Les avions alliés déversent leurs bombes sur la région parisienne.

Maintenant, le gouvernement du maréchal Pétain se délite. Pourtant, Marcel Déat qui a obtenu le poste du ministère du Travail envisage un ultime projet. La création d'une nouvelle école ! Marcel Déat dont plusieurs enseignants et élèves du lycée ont adhéré à son parti pro-allemand, le RNP, écrit une lettre au ministre de l'Education qui la transmet au proviseur de Rollin, le 18 juillet 1944 :

Le MINISTÈRE DU TRAVAIL

à Monsieur le Ministre Secrétaire d'Etat à l'Education nationale.

OBJET : Service encadré du Travail-Ecole des Cadres.

J'ai déjà eu l'honneur de vous signaler tout l'intérêt que pouvait présenter un volontariat au Service encadré du Travail pour les fonctionnaires de notre administration désignés pour partir travailler en Allemagne.
Certains de ces fonctionnaires sont particulièrement aptes, par leur culture générale et leur caractère, à encadrer des équipes de jeunes. Il serait néanmoins nécessaire que les jeunes gens appelés à devenir des chefs d'équipe suivent un stage dans une école de cadres du Service encadré du Travail au cours duquel leur serait donné le complément de formation essentiel.

Ces stages, d'une durée de 15 jours environ, seront organisés dans la région parisienne dans un court délai.
J'ai l'honneur de vous proposer de désigner un certain nombre de fonctionnaires de votre administration, choisis parmi ceux figurant sur les listes de départ en Allemagne. Ce devrait être des hommes jeunes, ayant une culture suffisante, et, autant qu'il soit possible d'en juger, aptes médicalement au départ en Allemagne. [...]

Signé : DEAT[1]

En fin de compte le projet de cette nouvelle « Ecole des Cadres » restera dans les cartons. Le 19 août 1944, la Résistance parisienne déclenche l'insurrection.

1. Archives lycée Jacques-Decour, Paris.

Le nom de Decourdemanche, écrivain et martyr de la Résistance, vient d'être donné au lycée Rollin, où il était professeur.
(Photo *Presse Libération*.)

L'INSURRECTION

Ce 19 août 1944, le lycée Rollin connaît la journée la plus agitée de son histoire. Un comité d'action de la résistance est créé, sous la présidence du professeur Maurice Thiédot. Parmi les membres, on retrouve Angrand, Diville, Bras, Damel. Les insurgés se rendent chez le proviseur Camille Perrin pour lui signifier leur décision : changer le nom du lycée Rollin ! Une délégation de professeurs annonce que le lycée s'appellera désormais « lycée Decourdemanche ».

Pendant l'insurrection de Paris, Maurice Thiédot se rend chaque jour au lycée Carnot pour recueillir des instructions auprès des responsables militaires du FNU (Front national universitaire). Il envoie le professeur

Diville au PC du colonel Rol-Tanguy, place Denfert, comme agent de liaison.

Le 20 août 1944, Thiédot désigne le professeur Angrand pour prendre possession et tenir le ministère de l'Information, rue de Solferino, avec l'appui de huit agents du lycée. Cela malgré les tirs incessants des Allemands, encore très nombreux dans le quartier des ministères. Rue de Solferino, le groupe accueille le nouveau commissaire à l'Information, Jean Guignebert.

Le mercredi 23 août 1944, à 9 heures du matin, un « commando » de professeurs réalise un véritable putsch. Une trentaine d'individus campent devant la porte principale, sur le trottoir de l'avenue Trudaine. Un drapeau tricolore surgit d'une fenêtre. Et puis une banderole est déployée sur la façade. Sur cette banderole est inscrit en lettres noires : LYCEE DECOURDEMANCHE. Des passants applaudissent. On chante *La Marseillaise*. Un cortège de résistants entre alors dans l'établissement et occupe le parloir. Dix hommes sont appelés à signer le procès-verbal : six enseignants (Thiédot, Angrand, Bars, Chapomier, Collignon, Pagnel), et quatre agents de lycée (Billeton, Doulcet, Lafont, Riou). La plupart sont communistes.

Pierre Favre, 15 ans, est alors en quatrième : « Au seul hasard, je dois d'avoir été présent à cet instant précis et à cet endroit, situé il est vrai à cent mètres à peine de la maison, avoue-t-il. Je n'en ai certes pas, sur le moment, saisi toute l'importance. De l'événement d'ailleurs, on ne trouve aucun écho dans la presse du lendemain. Il est vrai que cela se passait au cœur de l'histoire bondissante, répétant à l'infini, d'une façade à l'autre, les mêmes graffitis de l'insurrection. Dans le grand chambardement des barricades qui jaillissent du sol, qu'est-ce qu'un lycée qui change de nom[1] ? »

1. « Zigzags », 2005. Archives privées.

Le Comité d'épuration

Pendant l'été 1944, l'écrivain, agrégé de lettres Paul Tuffrau jettera des notes, sur des feuilles volantes : « L'économe me raconte que, dès le début de la semaine héroïque, un comité a surgi, qui s'était accordé à lui-même les pouvoirs nécessaires : Thiédot, Bars, Paniel, aussi Angrand, Diville, Damanty… C'est lui qui, d'autorité, a rebaptisé le lycée, affiché la liste d'épuration ; après quoi il est venu signifier à l'administrateur de service (le censeur) ce qu'il avait fait. Mais le censeur les a reçus benoîtement, a rappelé que son beau-frère avait été le secrétaire de Salengro[1] à Lille ; en conséquence de quoi, ils lui ont remis un beau brassard tricolore de FFI, qu'il n'a pas osé mettre en brassard, mais qu'il portait en pochette[2]… »

Six membres du personnel sont déférés au Comité d'épuration pour collaboration. Les peines vont jusqu'à une interdiction d'enseigner pendant cinq ans et jusqu'à deux révocations sans pension. Les enseignants sont des professeurs d'histoire et géographie, dont Georges Lefranc, de lettres et d'allemand. Les germanistes qui ont succédé à Jacques Decour ne furent pas des combattants de la Liberté. Une institutrice joua un rôle ambigu. Le proviseur Camille Perrin quitte le lycée. Plus tard, il recevra la Légion d'honneur…

1. Roger Salengro, ministre du Front populaire, s'était suicidé en 1936.

2. Paul Tuffrau, *De la « drôle de guerre » à la libération de Paris (1939-1944). Lettres et Carnets*, Editions Imago, 2002.

Les gavroches de l'été 44

L'insurrection, bien entendu, a marqué les élèves à vie : l'heure est aux règlements de comptes, aux combats de rue, aux barridades.

Jean-Paul Duru, élève de première, se rappelle le couvre-feu. « Par le toit ouvert, nous recevions des morceaux de papier brûlés provenant, disait-on, des bureaux allemands qui détruisaient leurs archives. » Gavroche en herbe, le gamin participe à l'édification des barricades et immortalise avec un vieil appareil photo ces heures historiques. Il recherche désespérément des armes pour participer au combat. Les FFI se battent alors carrefour de

Châteaudun, siège de la Milice : « Place Clichy, avec un camarade, Jean Devaux, nous avons été surpris par un convoi de camions allemands. Nous avons juste eu le temps de nous coller contre le mur d'une porte cochère, laquelle a été criblée de points d'impacts de balles par les Boches debout sur les plateaux des camions. L'intérieur de la porte cochère n'avait subi aucun dégât. Nous étions sains et saufs. Ces soldats devaient être des bureaucrates. Ils ne savaient pas tirer[1] ! »

Philippe Rohrbach, élève en math élém, a gardé en tête des images fortes : « Avenue Trudaine devant le lycée, un side-car avec deux Allemands, comme si de rien n'était. Une traction descendant la rue des Martyrs avec drapeau et un FFI couché, fusil au poing. De nouveau, rue des Martyrs, des femmes tondues entraînées par un groupe les malmenant. J'ai ressenti un profond malaise[2]. »

Pierre Gérard, alors en première M2, assure : « La période qui a immédiatement précédé la Libération a été très violente dans notre quartier proche de la gare du Nord. Le 15 août 1944, les Allemands ont fait stationner un camion dans lequel se trouvaient des prisonniers de guerre américains. Ils voulaient sans doute nous impressionner, mais l'effet a été tout à fait différent. Une petite foule s'était massée pour regarder et des signes de fraternisation, tel le V de la victoire, ont été échangés avec les Américains. Face à la grande nervosité des Allemands, il a paru plus prudent de se disperser. Peu de temps après, alors qu'avec mes parents nous sortions de notre domicile boulevard Denain, nous avons vu courir un homme poursuivi par des militaires allemands qui l'ont rejoint au coin du boulevard Magenta et l'ont abattu froidement. A un autre moment également, j'ai vu une traction-avant sur laquelle étaient inscrites les lettres FFI mitraillée par les

1. Entretien avec l'auteur, octobre 2008.
2. *Ibid*.

Allemands. Les passagers étaient tués et le véhicule s'était encastré dans une boutique au coin du boulevard Magenta et la rue qui conduit à l'hôpital Lariboisière. Parmi eux se trouvait un acteur, maintenant bien oublié, du nom de Raymond Aimos. Suite à tous ces événements, avec mes parents, nous avons été recueillis par des amis boulevard du Montparnasse car la situation dans notre quartier devenait vraiment trop chaude. C'est de leur fenêtre que j'ai vu apparaître les premiers soldats de Leclerc et plus tard dans la journée des détachements américains de la troisième armée. Nous avons tenté avec mes parents d'aller à Notre-Dame pour y voir le général De Gaulle, mais rue de Rivoli nous avons dû reculer vu la mitraille qui sifflait un peu partout, y compris à l'intérieur de la cathédrale. Inutile de dire que malgré tous ces événements, la Libération n'a été qu'un immense bonheur après quatre années de frustration[1]. »

Jean-Louis Barsacq est alors en cinquième : « A la fin de l'Occupation, en juillet et août 1944, le lycée ferme ses portes. Je vis des heures exaltantes. Il n'y a plus grand'chose à manger, mais progressivement les occupants plient bagage. Ceci compense cela. Je participe à la construction de barricades[2]. Une notamment au métro Anvers juste en face du lycée Rollin, au début de la rue de Steinkerque. Avec des copains, je descelle les pavés parisiens et les entasse en travers de la rue, à la hauteur du café qui fait le coin du boulevard Rochechouart. Sur les pavés, nous ajoutons les sacs de sable de la Défense passive[3]. On surélève le tout avec des matériaux divers, chaises,

1. Entretien avec l'auteur, octobre 2009.

2. Le père de Jean-Louis, de son côté, a des activités mystérieuses en liaison avec la résistance. Jean-Louis conserve un laissez-passer à son nom, établi conjointement par les FFI (Forces françaises de l'intérieur) et par la CGT (Confédération générale du travail).

3. Sacs stockés dans chaque immeuble parisien et destinés à éteindre des incendies dus à d'éventuels bombardements aériens.

bicyclettes, voitures d'enfant... J'ai construit encore d'autres barricades à Montmartre, selon les mêmes principes. Mais aucun char nazi n'est venu s'y frotter et, quand Leclerc et les Américains sont arrivés, il a fallu les démonter les unes après les autres[1] ! »

Pierre Favre est en quatrième. Le gamin conserve lui aussi des images inoubliables : « Tout d'un coup, on vit surgir une traction-avant surchargée de Fifis. Deux autres véhicules suivaient, également drapeaux hissés au vent. Coups de frein à la hauteur d'un groupe de passants. Brassards tricolores aux bras et armes disparates en main ; des hommes descendent et distribuent leurs tracts. Emoi général... De grands rires se mélangent à de vraies larmes, et pour le même plaisir. Des retournements de vestes s'opèrent, et comme dans un semblable élan. Nous voici une demi-douzaine de gosses, tous en culottes courtes, autour des "tractions". On voudrait tant faire un tour, entrer dans le jeu, voire "casser du boche"... Je grimpe sur un marchepied, m'agrippe à la portière. La voiture démarre. Le boulevard défile : Anvers, Pigalle, Blanche... Mais des coups de feu résonnent au loin. Place Clichy, le convoi tourne, peut-être deux fois, et finit par s'immobiliser. "Allez ! Descends, petit !" Dur de rentrer à la maison, sans avoir fait le coup de main. De surcroît bredouille, sans même la moindre salade à rapporter. » Autre réminiscence : « "Tous aux barricades !" A chaque coin de rue, le même mot d'ordre chargé de révolte, d'espoir. Au pied de la sienne, chacun s'apprête à défendre une liberté toute nouvelle. Chaque pâté de maisons dans certains quartiers, en élève une. Mais ce n'est pas vrai, tout le monde ne s'y met pas. Il y a ceux qui commencent à paniquer, se calfeutrent derrière leurs fenêtres ou jusqu'au fond de leurs caves. Nous les gosses, on fait masse en première ligne. On est à la fête. Pavés et sacs de sable de la Défense

1. Entretien avec l'auteur, avril 2008.

passive paraissent légers, et faits pour. Tout est bon pour bâtir une barricade. Au milieu de l'échafaudage de la rue Cretet, entre le lycée et le Mikado[1] se dresse, avec superbe, une... vespasienne arrachée en deux-trois mouvements du terre-plein du boulevard voisin. Barricade inutile comme beaucoup – certaines vont jusqu'à gêner les interventions de la résistance –, mais combien symbolique et rassurante[2]. »

1. Le cabaret Le Mikado est resté fermé sous l'Occupation.
2. « Zigzags », 2005. Archives privées.

LES DERNIERS MARTYRS

L'été meurtrier 1944 fait de nombreuses victimes parmi les aînés de Rollin.

André de Craponne, élève de 1929 à 1939, condisciple d'Edgar Morin, se disait royaliste avant guerre. Domicilié 80, rue de Longchamp à Neuilly chez sa sœur, artiste à l'Opéra, il devient officier et aspirant des FFI. Le jeune homme de 24 ans est tué le 20 août 1944 devant le 17, boulevard Richard-Wallace à Neuilly, en tentant de forcer un barrage allemand alors qu'il est en mission de récupération d'armes.

Clément Roche, copain de classe d'André de Craponne avant guerre, termine ses études de médecine à Paris. En juin 44, il mène des actions de corps-francs dans la région de Seine-et-Oise. Son groupe multiplie les coups de main : attentats sur routes et sur voies ferrées, explosions d'écluses, destructions de pylônes, attaques de dépôts d'armes se succèdent. Un jour, le jeune médecin doit cacher ses armes pour échapper aux Allemands qui le poursuivent. Mais les armes sont rares et il faut les récupérer au plus vite. Sans hésiter, il repart au volant de sa camionnette avec son groupe de combattants. En traversant le bourg de L'Isle-Adam, le moteur prend feu. C'est l'arrêt inévitable. Déjà les Allemands s'approchent. Ils remarquent sur la banquette avant une carte d'état-major et embarquent Clément pour vérification d'identité. Torturé dans la cave d'une maison, Clément est fusillé le 23 août 1944. Il avait 22 ans.

A Rollin de 1935 à 1941, de la sixième au bachot, Bernard Vanier était toujours collé pour indiscipline. En 1943, fuyant le STO, il devient sous-lieutenant FFI et conduit plusieurs opérations de sabotage. Le 23 août 1944, il est capturé à bord d'une camionnette chargée d'armes près de Provins. Torturé, il est fusillé le jour même après avoir dû creuser sa propre tombe. Il était âgé de 22 ans. En quittant les siens pour entrer en résistance, il avait écrit à ses parents : « Ce qui doit arriver est inscrit dans le Grand Livre de Dieu et personne n'y peut rien changer. Il était écrit que je devais vous quitter, mes chers parents et ce n'est pas sans peine et sans lutte que je me suis résolu à le faire. [...] Votre fils qui vous aime autant que vous l'aimez, Bernard. Paris, le 10 août 1944. »

Claude Hanriot est élève en première A, quand, le 25 août 1944, au cours d'un engagement entre les FFI et les Allemands, près de Moret-sur-Loing, il accourt sans arme avec un brassard de la Croix-Rouge pour porter secours à des blessés. Avec un culot monstre, Claude se présente auprès des soldats allemands et est fait prisonnier aussitôt. Les ennemis en déroute le fusillent le 26 août, à Gastins. L'adolescent, âgé de 17 ans, a pu laisser une lettre écrite au mercurochrome : « Mon papa, je t'aime autant dans la mort que je t'ai aimé dans la vie. Ma Titou, je te demande pardon. Je meurs en pensant à vous tous. Maman adorée vis pour entretenir mon souvenir. Nicole, sois heureuse. Mémé, de là-haut, je veillerai sur vous. Bientôt le peloton – Claude[1]. »

Plusieurs camarades vont se retrouver dans le fameux convoi du 15 août, le dernier train de déportation pour Buchenwald.

Gerald Schrader, élève à Rollin de 1930 à 1943, est arrêté le 28 mars 1944. Le bachelier était membre du réseau Comète chargé d'aider les pilotes anglais tombés

1. *Le Soir*, 10 novembre 1944.

en zone occupée. Il est déporté au départ de la gare de Pantin le 15 août dans un convoi composé de 1 600 hommes extraits des prisons et camps franciliens et de 500 femmes (qui sont acheminés à Ravensbrück). Retardé par la grève des cheminots déclenchée quelques jours avant la libération de la capitale, ce convoi est arrêté plusieurs fois. La Croix-Rouge tente à plusieurs reprises des tractations qui permettent de libérer quelques malades. Diverses tentatives de la résistance pour arrêter ce train échouent. Le convoi arrive à Buchenwald le 20 août, cinq jours après son départ. Le matricule 77 305 est attribué à Gerald, qui est transféré dans les kommandos de Dora, Ellrich, Nordhausen. Les détenus y sont employés à l'aménagement d'installations souterraines dont il est prévu qu'elles abritent l'état-major de l'armée allemande ainsi que des armes secrètes. Les conditions de travail et de vie y sont particulièrement meurtrières. C'est à Nordhausen que son décès est enregistré le 15 mars 1945. Il avait 21 ans.

Edmond Cigogne, élève à Rollin de 1929 à 1940, est arrêté par la Gestapo peu après le Débarquement. C'est son copain d'enfance, Jacques-Francis Rolland, qui l'avait fait entrer dans son réseau de résistance comme courrier. Interné à la prison de Fresnes, déporté au camp de Buchenwald par le convoi du 15 août, Edmond est envoyé dans le kommando d'extermination d'Ellrich. Il meurt d'épuisement le 12 décembre 1944, à l'âge de 21 ans.

Claude Dreyfus est lui aussi déporté par le convoi du 15 août, mais nous en parlerons dans le dernier chapitre, son parcours extraordinaire inspirera à Roger Vailland son roman *Drôle de jeu*.

Jean Gay

L'un des rares étudiants dont le lycée conservera le souvenir sera l'élève Jean Gay.

Catholique pratiquant d'origine écossaise, il était avec son ami Jacques Frantz chef d'équipe des Jeunesses étudiantes chrétiennes (JEC) de Rollin. Selon ses condisciples, à partir de 1943, Jean s'est engagé chez les Jeunes chrétiens combattants (JCC), très actifs dans la guérilla urbaine. Le réseau s'organise autour du patronage de la rue Championnet, à Montmartre.

Jean distribue tracts et journaux clandestins. Il lâche des papillons sur le boulevard Saint-Michel derrière une voiture qui vient, sur le même parcours, de lancer des tracts de propagande nazie. Il centralise chez lui des journaux de la résistance. Chargé de former une équipe de rédaction, il lance l'organe clandestin *Nouvelle jeunesse*. Les premières réunions de l'équipe se tiennent dans sa chambre qui renferme tous les journaux résistants parus quotidiennement.

En avril 1944, le potache écossais est nommé responsable militaire pour Paris-Nord au sein des JCC. Il recrute et instruit des gamins inconscients du danger. A partir de cette date, il change continuellement d'adresse. Dans sa chambre, il détient quelques armes, dont une mitraillette, et fabrique des faux papiers. C'est ainsi qu'outrc des cartes d'alimentation, il procure à des résistants environ 150 cartes d'identité.

Le 16 août 1944, Jean Gay tombe dans un piège en voulant s'emparer d'armes. Blessé, torturé par la Gestapo rue des Saussaies, il est emmené et abattu avec ses camarades à la grande cascade du bois de Boulogne le 27 août 1944.

Sentant sa fin approcher, l'étudiant catholique avait écrit son testament, le jour même du Débarquement[1] :

> Paris, le 6 juin 1944
>
> Où que ce soit, j'espère bien participer à la bagarre pour mettre les Allemands hors de France.
> J'ai accepté, le dimanche 15 février 1944, à Saint-Denis, au cours du pèlerinage de la JEC, de donner ma vie pour la France. Ma vie est donc entre les mains de Dieu plus que jamais puisque je Lui offre de me la reprendre afin d'obtenir quelque grâce pour la France. Je suis donc prêt à mourir. C'est pourquoi ceci est mon testament. Je devrais dire plutôt que c'est un adieu au monde et à ceux que j'aime.
> A toi Jacques.
> Sans doute, nous serons-nous battus côte à côte, peut-être y seras-tu resté toi aussi.

1. Le testament de Jean Gay fut pieusement conservé par son professeur Paul Tuffrau.

Tu sais l'ami que tu fus pour moi. Nous n'avions pas besoin de mots pour nous comprendre, nous formions l'équipe chrétienne et pure. J'espère que dans la lutte nous aurons trouvé en cette amitié un soutien énorme. C'est à toi, Jacques, que je demande – si tu n'y es plus, qu'un autre de mes amis s'en charge – qu'on mette dans mon cercueil, si l'on retrouve mon corps, un insigne JEC ; que des Jécistes, si possible, assistent à mon enterrement ou viennent prier sur ma tombe. Qu'on dise une messe pour moi dans la petite chapelle de la rue Pierre-Nicole. La JEC a pris dans ma vie une telle place. Je l'aime tellement, je lui suis si attaché que, même dans la mort, je veux encore être Jéciste. J'ai été bien souvent indigne des responsabilités qu'elle m'a confiées. J'espère que ma mort aura été digne d'elle.

Adieu aussi à celui qui, depuis plus d'un an, est mon père spirituel et, comme il se plaît à le dire, mon père tout court. Merci, Cher Monsieur l'Abbé Calvignac, de tout ce que vous avez introduit de joie et de paix en mon cœur et mon âme. Restez mon père et priez pour votre Jean, mort pour la France.

Adieu aussi à vous cher père Bith, qui avez exercé sur moi, en mes débuts à la JEC, l'influence dominante.

Je n'ai pas oublié ce camp de militants à Etiolles, à Pâques 1941, où, étudiant un programme sur la France (en présence de la défaite), vous nous disiez que c'était à notre génération de rétablir la France, de réparer ses fautes. Je suis mort pour elle. Que ceux qui suivent, mes cadets d'aujourd'hui, prennent pour eux cette parole.

Adieu à tous les membres de ma famille. Adieu enfin à la JEC, à tous les Jécistes que j'ai connus – qu'ils prient pour moi.

Qu'aucun de vous, ceux surtout qui ont fait une promesse, ne lâche. Je vous ai souvent dit que vos aînés partiraient le cœur confiant s'ils savaient que, derrière eux, ça continuerait mieux encore qu'auparavant.

Chers petits cadets de Saint-Michel, chers cadets de tout Paris, de toute la France, tous vos aînés qui sont tombés ont pensé à vous au moment de mourir et sont partis vers la maison du Père en pleine confiance car ils lisaient dans vos yeux que vous vous chargeriez à leur place, aussi bien, peut-être mieux qu'eux, de refaire la France et de la redonner au Christ.

Que notre mort vous rappelle sans cesse ce devoir. Adieu à tous ceux que j'ai connus. Pardon à tous ceux à qui j'ai pu causer du tort ou envers qui j'ai pu être injuste.

C'est avec pleine confiance que j'irai dans le sein du Christ. Ma vie aura du moins un peu servi à sa plus grande gloire. Elle aura eu un sens car je l'aurai vécue en Lui et je la Lui aurai offerte pour mon pays. Si ce temps m'est donné, ma dernière parole sera « Chantons amis, la vie est belle » et je fermerai les yeux en pensant à la lutte ardente de tous mes frères dans le Christ et tous mes frères Français.

Que la Sainte Vierge et mon Saint Patron me soient en protection.

Que Dieu accepte mon âme au rang de ses bienheureux et soit clément pour toutes les faiblesses de ma vie. Du haut du Ciel, je veillerai sur tous ceux que j'aime. Je veillerai sur ma France chérie.

Ainsi soit-il.

Jean Gay

En vérité, il est impossible de dresser une liste exhaustive des élèves morts au cours de la Guerre. Disons que l'on dénombre une dizaine de lycéens par classe (soit plus d'un tiers) emportés par la tourmente.

1944-1945

LES ENFANTS PERDUS

Le lycée Rouge

Le 1er septembre 1944, le ministre par intérim de l'Education, Henri Wallon, signe l'arrêté qui valide la nouvelle dénomination du lycée. Aussitôt, le 2 septembre, la presse se fait l'écho de l'événement. Dans *Le Figaro littéraire*, Maurice Noël publie un long article ayant pour titre UN CHEF DE LA JEUNESSE : L'ÉCRIVAIN JACQUES DECOUR : « Des mains amies avaient apposé ces jours derniers à l'entrée du lycée Rollin un panneau : Lycée Decour. Le baptême est aujourd'hui confirmé : M. Henri Wallon, ministre de l'Education nationale, a pris hier un arrêté. » *L'Humanité* déclare : « Le lycée Rollin portera désormais le nom de Jacques DECOURDEMANCHE. Les noms des martyrs de l'Université doivent rester vivants dans le cœur des jeunes Français. M. Henri Wallon, ministre de l'Education nationale, a décidé que les établissements où ils exerçaient porteraient désormais leur nom. Dès à présent, un premier arrêté a été pris pour faire du lycée Rollin le lycée Decourdemanche, et le changement a été effectué sur le bâtiment. Jacques Decourdemanche, professeur d'allemand au lycée Rollin, qui écrivit deux romans : *Philisterburg* et *Les Pères,* ainsi que de nombreux articles de revues, sous le nom de Jacques Decour, et qui, dès le début de l'Occupation, se consacra tout entier à l'action communiste illégale, a été fusillé par les Allemands en novembre 1942. »

En réalité, au-dessus de la porte d'entrée, une banderole « LYCEE DECOURDEMANCHE » est accrochée sur le balcon de l'appartement du proviseur, mais les papiers à en-tête sont toujours au nom du lycée Rollin.

L'Académie de Paris est surtout préoccupée par les armes abandonnées dans l'établissement. Le 15 septembre 1944, l'inspecteur Orange écrit au lycée Rollin : « Je vous prie de bien vouloir me faire savoir, par retour du courrier, si vous avez ou non des armes ou des munitions abandonnées dans votre lycée, afin qu'il soit procédé, le plus tôt possible, à leur enlèvement par les services compétents. Dans l'intervalle, je vous serais obligé de prendre toutes précautions utiles pour éviter des accidents[1]. »

Dès septembre, Jean Jacob prend ses nouvelles fonctions de proviseur, qu'il occupera jusqu'en 1952. « Le lycée était un lycée rouge. La direction du lycée était communiste, également, proviseur et censeur, affirme l'ancien élève Dominique Foata. Mais à l'époque seuls les initiés le savaient. Le proviseur Jacob avait une grande distinction naturelle. Toujours très élégant, il portait des guêtres[2]. » Le proviseur, futur inspecteur général de philosophie, doit ramener le calme et apaiser les esprits. Sa tâche est difficile.

Le climat est en effet à la guerre civile. Le Parti communiste est devenu le « premier parti de France », « le parti des soixante-quinze mille fusillés », et bénéficie du prestige de l'Union soviétique dans la victoire contre Hitler. La Révolution aura-t-elle lieu ? « Rarement autant de citoyens furent prêts à une lutte dans toutes les organisations de résistance, explique Dominique Desanti. Rarement aussi les institutions traditionnelles de l'Etat se doublèrent-elles d'aussi près d'organisations parallèles et neuves. Le Comité national de la Résistance doublait l'exécutif. L'armée se doublait des milices patriotiques. La magistrature était prise en relais par les Comités d'épura-

1. Archives lycée Jacques-Decour, Paris.
2. Entretien avec l'auteur, mai 2009.

tion. Les organismes de la Libération se disaient, se sentaient d'esprit et d'humeur révolutionnaires[1]. »

Le 22 septembre, Gustave Monod, directeur de l'Enseignement secondaire, adresse les instructions concernant les inscriptions des élèves : « Les administrations collégiales ne devront pas se montrer trop exigeantes, cette année, en ce qui concerne la production des pièces nécessaires à l'inscription des élèves. La dispersion des familles, la nécessité où trop d'entre elles se sont trouvées de dissimuler leur état civil, l'absence de relations postales rendront dans bien des cas très difficile la constitution de dossiers complets dès les premiers jours. Il y aura lieu de se montrer indulgent et d'admettre que les actes de naissance, les certificats de vaccination, etc. pourront n'être fournis qu'après un certain délai. Beaucoup d'élèves se présenteront, sans dossier complet ou sans avoir subi les examens de passage de fin d'année. D'autres n'auront pas pu présenter le DEPP et risquent de ne pouvoir entrer en sixième. Par mesure exceptionnelle – compte tenu particulièrement des enfants dont les familles ont été contraintes de vivre dans l'illégalité –, tous ces élèves seront groupés d'après la classe où ils demandent à s'inscrire, et, au cours de la première semaine, les professeurs des disciplines essentielles vérifieront le niveau de leurs connaissances. On tiendra compte, avant de décider l'exclusion, du niveau de leurs connaissances. On tiendra compte, avant de décider l'exclusion ou le redoublement d'une classe, des circonstances dans lesquelles l'enfant aura poursuivi ses études au cours des dernières années. Des cours de rattrapage pourront être organisés pendant le premier trimestre au moyen d'heures supplémentaires[2]. »

Le 9 octobre, le nouveau ministre de l'Education nationale, René Capitant, demande aux proviseurs de lire aux

1. Dominique Desanti, *Les Staliniens*, Fayard, 1975.
2. Archives lycée Jacques-Decour, Paris.

« Enfants et Jeunes Gens de France », le message suivant : « La France porte encore les blessures que lui ont causées les chaînes de l'oppression ou les destructions de la bataille. Vos pères et vos frères sont encore dans des camps et dans les chantiers où l'ennemi les retient prisonniers, ou bien ils servent dans ces divisions et ces bataillons de marche qui encerclent l'ennemi sur notre territoire ou le repoussent vers nos frontières. Dans certaines régions, vos écoles sont détruites ou endommagées. Vous-mêmes êtes dispersés et beaucoup d'entre vous sont retenus au loin par l'absence de communications. Mais tous ceux qui le peuvent reprennent aujourd'hui le chemin de l'école. Ils y retrouvent leurs maîtres, qui, au temps de l'oppression, n'ont point cessé de leur enseigner en secret l'amour de la vérité et de la Patrie. Ils y viennent animés de la volonté de travailler pour s'instruire[1]. » Le discours est plutôt angélique. Car sur la centaine de professeurs du lycée, on peut compter à peine une dizaine de résistants. Les 90 autres collègues se sont fort bien accommodés des contraintes de la collaboration !

Le 10 octobre, les collégiens sont très fébriles : le Comité de libération du IXe arrondissement organise un « Goûter de la Libération ». Ce goûter est distribué dans les classes entre 3 heures et 4 heures de l'après-midi. Pour les gamins, qui ne mangent pas toujours à leur faim, c'est une occasion de faire la fête.

Les organisations communistes issues de la résistance veulent conserver leur influence. Le 19 octobre, le proviseur reçoit les instructions suivantes : « Il n'y aurait de mesures à prendre à l'égard de ces groupements que si la propagande à laquelle ils se livrent troublait l'atmosphère de l'établissement ou si leur activité prenait un caractère de politique partisane. Il a donc été entendu avec les organes directeurs des mouvements de résistance que leur

1. Archives lycée Jacques-Decour, Paris.

propagande s'exercerait en dehors de l'établissement et ne donnerait lieu à l'intérieur de celui-ci à aucune manifestation (affiches, distribution de tracts, etc.). Cependant des réunions d'élèves pourront avoir lieu dans les locaux scolaires sous la condition expresse qu'elles seront tenues en présence de professeurs de l'établissement qui en assureront la pleine responsabilité. Ces maîtres s'engageront à n'exercer sur les élèves aucune action de caractère politique, mais bien plutôt à développer dans la jeunesse les vertus qui ont fait la force triomphante de la Résistance : le courage, l'endurance et le dévouement passionné à la Patrie et à la Liberté[1]. »

Parmi les mille difficultés que doit affronter l'Université libérée, il en est une hautement symbolique : le changement de nom du lycée. Le 21 octobre 1944, le gouverneur Emile Merwart, vice-président de l'Amicale des anciens élèves, écrit une lettre de protestation au ministre de l'Education nationale :

Monsieur le Ministre,

Avant-hier le Conseil de notre Amicale inscrivit à l'ordre du jour de sa prochaine séance une consultation, pour avis, relative au projet d'une nouvelle dénomination du lycée, suggérée par une récente initiative qu'inspiraient d'émouvants motifs d'actualité. Pieuse initiative pleinement digne d'être accueillie sans réserve si sa mise en œuvre ne comportait pas l'élimination d'un nom antérieur – et de quel nom ! Après avoir protesté contre une telle éventualité, j'ai soumis au prochain examen du Conseil cette question préalable : « Etes-vous d'avis que soit enlevé à cet établissement parisien d'enseignement secondaire le nom qu'il porte depuis plus d'un siècle – nom qui lui fut attribué en juste hommage à la mémoire universellement révérée d'un érudit humaniste, d'un moraliste, d'un pédagogue qui compte parmi les plus

1. Archives lycée Jacques-Decour, Paris.

nobles célébrités de la Patrie ? » De cela je me fais un devoir, Monsieur le Ministre, de Vous prévenir par déférence envers Vos hautes fonctions de grand-maître de l'Université.

(signé : Emile Merwart[1])

Dans la salle des professeurs, au cours des conseils de classe, la guerre est ouverte entre les partisans de « Rollin » et ceux de « Daniel Decourdemanche », entre « réactionnaires » et « antifascistes ».

L'Union des étudiants patriotes (l'UEP, d'obédience communiste) et la Fédération des étudiants de Paris (FEP) organisent pour le 11 novembre un défilé des étudiants et lycéens aux Champs-Elysées. Le rassemblement commence place Maubert, rive gauche, le matin. Des pancartes au nom des lycées permettent aux élèves de chaque établissement de se regrouper. De là, les lycéens se rendent aux Champs-Elysées où une place leur est réservée, de façon qu'ils puissent assister au défilé des troupes. Celui-ci terminé, le cortège défile devant le Soldat inconnu. La dislocation s'achève en un gigantesque monôme !

Le 28 novembre 1944, le Comité parisien de la Libération est consulté et rend l'avis de donner la dénomination de lycée Jacques-Decour au lycée Rollin. Parmi les membres de ce Comité se trouve toute la fine fleur de la résistance, notamment, le colonel André Ouzoulias des Bataillons de la jeunesse, le professeur Robert Debré, le physicien Paul Langevin et la mère de Guy Môquet.

1. Archives lycée Jacques-Decour, Paris.

« Decour-Eclair »

A la Libération est créé le journal lycéen *Decour-Eclair*. Dans le numéro daté du 20 novembre 1944, on peut lire un article terrible : « Epuration ? A la veille de la rentrée, plusieurs de nos camarades s'étaient émus de voir reparaître parmi nous certains êtres plus ou moins tièdes et plus ou moins pourris, qui avaient été pendant quatre ans la honte de notre lycée. Le FNE (Front National des Etudiants, d'obédience communiste) avait formé une liste d'épuration, ou tout au moins d'assainissement, qui devrait être publiée le jour venu. Puis, au dernier moment, "dégonflage". Pourquoi donc ? Il est évidemment trop tard pour marquer aux ex-collabos, par une froideur et un boycottage exempts par ailleurs de tous sévices corporels, toujours répréhensibles lorsqu'on ne jouit pas de l'autorité, que leur attitude récente n'a pas encore été oubliée, et qu'ils ont, malgré tout, quelque chose à se faire pardonner. Quant aux "durs", aux miliciens, PPF, etc., il y a bon temps qu'ils ont disparu de chez nous, comme par miracle, les Van Poulle, les Corbeau et autres. Excepté naturellement ceux qui se sont retrouvés Grrrands Résistants *(sic)*, FFI et tout et tout, ou ceux qui ont profité de leur changement d'établissement pour changer de peau (*cf.* Gérard Noguès, etc[1]...). »

Le numéro du 5 décembre 1944 poursuit ses accusations : « Epuration. Non. Il n'est plus temps d'en parler. Elle est bien morte, cette vague d'enthousiasme qui jetait alors les Français contre nos ennemis de l'intérieur. Chez nous, parmi nous, combien se glissent parmi nos camarades d'anciens miliciens, PPF, etc. (beaucoup de partis pour peu, heureusement, d'adhérents), qui souvent ont changé d'établissement pour mieux se mettre à l'abri de la justice de leurs camarades ? Eh bien ! oublions l'injure. Oublions le regard en coin et l'oreille sournoise qui épiaient nos conversations ; oublions le mépris, la haine ouvertement affichée, contre des camarades malheureux et sans défense, oublions l'apologie de l'occupant, la louange du maréchal, et l'appel à la relève ; oublions les paroles, en bref, qui ont pu n'être que des erreurs... Mais oublierons-nous les dénonciations, les déportations de nos camarades victimes de ces hypocrites qui, aujourd'hui, se cachent et tremblent ? Oublierons-nous la fusillade du 26 août ? [le martyr de Jean Gay]. Et souffrirons-nous, de ce qui s'est produit, ici, à Decour, parmi nous, que d'ex-miliciens, des rescapés de la LVF ou des PPF clandestins,

1. *Decour-Eclair*, n° 2, 20 novembre 1944. Archives privées.

poursuivent leur infâme propagande, pour le régime de l'ennemi[1] ? »

Plus surprenant encore, un autre article de *Decour-Eclair* du 20 décembre 1944 affirme :

« *Decour-Eclair* fut fondé par ses courageux rédacteurs dès l'Occupation. Mais la faiblesse de son tirage, et le caractère très clandestin, presque fantomatique, dirons-nous, de ses activités, ont empêché beaucoup de le connaître : son nom était alors, non pas *Decour-Eclair*, mais *Le Rat de Cave*, comme il seyait à une publication vivant dans l'obscurité. Son rôle consistait en celui d'organe d'opinion, en même temps que d'information. Recueillant de multiples interviews d'élèves comme de professeurs, il constituait, dans ces heures troubles, un excellent thermomètre de l'opinion dans notre lycée. Nous avons cru bon de faire de larges extraits dans ses meilleures feuilles, que nous nous permettons de mettre aujourd'hui sous vos yeux au grand jour. »

« Extraits du numéro 1 (1941) :

“LA VICTOIRE DE L'Allemagne EST CERTAINE”, nous déclarent deux de nos bons camarades H.D. (3eA2) et G.N. (2eB). Nous avons voulu vous tenir au courant de l'opinion de notre lycée, et nous nous sommes adressés pour cela à MM. Dupré, représentant les troisièmes, et Noguès, représentant les secondes ; voici ce qu'ils nous ont déclaré :

« M. Comment se terminera cette guerre ?

« D. Cela ne fait aucun doute.

« M. En ce point, nous sommes d'accord, mais qui sera victorieux ?

« N. Je te parie tout ce que tu voudras, qu'avant juin 1941, l'Allemagne est victorieuse sur toute la ligne.

« M. Que pensez-vous de l'industrie anglaise ?

« N. Foutue.

1. *Decour-Eclair*, n° 3, 5 décembre 1944. Archives privées.

« M. Et les USA ?

« N. Ils ne pourraient songer à rivaliser avec l'Allemagne ; d'ailleurs, ils sont trop loin.

« M. Que pensez-vous de Pétain ?

« D. Un grand patriote qui fait la seule politique possible pour la France.

« M. Et ce que nous prennent les Allemands ?

« D. Ce n'est pas qu'ils nous le prennent, c'est qu'on ne l'extrait pas pour nous punir d'avoir fait la guerre *(textuel)*. »

« [...] Extraits du numéro 8 (1942) : [...]

« "LA VICTOIRE DE L'Allemagne EST DE PLUS EN PLUS CERTAINE", nous déclarent MM. Pinsignon, Dupré, Van Poulle (seconde A2)

« M. Messieurs, que pensez-vous de la victoire de l'Allemagne ?

« V. P. ... (moue dédaigneuse).

« P. Elle est certaine : les Anglais ne savent pas se battre ; l'armée russe n'est pas une armée, et les USA sont en pleine décomposition.

« D. (qui, très peu intelligent par lui-même, vient de puiser un peu de propagande auprès de V. P. et dans *Au pilori*). La perte du *Repulse*, et du *Prince of Wales* sera décisive : la flotte anglaise ne s'en relèvera jamais.

« M. Et, subjectivement, quelle victoire souhaitez-vous ?

« D. Celle de l'Allemagne, évidemment ; il faut craindre les Anglais, qui vont nous prendre toutes nos colonies, et les Russes, peuple barbare dont tous les individus portent un couteau entre les dents. »

« [...] Extraits du numéro 20 (1943) :

« "LA VICTOIRE DE L'Allemagne EST PEUT-ETRE MOINS CERTAINE", nous déclarent MM. Poinsignon et Dupré, qui ajoutent : "NOUS SOUHAITONS LA VICTOIRE DE L'ANGLETERE ET DES ALLIES."

« [...] Extraits du numéro 26 (1944) :

« “LA VICTOIRE DE L'Allemagne N'EST PAS CERTAINE DU TOUT”, nous déclarent MM. Poinsignon et Dupré, qui ajoutent : “NOUS AVONS TOUJOURS SOUHAITE LA VICTOIRE DES ALLIES[1].” »

Ces extraits du journal, *Le Rat de cave* ou *Decour-Eclair clandestin*, relèvent certainement du canular de potaches. Cependant, le désir de certains gamins de dénoncer les élèves miliciens est bien réel : les noms des adolescents collabos sont exacts.

1. *Decour-Eclair*, n° 4, 20 décembre 1944. Archives privées.

DÉCORATIONS ET ÉPURATIONS

Au début de l'année 1945, la guerre n'est pas terminée, et la France en ruine a besoin de héros. C'est le temps des décorations. Au 1er février, le Comité de Libération du lycée adresse au recteur ses propositions relatives à l'attribution de la croix de la Libération et de la médaille de la Résistance. Le nombre des héros de la Résistance parmi les enseignants et les agents ne cesse de gonfler.

Parallèlement, l'épuration continue. Le 12 février, l'Académie de Paris écrit à Mlle Barberet, institutrice des classes primaires au lycée Jacques-Decour :

> Le Conseil Académique d'Enquête a constaté que votre nom figure sur la liste du groupe « Les Fidèles du Maréchal ». Nous vous prions de vouloir bien nous expliquer par écrit, avant le 19 février, les conditions et les circonstances de votre adhésion à ce groupement. Si vous le préférez, vous serez convoqué pour faire oralement vos explications[1].

Le 19 février, René Capitant, le nouveau ministre de l'Education, signe un arrêté portant révocation avec pension de Raymond Charmet, agrégé de lettres :

> Considérant que M. Charmet a donné de nombreuses preuves d'attachement au régime de Vichy. Qu'il fut félicité par Pétain

1. Archives lycée Jacques-Decour, Paris.

pour avoir écrit une lettre d'approbation à l'Inspecteur d'Académie Birman, collaborateur notoire à la suite d'une conférence faite par ce dernier à Chartres devant le personnel enseignant, qu'il fut inscrit aux « Fidèles du Maréchal » et porta la francisque, qu'il fit partie de la commission de Révision des livres scolaires, qu'il prit part en 1944 au congrès du Mont-Dore, qu'il profita de l'appui d'Etienne[1] pour se faire nommer à Paris,

Considérant que l'attitude gaulliste qu'il adopta au moment de la Libération n'est qu'une manifestation de l'opportunisme qui a inspiré les divers changements qui ont marqué sa carrière,

Considérant d'autre part que M. Charmet paraît de santé débile et qu'il a un enfant très jeune, par ces motifs, propose à l'unanimité, la révocation avec pension[2].

Par ailleurs, les cités scolaires demeurent réquisitionnées pour héberger les soldats alliés ou les blessés du front. A Decour, les caves sont utilisées comme centre d'hébergement pour les réfugiés et les premiers prisonniers libérés. Ces derniers arrivent des centres d'accueil des gares de l'Est et du Nord. L'économe du lycée, chargé de la logistique, est totalement débordé. Le 10 mars, le brave homme alerte le maire du quartier :

Les installations matérielles du Poste Sanitaire ont été faites pour recevoir des blessés, des choqués et des gazés en attendant leur transport dans un hôpital. Elles ne répondent pas du tout aux besoins d'hospitalisés permanents dont le séjour varie de 3 à 4 jours. Elles ne peuvent pas, d'autre part, être utilisées en permanence sans danger pour les occupants, car l'aération est inexistante et la literie ne peut pas être entretenue comme il faudrait pour parer aux risques de propagation des parasites. Enfin, le froid et l'humidité de caves déconseillent leur utilisation

1. Jean Etienne, professeur agrégé, membre du cabinet du ministre pétainiste Abel Bonnard.
2. Archives lycée Jacques-Decour, Paris.

comme dortoirs. Je crois qu'il suffira de signaler ces graves inconvénients aux services qui ont la charge de s'occuper de l'hébergement des victimes de la guerre de passage à Paris pour qu'ils prennent toutes dispositions en vue d'assurer à ces malheureux un gîte convenable. Je leur signale, à ce sujet, que l'immeuble situé à l'angle de l'avenue Trudaine et de la rue Bochart-Saron, en face de l'entrée du Poste Sanitaire de Défense Passive ne sert que de lieu de réunion aux Scouts de l'abbé Chaveneau, aumônier du lycée Rollin. Les lits de la Défense Passive pourraient être installés dans les pièces spacieuses de cet ancien hôtel particulier dans des conditions d'hygiène parfaites. J'ai remis une copie de la lettre que je vous adresse, Monsieur le Maire, à Monsieur le Proviseur qui m'avait chargé de vous informer de l'utilisation permanente des caves du lycée Rollin comme centre d'hébergement, ainsi qu'à Monsieur Delalande, chef du Poste Sanitaire, qui, avec des moyens très insuffisants en personnel et en matériel, fait l'impossible pour accueillir tous les malheureux qu'on lui envoie[1].

Dans la confusion, les lycéens forment des monômes. Assoiffés de libertés, les futurs bacheliers multiplient les revendications. Le 20 mars, le proviseur Jean Jacob s'adresse aux élèves de terminale et de première : « Des affiches et des tracts ont convoqué les élèves pour jeudi, place de l'Etoile, à une manifestation dont le but est d'obtenir le maintien du régime du baccalauréat sans oral institué par le gouvernement de Vichy. Ce mot d'ordre a été lancé par certains groupements antinationaux. Nos élèves n'iront pas donner à nos hôtes américains du quartier de l'Etoile le spectacle de manifestations parfaitement indécentes à l'heure où leurs aînés sont au combat. Ils s'exposeraient, aussi bien, aux sanctions les plus sévères, notamment à l'interdiction de se présenter aux sessions de 1945[2]. »

1. Archives lycée Jacques-Decour, Paris.
2. *Ibid.*

Le 26 mars, Le proviseur écrit au recteur de Paris :

> J'ai l'honneur de vous rendre compte qu'après enquête, je n'ai recueilli aucun document précis concernant des crimes de guerre ennemis dont auraient eu à souffrir les élèves ou le personnel de l'établissement, mis à part les actes commis contre les professeurs et les élèves fusillés, actes que je vous ai signalés d'autre part en proposant les victimes pour la croix de la Libération ou de la médaille de la Résistance[1].

Ainsi les enfants juifs déportés sont oubliés. Les survivants ne sont pas écoutés.

Au printemps, des collégiens de Rollin se retrouvent place de la Concorde. Trois cents places sont réservées pour les élèves des lycées de Paris. Au cours d'une cérémonie grandiose suivie d'un défilé, le général de Gaulle remet les étendards aux nouvelles unités de l'armée française.

1. Archives lycée Jacques-Decour, Paris.

Le Crépuscule des dieux

Alors que Paris est libéré depuis déjà plus de huit mois, une poignée de Français part défendre la capitale du nazisme. « En utilisant tous les moyens de transport disponibles, la division Charlemagne rejoint Berlin, message de la Chancellerie du Reich, signé Adolf Hitler. » Cent mille soviétiques encerclent la ville en feu. Les orgues de Staline détruisent les rares bâtiments encore debout. Dans la nuit du 24 au 25 avril 1945, Jacques Frantz, l'ancien chef scout du lycée Rollin, arrive dans l'enfer de Berlin. Lui et ses frères d'armes sont l'élite de la division Charlemagne. Pour se donner du courage, les volontaires chantent dans les camions en direction de l'ultime bataille. L'effectif du dernier bataillon de la Waffen-SS française comprend maintenant 300 hommes, assistés de gamins de la *Hitlerjugend* (les Jeunesses hitlériennes). L'objectif de l'unité est de protéger jusqu'au bout la Chancellerie qui abrite le bunker du Führer. Les Français avancent à travers les caves, les tunnels du métro en « nettoyant » la zone de front à la grenade ou à la baïonnette. Les Waffen SS français attaquent et détruisent un nombre faramineux de chars russes, les fameux T-34. Mais les monstres d'acier sont toujours plus nombreux. Les défenseurs français de Berlin se replient en direction de la Chancellerie. Jacques Frantz, âgé de 20 ans, occupe le poste d'officier d'ordonnance du bataillon. Au soir du dimanche 29 avril, il reçoit en plein visage des éclats d'un obus de mortier. C'est Alfred Douroux, son meilleur ami, qui le sort des ruines alors que tout le monde le croit mort, et qui oblige deux soldats à le transporter jusqu'à un poste de secours. Le lendemain, Hitler se suicide dans son bunker. Le 2 mai, Berlin capitule.

La Victoire

Le 8 mai 1945, les jeunes du lycée Jacques-Decour décident de célébrer la Victoire et la fin de la Seconde Guerre mondiale à leur manière.

L'élève Marc Meyer détaille cette journée particulière : « Le matin de l'annonce de l'armistice, certains potaches des grandes classes de Jacques-Decour ont considéré qu'en ce jour historique il fallait participer à la réjouissance collective en se trouvant dans la rue, au cœur de la population. Ils séchèrent donc les cours. L'objectif était d'aller à l'Arc de Triomphe. Mais ils se dirigèrent d'abord vers d'autres établissements scolaires, pour demander aux élèves de se joindre à eux.

« Passant tout d'abord au cours d'Art Dramatique de la rue Blanche, les garçons continuèrent vers le lycée de filles Jules-Ferry. Un appariteur essaya de les empêcher d'entrer, relayé par la directrice. Celle-ci ayant objecté qu'une cérémonie allait être organisée dans le lycée, un garçon de Decour parvint à la convaincre que c'était dans des lieux plus chargés de symboles, et avec tous les Parisiens, qu'il fallait fêter un événement aussi considérable. La directrice finit par donner l'autorisation au groupe d'inviter les filles, et à celles qui le voulaient de se joindre au cortège. Le groupe d'élèves passa par le lycée Condorcet et s'élargit progressivement à d'autres potaches croisés sur le chemin.

« La troupe finit par rejoindre l'Arc de Triomphe et se rendit jusqu'à la flamme du Soldat Inconnu, où elle se recueillit avant de redescendre l'avenue des Champs-Elysées, en haut de laquelle la photo fut prise. Sur celle-ci on peut voir Daniel Mathieu, qui est le chef de classe de Philo-Lettres (vers le centre, le bras levé tenant un drapeau, entre une fille en blanc et un garçon en complet sombre). Sur la gauche, au deuxième plan, Robert Maillet, élève de Math'Sup, en blouse grise (sous le bras levé du garçon au premier plan vers la gauche). D'autres jeunes du lycée figurent sans doute sur la photo. Il y a trente ou quarante autres élèves de Jacques-Decour, disséminés dans le cortège qui se dirige vers la place de la Concorde où la foule est nombreuse[1]. »

L'iconographie joyeuse de la place de l'Etoile ne doit pas cacher l'extrême traumatisme de certains gamins. Des pères, des frères ont été déportés. Beaucoup sont orphelins. La mort règne partout.

1. Entretien avec l'auteur, janvier 2008. Voir la photo p. 294.

Le mercredi 30 mai 1945, en début d'après-midi, un cortège de ministres, de professeurs et d'élèves se rend au cimetière Montmartre pour déposer une couronne de fleurs sur la tombe de Jacques Decour. Puis, dès leur retour au lycée, les élèves prennent place sur les gradins de la salle des fêtes. Le proviseur Jacob, les professeurs Thiédot et Lablénie, le ministre de l'Education René Capitant prennent la parole pour honorer le sacrifice des trois martyrs Jacques Decour, Jacques Solomon et Georges Politzer. Le soir même, une autre cérémonie, plus intime, se déroule à la Maison de l'Université. Les orateurs sont Pierre Daix, libéré de Mauthausen, les professeurs René Maublanc, Maurice Thiédot et le poète Paul Eluard. Ils réclament la mort pour le maréchal Pétain et pour tous ceux qui ont livré à la Gestapo des hommes comme Decour, Solomon et Politzer.

Le retour des déportés

Les mois de mai et juin 1945 sont aussi marqués par le retour à Paris des premiers squelettes vivants. « De nombreux camarades de retour de déportation eurent ainsi la surprise, à leur arrivée en gare du Nord ou de l'Est, de se voir accueillis par d'importantes délégations des Copains d'Rollin qui avaient appris, on ne sait trop comment, à quelles date et heure camarades prisonniers ou déportés devaient retrouver le sol de la capitale[1]. »

Le 1er mai 1945, Joël Le Tac, 27 ans, revient par train sanitaire du camp de concentration de Bergen-Belsen. Quelques jours plus tard, la famille Le Tac se retrouve réunie, parents et enfants pleurent de joie. Joël, qui faisait les 400 coups à Rollin, a survécu à l'enfer, et son frère Yves a été libéré de Dachau par les Américains. Sa mère Yvonne a été libérée d'Auschwitz par les Russes, et son père relâché du camp de Compiègne. Ils sont tous vivants, mais, hantés par les cauchemars, ils ont perdu le sommeil. Joël, d'une maigreur extrême, n'a pas de domicile, pas d'argent, pourtant c'est un héros. Le 25 juin 1940, il s'était embarqué pour l'Angleterre. En 1941, le jeune Breton fut l'un des premiers agents renvoyés en France pour organiser des opérations de renseignement et de sabotage. En février 1942, Joël est arrêté par la police allemande ainsi que toute sa famille. Déporté successivement aux

1. *L'Amicale des anciens élèves, Sainte-Barbe, Rollin, Jacques-Decour : histoire d'une association, 1816-1847*, 1997.

camps du Struthof, de Dachau, Neuengamme, Gross Rosen, et Dora, le cadet de la France libre va survivre à des températures de moins 30°. En mars 1945, le déporté classé NN (Nuit et Brouillard) est envoyé à Bergen-Belsen, d'où il est libéré le 15 avril par les Anglais.

Jean-Claude Levy, élève de Rollin jusqu'en 1940, était membre de l'Armée secrète sous le nom de Jean-Claude Dumoulin. En janvier 1944, il est arrêté, torturé rue des Saussaies, emprisonné à Fresnes puis transféré au camp de Compiègne, où il retrouve Joseph Récanati et Pierre Daix. Il fait la connaissance de Pichon, alias André Ulmann (le patron d'Edgar Morin dans la Résistance à Lyon), mais aussi du poète surréaliste Robert Desnos. Ses camarades et lui sont déportés à Mauthausen le 12 avril 1944. Le 6 mai 1945, un an après, huit ou dix soldats américains, trois jeeps, « libèrent » Mauthausen. Les SS ont fui, laissant 300 000 affamés. Jean-Claude Récanati succombe au typhus le 13 mai. Jean-Claude Levy confie avec ironie son retour chez les vivants à l'âge de 22 ans : « Retour le 23 mai 1945 à Paris au Lutétia. Reprise des bonnes habitudes de déportation : à poil, épouillages, rhabillage, r'à poil, visites médicales... le tout assorti de questionnaires de la Sécurité militaire et de diverses figures de fonctionnaires. Et puis... à la rue... bonjour chez vous, si vous avez encore quelqu'un. Par chance, j'avais réussi, au téléphone, en la demandant au successeur de mon grand-père, à découvrir la nouvelle adresse de ma mère (ce devait être la dix-septième depuis le début de la guerre) 52, rue des Archives. En rayé, le cheveu ras, avec la "Strasse" au milieu du crâne, la "rue" qui, tracée à la tondeuse ou au rasoir, devait nous faire repérer en cas d'évasion, j'y suis arrivé. Il n'y avait personne. Mais le restaurant qui se trouvait en bas et auprès de qui je m'étais renseigné eut la bonne idée de m'offrir à déjeuner. Naturellement, la famille arriva pendant que je m'enfilais quelque chose qui ressemblait un peu plus à un café (sans en être absolument, mais il devait y en avoir dedans) que ce qu'on nous offrait sous ce nom au camp. La famille... ou plutôt ce qui en restait après cinq années de guerre : ma mère, ma sœur, ma grand-mère. Dans la tourmente mon père et mon grand-père avaient disparu, sans parler de quelques cousins, cousines, oncles et tantes. Sans parler de tous les copains fusillés, déportés non rentrés, tombés quelque part sous les bombardements ou les balles perdues. Il est vrai que dans les épreuves du camp, j'avais gagné de nouveaux copains, presque des parents, auxquels me lie encore aujourd'hui une solidarité qui se manifeste chaque fois que je peux en sentir le besoin ou qu'un copain peut en avoir besoin[1]. »

Charles Gélinet est rapatrié à Paris le 11 juin et meurt dans les bras de sa mère à l'hôpital Bichat le 28 juin, à l'âge de 21 ans. Il avait été élève au lycée Rollin de 1935 à 1942. Influencé par son professeur Daniel Decourdemanche, le potache avait participé à la manifestation du 11 novembre 1940. Membre du réseau Libération-Nord, Charles et ses copains sont alors chargés de kidnapper un restaurateur à la solde des Allemands. Hélas, l'enlèvement tourne au fiasco et Charles est arrêté le 4 janvier 1944. Interné à Meaux, Fontainebleau, Fresnes, l'adolescent est déporté à partir de Compiègne avec près de 1 600 hommes. Les malheureux sont dirigés vers Auschwitz, où ils sont immatriculés et tatoués (n° 185 640 pour Charles Gélinet). Dès le 12 mai, les prisonniers repartent vers Buchenwald (nouveau matricule : 52 941). Mille d'entre eux sont ensuite transférés au camp de Flossenburg. Charles Gélinet est ensuite affecté au kommando de Flöha, en Saxe. Le jeune martyr a eu comme compagnons d'infortune André Bessière et Robert Desnos. Afin d'oublier, un moment, la faim et les coups, Desnos lui parle de la « clé des Songes », un jeu surréaliste qui consiste à interpréter les rêves. Mais, tout comme Desnos, Gélinet ne survivra pas aux souffrances endurées.

1. Jean-Claude Dumoulin. Archives privées, 11 janvier 1986.

A 19 ans, André Bessière a partagé le même enfer que ses amis, Charles Gélinet et Robert Desnos, au kommando de Flöha. Deux ans auparavant c'est lui qui avait écrit un tract contre son professeur collabo Georges Lefranc. Avec l'avancée des Soviétiques, les tortionnaires nazis vident les camps. André Bessière reste en vie malgré la terrible « marche de la mort » et rejoint Theresienstadt dans les environs de Prague. Le 9 mai 1945, le jeune Français est enfin libéré. Pourtant, pendant quatre semaines, il sert dans les rangs de l'armée soviétique dans le but de ravitailler ses camarades ! Rapatrié en France par avion sanitaire le 23 juin 1945, il revient peu à peu à la vie à l'hôpital Bichat, grâce au dévouement de ses parents. L'ancien élève de Rollin est un miraculé.

Etienne Caen est un orphelin survivant de la Shoah. En terminale à Rollin, il avait été arrêté et déporté à Auschwitz le 13 avril 1944. Ses parents et ses cinq sœurs furent gazés en arrivant au camp. Il raconte sa libération : « A l'approche des troupes russes, fin janvier 1945, nous partîmes à pied dans la neige et le grand froid vers l'ouest et arrivâmes deux jours après au camp de Blechammer-sur-Oder, vidé de ses précédents occupants. Nous marchions pratiquement inconscients, dormant debout et nous réveillant quand notre rang venait buter sur le rang précédent. Arrivés au camp, on nous installait dans les blocs vidés mais là... un trou noir. Sans doute laissé pour mort. Je me réveillais deux ou trois jours plus tard dans un bloc vide. Je me traînais à l'extérieur, marchant péniblement. Je me joignais à un groupe d'une dizaine de "détenus" français et polonais dont René Weil, avocat à Strasbourg, et le chanteur Emile Kaçman qui devint le hazan de la grande synagogue de la Victoire. Les gardes SS avaient disparu et nous étions libres ! Commença alors une errance vers l'est, pour s'éloigner du front, et nous nous retrouvions début mars à Katowice, dans un centre de regroupement. C'est là qu'un soir, je suis "revenu à la vie" en entendant Emile Kaçman chanter l'*Ave Maria* de Schubert. Fin avril, nous partions en train vers Odessa, où nous devions embarquer sur un bateau néo-zélandais à destination de Marseille où nous arrivions le 9 mai, le lendemain de la capitulation allemande[1] ! »

Le 9 juillet 1945, l'élève de philo 2 Salomon, responsable de la Fédération des éclaireurs israélites de France au lycée, essaie de faire entendre la voix des enfants juifs déportés. Salomon écrit un communiqué dans le journal *Decour-Eclair* : « Groupant des milliers de jeunes en 1939, la Fédération (des scouts juifs) est dissoute par les Allemands, malgré l'opposition du Secours français dont elle fait partie. Durant quatre ans, le mouvement poursuivit son action dorénavant clandestine ; dans des conditions malaisées, meutes, troupes, clans, camouflés en patrona-

1. Témoignage d'Etienne Caen, 10 mai 2009.

ges de tout ordre ne cessèrent leur éducation scoute, les premiers maquis furent “inaugurés”, nos services de résistance permirent le sauvetage de familles traquées ou le passage d'enfants à l'étranger et, coude à coude avec nos frères de toutes les fédérations, luttant pour la même cause, nous pûmes constater que la fraternité chez nous n'est pas un vain mot. Ce combat quotidien, s'il fut fécond, n'en décima pas moins nos unités, chefs, routiers, éclaireurs, fusillés, déportés, disparus saignèrent à blanc un mouvement déjà peu spectaculaire quant au nombre... A présent, nous sommes peu, très peu, mais nous espérons être nombreux et nous terminerons cet article par un appel, au risque de nous voir accuser de prosélytisme : “Jeunes Juifs, vous êtes nombreux au ‘bahut’ ; bizuths de sixième ou grands de seconde, il en est parmi vous qui désirent mener une vie saine, une vie de plein air développant physiquement et moralement, une vie dominée par un idéal (le mot fait sourire les esprits forts, je le sais, mais le scoutisme a fait ses preuves et donné des résultats, n'est-ce pas ?). Il en est parmi nous qui désirent pratiquer un Judaïsme nouveau ferme et fervent ! Ceux-là peuvent venir à nous ! Nous n'avons d'autre ambition que celle de rendre la jeunesse fière, consciente d'elle-même, fière de ses origines et dévouée à la Patrie ! Etre à la fois Français, Juif et Scout ! magnifique trilogie, c'est déjà une élection, c'est presque un sacerdoce. Si vous êtes capables d'être cela, venez à nous sans hésiter, soyez Eclaireurs israélites de France. SCOUTISME FRANÇAIS Association des Eclaireurs israélites de France, 60, rue Claude-Bernard, Paris-POR.11-02. P.-S. Tous les E.I. du lycée sont priés de se mettre en contact avec le responsable de la fédé, M. Salomon : philo 2[1].” »

Avant les grandes vacances d'été, la rituelle distribution des prix est particulièrement émouvante. Le décor de la

1. *Decour-Eclair*, n° 12, 9 juillet 1945.

cérémonie, qui a lieu dans la salle des fêtes, est confié aux élèves, sous la direction des professeurs de dessin. Le service d'ordre est assuré par les mouvements scouts. Tout le personnel et tous les élèves sont présents, et une place d'honneur est réservée sur l'estrade aux fonctionnaires rentrés de déportation ou de captivité. Les enseignants ont revêtu robe et médailles. Le professeur Aristide Beslais évoque la vie du lycée pendant la guerre. Le proviseur énumère les prix et les récompenses, avant de donner la longue liste des morts et des disparus.

1945-1968

LE TEMPS DES HÉROS

La remise en ordre

Peu avant la rentrée des classes de 1945, des ouvriers grimpent sur le toit au-dessus de l'appartement du proviseur et gravent sur la façade en pierre LYCEE JACQUES-DECOUR. Le 12 octobre 1945, un arrêté officialise la nouvelle dénomination de l'établissement scolaire. « Article premier. Le lycée Rollin est autorisé à prendre le nom de LYCEE JACQUES-DECOUR. »

Dans la salle des professeurs, le proviseur Jean Jacob jette un coup d'œil à l'assemblée des professeurs réunis autour de lui. Beaucoup de têtes nouvelles l'écoutent : « Mes chers amis, Une nouvelle année commence : moment propice pour faire le point et reconnaître où nous en sommes. Il faudrait être très optimiste pour soutenir que tout soit allé au mieux, l'an dernier, dans le meilleur des lycées possibles. Classes changeant sans cesse de professeurs, pénuries de livres, manque de chauffage, ravitaillement précaire, difficultés de transport pour les élèves de banlieue : tout a conspiré pour entraver la reprise d'un travail normal. Les obstacles à cette reprise ne sont d'ailleurs pas tous venus, il faut bien le dire, des seules circonstances extérieures : jamais il ne fut plus difficile d'obtenir des élèves qu'ils arrivent à l'heure, assistent régulièrement aux cours et ne s'enfuient pas par la fenêtre lorsqu'ils trouvaient les portes fermées. Il faut qu'à cette année de pénible remise en marche succède une année de remise en ordre[1]. »

---

1. *Decour-Eclair*, n° 13, 5 octobre 1945.

La remise en ordre, c'est le retour à la normale pour les profs comme pour les élèves. Roger Ikor, après cinq ans de captivité en Allemagne, est nommé professeur de lettres. Le futur romancier décrira à merveille l'atmosphère fiévreuse de la rentrée 1945. « Je pris connaissance d'une circulaire qui non seulement confirma mon alarme, mais me plongea dans la stupeur. Elle invitait en effet MM. Les Professeurs à ne point tolérer le désordre, car la guerre était finie, à exiger des élèves qu'ils rentrent en classe à l'heure, qu'ils remettent leurs devoirs au jour dit, et autres joyeusetés. Pour moi, tout cela allait de soi : quelle étrange idée que le prescrire en toutes lettres, et sur ce ton impérieux ! Imagine-t-on un banquet à l'Elysée, où chaque convive serait averti de n'avoir point à se moucher dans la nappe ? Je compris très vite. Quand la cloche sonna, ce fut exactement comme si elle avait chanté. MM. les potaches continuèrent à jouer, brailler et se poursuivre par toute la cour, sans prêter au signal la moindre considération. Je me campai, solennel, outré et outrant mes grands airs, devant la porte de ma classe. "Vais-je faillir attendre ?" signifiais-je sensiblement. Peine perdue. Furibond de cet affront aux bonnes mœurs et à ma dignité, je me consultai du regard avec un collègue voisin dont les sentiments semblaient identiques aux miens ; tous deux, nous entreprîmes la chasse à l'élève. Plongeant dans ce chaudron de sorcière que représente toute cour de récréation en récréation, nous harponnions un gamin après l'autre ; des ronds de vide s'élargissaient autour de nous, semblables à ces auréoles stériles que dessine un antibiotique dans un bouillon de culture microbien. Un peu partout, sur le pourtour de la cour, des collègues agissaient comme nous ; mais d'autres restaient, curieusement placides, avec un rien d'ironie à nous regarder en comptant les coups. Cette opposition assez étonnante trouva bientôt son explication. Le corps professoral était composé, à peu près moitié moitié, de prisonniers de guerre fraîchement rapatriés et d'hommes qui avaient traversé sur place les tumultes de l'Occupation et de la Libération. Les premiers recollaient d'instinct aux lois et coutumes de l'avant-guerre ; les autres avaient été pliés par les événements à plus de laxisme : comment imposer aux élèves la rigueur d'antan quand à chaque instant une alerte coupait un cours ou bien une irruption de la police, ou une manifestation de résistance ? L'esprit nouveau du lycée naquit, je pense, de la fusion de ces deux mentalités si contraires[1]. »

En octobre 1945, André Kirschen se présente à Jacques-Decour pour passer son bac. Il a été le plus jeune des résistants accusés du procès de la Maison de la chimie. Naturellement, l'administration ne le sait pas.

Juif et communiste, combattant de l'OS (Organisation secrète), Kirschen avait tiré, le 10 septembre 1941, sur un sous-officier allemand porte Dauphine. Arrêté, torturé, il ne fut pas fusillé en raison de son âge – il avait 15 ans. Au cours de sa jeune vie de résistant, André a croisé le chemin du futur colonel Fabien, de Gilbert Brustlein, Olivier Souef, Tony Bloncourt, Pierre Daix, Pierre Kast et Karl Schoenhaar. Déportés dans différentes prisons allemandes, son père et son frère sont exécutés comme otages, sa mère est assassinée à Auschwitz. Après trois années de captivité en Allemagne, orphelin, André est libéré par les Alliés en mai 1945. Avec beaucoup de courage, il reprend ses études, interrompues en seconde.

Dans ses entretiens avec l'historien Gilles Perrault, André Kirschen confie : « Je me suis donc inscrit au lycée Jacques-Decour et, très vite, s'est posé un problème de discipline. Un jour, je suis arrivé en retard ; le censeur m'a dit : "Vous ferez signer votre bulletin de retard par vos

1. Témoignage de Roger Ikor, 20 mars 1976, in *Les Cent Ans d'un lycée parisien de Charles Rollin à Jacques Decour, 1876-1976*.

parents..." J'ai alors appris que des cours étaient organisés pour ceux dont les études avaient été interrompues par leur engagement dans la Résistance. Ils avaient lieu dans les locaux du lycée de jeunes filles Hélène-Boucher, à la porte de Vincennes. Cela me convenait mieux[1]. »

Ironie ou plutôt tragédie de l'Histoire, c'est le même censeur qui avait exclu son ami Karl Schoenhaar du lycée suite à la manifestation du 11 novembre 1940 contre les Allemands !

1. André Kirschen, *La Mort à quinze ans*, Fayard, 2005.

Si l'institution scolaire ne pense qu'à rétablir la discipline, que sont devenus les anciens élèves qui se sont fourvoyés dans la collaboration ?

Le Waffen-SS Jacques Frantz est revenu en France en juin 1945. Blessé gravement, très affaibli, l'ancien scout de Rollin s'est d'abord refait une santé, puis s'est inscrit en faculté de droit, pour l'année scolaire 1945-1946. En 1946, les Soviétiques ayant transmis à la France les archives concernant les engagés français dans l'armée allemande, un mandat d'arrêt est lancé contre lui. La police se présente à son domicile. Refusant d'aller en prison, l'étudiant part pour Marseille sous une fausse identité en octobre ou novembre 1946. A Paris, son père s'occupe très activement de sa défense. Il sollicite l'appui du père de Jean Gay, mort en martyr à la cascade du bois de Boulogne. Le soldat perdu bénéficie de bons avocats, et d'appuis bien placés dans les ministères.

Pierre Vignolet, son copain du lycée Rollin, qui lui a choisi le camp de la résistance, le sauve, en lui écrivant un faux certificat de résistance :

> Je, soussigné, Vignolet Pierre, sous-lieutenant des Forces françaises combattantes, certifie que le nommé Frantz Jacques lui a assuré régulièrement sous l'occupation le service, en plusieurs exemplaires, des journaux clandestins, *Cahier du témoignage chrétien* et *Lettres françaises* et l'a aidé dans l'accomplissement de mission de Résistance.
>
> Croix de guerre 1939-1945
> Officier adjoint du chef de secteur « Aviation »
> Chargé de mission de la D.G.SS.S.
> D.S.M. Matricule n° 2029
> Chargé de mission de la D.G.E.R.
> 21 rue Condorcet, Paris 9e[1]

1. Archives privées, non datées.

Jacques Frantz revient discrètement à Paris pour se marier le 7 décembre 1946 sous sa vraie identité. Mais il établit un faux curriculum vitae :

Né le 7 mars 1925 à Boulogne-Billancourt (Seine)
Famille lorraine émigrée à Paris de Metz et de Sarreguemines après l'annexion allemande de 1870.
Etudes primaires et secondaires au lycée Rollin à Paris.
Baccalauréat A-Mathématiques en 1941.
Entrée en octobre 1942 en classe de préparation à St-Cyr (corniche Mangin) au lycée St-Louis. Etudes interrompues au milieu de l'année 42-43 par le débarquement allié en Afrique du Nord et la dissolution des classes de Corniche.
Etudes de philosophie à partir de juin 1943 à la faculté des lettres de Paris. Certificat de philosophie générale en juillet 1943 ; certificat de morale et de sociologie en octobre 1943.
Au cours de l'année 1944, participe à la diffusion de la presse résistante clandestine avec le groupe des Etudiants Catholiques Résistants. (Groupe de Jacqueline Janvier – Délégation De Gaulle – Assistante sociale au 1er R.M.S.M. – 2e D.B. – Jeannette Le Touzo.) Collabore également accidentellement au travail du B.C.R.A. par l'intermédiaire de Pierre Vignolet, 21, rue Condorcet, chargé de mission de 2e classe au B.C.R.A.
Pris dans une rafle en mai 1944, ayant sur lui une série de journaux résistants, est déporté au camp d'Orianenbourg. Puis transféré à Berlin le 20 juin 1944, travaille à l'Argus Motoren Gesellschaft, puis à la Gipfelverlag G.m.b.H., 58, wilhelmstrasse. Carte de déporté du Ministère des Prisonniers et Déportés n° 1651448. Carte du Mouvement National des Prisonniers de Guerre et Déportés n° 129117.
Entre-temps, avait été reçu à l'écrit du certificat d'histoire de la philosophie et déporté avant l'oral.
Rapatrié d'Allemagne le 21 juin 1945 par avion de Tempelhof au Bourget, après avoir été grièvement blessé au cours du siège de Berlin le 1er mai 1945 par le bombardement. Perte totale de l'œil

gauche, blessures sérieuses aux jambes et à la face. Hopitâl *(sic)* de la Charité à Berlin, Hopitâl *(sic)* de la Salpétrière *(sic)* à Paris. Dossier sanitaire du Ministère des P.G.D. n° 61.044.

En octobre 1945, études de droit à Paris. Reçu en 1re année à la session spéciale de février 1946, et en 2e année à celle de juin 1946.

Soutien familial très réduit. Cherche emploi dans le journalisme qui, restant dans un cadre intellectuel, ne s'oppose pas à la continuation des études inachevées, et, non limité, par des horaires trop rigides, permet des efforts mieux répartis[1].

Dans une longue lettre inachevée datée du 11 avril 1947, Jacques Frantz s'adresse à son avocate maître Ramboz. L'ex-Waffen-SS tente de justifier son engagement en réinventant son itinéraire :

Madame,

Je vous remercie d'avoir pu faire parvenir des nouvelles de ma famille en même temps que vous m'avez mis au courant de tout ce que vous venez d'apprendre ; je suis soulagé dans un sens, car il m'était pénible d'être dans une situation aussi fausse vis-à-vis de vous, mais par contre pour mes parents, cela me navre terriblement et je pense à la grande peine qu'ils ont pu ressentir. Tout ce qu'ont déclaré mes camarades est exact, et j'ai bien été à Sennheim d'abord, et à Neveklau ensuite, mais ce qu'ils ne savaient pas et ce que je ne leur avais jamais dit, ce sont les circonstances à la suite desquelles je me suis trouvé là. A ce sujet, tout ce que j'ai déclaré : vol de ma carte d'identité en janvier 44, rafle à la faculté des lettres le 25 mai 44 et envoyé en Allemagne parce que sans carte d'identité, tout cela est bien exact ; mais alors que je vous avais dit qu'arrivé en Allemagne on m'avait donné à choisir, en ma qualité de descendant de Lorrain – mon nom avait attiré leur attention – entre la déporta-

1. Archives privées non datées.

tion et le travail en usine, c'est entre la déportation et l'engagement à la SS que j'ai eu à opter ; on m'a fait valoir que des milliers d'alsaciens-lorrains étaient à la SS et que ma place était parmi eux. Sur le moment, j'ai pensé que je ne risquais rien à accepter en me disant : « après six mois d'instruction, il y aura peut-être du nouveau, etc. » Pourquoi cette faiblesse ? d'abord j'avais à peine 19 ans et je voulais vivre ; et j'étais assez antibolcheviste et en y réfléchissant maintenant, je crois qu'au fond de moi il ne me déplaisait pas de partir lutter à l'Est contre ceux que je croyais les véritables ennemis de notre civilisation. Je ne l'avais pas voulu mais puisque le destin me forçait la main, je l'acceptais. Je comprends d'après ce que vous m'écrivez que mon père qui a toujours été si bon pour moi veut prendre sur lui la responsabilité morale de ma décision ; il est bien vrai que militant PSF et anticommuniste comme des centaines de milliers de français au moment de la période « front populaire ». Je me souviens bien qu'en 1936, le plus grand drapeau tricolore de notre rue était à notre fenêtre pour faire échec aux drapeaux rouges. J'avais alors 11 ans et cette atmosphère de bataille, sans compter tous les tracts PSF, que je lisais sans discernement, toutes les discussions politiques à table, tout cela m'a peut-être plus marqué que d'autres ; il faut dire aussi que j'ai entendu bien des fois mon père ancien combattant de 14-18 raconter comment il avait vu après l'offensive du Chemin des Dames en 1917, les régiments se mutiner, refuser de se battre et marcher sur Paris (mutineries de 1917, contrecoup de la propagande bolcheviste) et aussi comment les Divisions allemandes libérées en Russie après la trahison bolcheviste de Brest-litovsk faillirent enfoncer complètement notre front et combien de français, s'étaient fait tuer pour arrêter cette ruée, tandis que Lyautey, le « rentier de la mer noire »... Plus près de nous en 39 mon père, remobilisé comme officier de réserve, mais rentré en affectation spéciale début 40 au titre de l'Air, nous racontait comment les monteurs communistes de chez Hispano faisaient la grève des bras croisés à Villacoublay suite de l'accord germano-russe. Evidemment tout cela m'a fait un fond d'antibolchevisme, qui resté à l'état larvé est ressorti plus virulent, au contact de l'insidieuse propagande allemande quoi qu'il en soit j'ai accepté et à partir de ce moment mon histoire si courte mais tragique, je suis envoyé au camp de Sennheim, où je suis resté 3 mois, ayant été désigné avec quelques camarades par suite de ma connaissance suffisante de l'Allemand, pour l'école de Neveklau. A titre de renseignement il y avait à ce moment 7 000 engagés environ de tous pays au camp de Sennheim et à Sennheim même environ 600 engagés à la Kriegsmarine. S'il y avait parmi eux des volontaires, il y avait aussi beaucoup d'involontaires en particulier des travailleurs déportés qui espéraient échapper ainsi un moment à l'enfer des usines ou villes allemandes bombardées. A propos d'involontaires, je me souviens d'avoir été frappé par une section de 200 jeunes Norvégiens, avec quelques-uns desquels je m'étais lié, et qui avaient été tous déportés en bloc, à la suite d'une manifestation à l'Université d'Oslo ; ils avaient préféré la vie du camp SS plutôt que celle des camps de la mort, espérant eux aussi que le temps travaillerait pour eux ; je dois dire qu'ils avaient un moral extraordinaire, qu'ils gardaient leur forte individualité et que je les admirais. Je m'excuse de cette parenthèse, et je reviens à mon arrivée à Neveklau près de Prague. Je croyais que là nous serions mieux traités et que nous aurions plus de loisirs, ce fut tout le contraire : instruction très poussée et très dure ne nous laissant aucun répit, discipline exagérément et bêtement sévère, que nous n'aurions pu imaginer avant de l'avoir subi *(sic)*, presque rien à manger, pas de chauffage malgré l'hiver très rigoureux et la neige sans arrêt, et à peine habillés et chaussés. Février 45, la débâcle approche, nous la sentons et souffrons moralement d'être si loin des nôtres, privés de toutes nouvelles *(sic)*, que deviennent-ils dans cette tourmente dont nous parviennent de faibles échos, les reverrons-nous jamais ? En mars, notre instruction terminée nous quittons Neveklau après avoir erré dans différents cantonnements de l'arrière, ce n'est que le 15 avril que réveillés en pleine nuit, nous sommes embarqués en camion pour Berlin. Le cercle d'investissement par les Russes se resserrait, et nous passons de justesse dans les derniers tandis que nous voyons en sens inverse la Wehrmacht abandonner Berlin avec armes et bagages, en route vers l'Ouest. Je suis pris dans l'engrenage, plus possible de reculer, j'appréhende les jours qui vont suivre. Ma section avec quelques sections de volontaires étrangers : hollandais, wallons, flamands, est affectée à la garde du centre de Berlin ; nous sommes abrités dans des caves, dans le périmètre de la grande chancellerie et nous assistons au cataclysme qui s'abat sur la ville ; nous subissons le bombardement par l'artillerie, les avions, nous voyons des immeubles en flammes qui s'écroulent partout autour de nous, et suivons la panique des civils allemands et étrangers, travailleurs déportés ou plusieurs échappés des camps qui refluent de toutes parts et que nous devons canaliser dans les abris. Sans repos, sans sommeil, sans ravitaillement, nous vivons des jours d'enfer à la limite de la misère et du cauchemar. Et c'est le 1er mai à 6 h du soir en sortant d'une cave qu'un obus de mortier est tombé à quelques mètres de moi. Un de mes camarades est tué à mes côtés et je tombe très grièvement blessé. Au risque de leurs vies, des camarades me chargent sur une civière et vont m'emmener dans un poste de secours. Au prix de mille difficultés et d'atroces souffrances, je suis transporté en passant par les caves des immeubles démolis ou en flammes, à travers les décombres, jusqu'à une station de métro : là, entassement inouï de soldats et de civils blessés, de femmes, d'enfants réfugiés de toutes nationalités, en pleine panique. Je hurle de douleur, piqué de morphine, et je ne me souviens plus de rien, sauf dans un rêve, d'avoir été transporté dès le lendemain par camion (c'est le 8 mai, et l'armistice vient d'être signé) dans un « bunker » souterrain à plusieurs étages formant hôpital. J'y suis resté trois semaines entre la vie et la mort. Puis pas de lumière, pas de soins ou si peu ; au bout d'une semaine, des médecins allemands et russes en inspection, évaluant la gravité de mon état, me feront transporter à l'hôpital La Charité où je suis immédiatement et admirablement opéré par le Professeur Yung, de la Faculté de Strasbourg et déporté. Il me sauve la vie. (Opération de ma cuisse gauche lacérée de part en part par un gros éclat qui a frôlé l'artère. Opération de ma joue droite traversée également par des éclats) mais je n'y vois plus de l'œil gauche, atteint lui aussi. Il me reste encore 70 éclats dans le corps. Le 20 juin, un inspecteur sanitaire français me découvre dans cet hôpital et étant donné mon état de faiblesse extrême m'inscrit pour un rapatriement immédiat. Le 22 juin, je suis désigné pour le départ. Une ambulance russe me conduit à Tempelhof et un junker me ramène au Bourget, de là à la Salpêtrière mes parents me font transporter en ambulance à la maison. J'ai l'air d'un cadavre, je suis méconnaissable, je pesais 40 kilos au lieu de 75, mes parents ont tellement de chagrin que je n'ai pas le courage de leur dire la vérité et je continue à être pour eux un travailleur déporté. C'est l'étiquette que je porte depuis le bunker, où craignant un massacre par les Russes, des camarades plus valides m'ont débarrassé de mes vêtements et de mes papiers. Je suis resté 8 mois en convalescence. J'ai bien souffert et reste avec l'œil gauche en moins ce qui me gêne beaucoup mais je n'en parle pas pour ne pas inquiéter mes chers parents qui se sont tant dévoués pour me soigner pendant ma convalescence. Si je méritais d'être puni, croyez-moi, Madame, que je ne l'aie pas été suffisamment ? Malgré cette longue convalescence, je suis resté dans un état de dépression nerveuse dont je n'arrive pas à me remettre et c'est pour cela que je me cache, car je me sens devenir fou à l'idée de pouvoir être arrêté et je sais aussi que ce serait un nouveau coup pour mes parents. On ne s'imagine pas ce que pourrait représenter pour eux d'avoir leur fils en prison ! Et le motif pèserait d'autant plus à mon père que, Madame, maintenant que vous savez tout voyez SVP la police militaire, pour laquelle si vous le jugez utile je vais vous faire un rapport avec les éléments de cette lettre deuxième partie à mon dossier et tachez *(sic)* d'obtenir ce pardon auquel j'espère *(sic)* et dont je serais *(sic)* me rendre digne.

Je vous remercie vivement à l'avance de tout ce que vous voudrez bien faire dans ce sens, non seulement pour moi mais pour mes parents lesquels si éprouvés et dont je pense à l'immense joie si ce que j'ose espérer pouvait se réaliser. Je vous assure de

> toute ma profonde gratitude, et confiant dans vous seule puisque je laisse entre vos mains[1] [...].

En fin de compte, le dossier de Jacques Frantz est classé le 1er février 1948. Le réprouvé reprendra une vie normale à Paris.

1. Archives privées.

Les parents de héros

Au lycée, le proviseur est assailli de lettres des parents dont les fils furent des héros. Le fonctionnaire débordé est chargé de dresser la liste des « anciens élèves morts pour la France ». Les cérémonies commémoratives se succèdent.

Le 23 mai 1947, la mère de Karl Schoenhaar, remariée mais qui vit séparée de son mari, écrit :

> Monsieur le Proviseur,
>
> M. Zelbstein qui n'habite plus 4, rue Darmester, m'a communiqué en son temps votre lettre du 25 février accompagnant le décret attribuant la Médaille de la Résistance à titre posthume à mon fils Charles Schoenhaar. Malheureusement, malade, je n'ai pu vous remercier.
>
> J'ai été profondément touchée du geste et suis heureuse d'apprendre aujourd'hui, par votre récente lettre, que la mémoire de mon fils et de ses camarades sera transmise de la sorte aux jeunes générations.
>
> C'est avec reconnaissance envers les animateurs de cette initiative que j'assisterai à la Cérémonie de vendredi prochain.
>
> En vous remerciant, Monsieur le Proviseur,
>
> Veuillez croire à mes sentiments les meilleurs.
>
> Mme Odette Zelbstein
> 4, rue Darmester
> Paris 13e[1]

1. Archives lycée Jacques-Decour, Paris.

Les parents de Claude Dreyfus, le copain d'Edgar Morin et de Jacques-Francis Rolland, écrivent de leur côté des lettres très émouvantes :

Paris le 9 juillet 1948

Monsieur le Proviseur,

J'ai lu dans la presse l'annonce de la cérémonie commémorative célébrée au lycée Jacques-Decour en souvenir des élèves et anciens élèves non revenus de la guerre.
Mon fils ayant fait toutes ses études au lycée depuis la 6ᵉ jusqu'à la philosophie de 1932 à 1939 j'aimerais infiniment recevoir le compte-rendu de cette cérémonie du souvenir et je vous serais extrêmement obligée si vous pouviez me faire parvenir monsieur le Proviseur, la liste de tous les absents qui ont été cités, ainsi que le texte de tous les discours qui ont été prononcés.
Mon fils, brillant élève, espérait tant revenir un jour à son cher lycée qu'il aimait, qu'aujourd'hui je ne peux y retourner sans lui. Veuillez accepter, monsieur le Proviseur, mes remerciements et m'excuser de ma demande. Je vous prie d'agréer l'assurance de ma considération distinguée.

H.G. Dreyfus

J'enverrai par retour un mandat pour couvrir les frais.

Monsieur Georges Dreyfus
15 rue Cardinet
Paris XVIIIᵉ [1]

1. Archives lycée Jacques-Decour, Paris.

Le 12 juillet 1948, le proviseur répond au père accablé de chagrin :

Monsieur,

J'ai l'honneur de vous accuser réception de votre lettre du 9 juillet.
Le lycée ignorait totalement que votre fils fût au nombre des Morts de la guerre.
L'Association des Anciens Elèves du Lycée ne paraît pas non plus en avoir été informée.
Je vous serais obligé de me faire connaître, si vous le voulez bien, le détail des circonstances dans lesquelles votre fils a disparu.
Je vous conseille de faire cette même communication au Président des Anciens Elèves, M. DIAMANT-BERGER, 6, rue du Val-de-Grâce.
Je regrette de ne pouvoir vous faire parvenir le texte des discours prononcés lors de la cérémonie du 30 mai. Le plus important de ces discours a consisté en une allocution qui n'avait pas été rédigée à l'avance.
Veuillez, je vous prie, Monsieur, agréer l'expression de mes sentiments très distingués.

Le Proviseur[1]

Edgar Morin et Jacques-Francis Rolland continueront de voir les parents de leur copain Dreyfus, qui espèrent toujours retrouver leur fils disparu. « Mme Dreyfus voulait encore croire que son fils unique, qu'elle idolâtrait, était toujours vivant en zone soviétique, ou, frappé d'amnésie, perdu au milieu des camps de réfugiés[2] », dira plus tard Jacques-Francis Rolland.

1. Archives lycée Jacques-Decour, Paris.
2. Jacques-Francis Rolland, *Jadis, si je me souviens bien*, Editions du Félin, 2009.

Les nouveaux héros

L'enceinte scolaire accueille désormais des hommes et des femmes désemparés, parfois détruits.

Deux écrivains, Louis-Francis Rolland et Roger Ikor, prisonniers dans le même oflag pendant cinq ans, reviennent travailler au lycée. Les deux amis sont perdus dans ce Paris libéré. Ils ne sont pas les seuls. Jean Baby, résistant dans le maquis, est « réintégré » par le rectorat de Paris. Son fils a été fusillé par la Milice. Fernand Cohen, Paul Levy[1] et Joseph Daïan qui ont échappé par miracle à la déportation retrouvent leur poste. Maurice Thiédot, qui est à l'initiative du changement de nom du lycée, est épuisé et rêve de prendre sa retraite. Et puis dans la salle des professeurs défilent de nouveaux visages : une nouvelle génération de héros arrive à Jacques-Decour...

---

1. Paul Levy, professeur d'allemand, participera à l'exploitation des archives nazies du procès de Nuremberg contre les responsables du IIIe Reich.

Lucie Aubrac

En octobre 1945, Mme Lucie Samuel, dite Lucie Aubrac, à 33 ans, est nommée professeur d'histoire au nouveau lycée rebaptisé « lycée Jacques-Decour ». Grande et mince, célèbre, la première des résistantes franchira la porte de l'avenue Trudaine trois ans durant.

Après avoir été chargée de la mise en place des Comités départementaux de Libération, Lucie Samuel représente les femmes au sein du Mouvement de libération nationale (MLN), organisation de gauche qui refuse l'obéissance aux ordres de De Gaulle. A ce titre, elle devient déléguée à l'Assemblée consultative jusqu'à l'élection de la première Assemblée législative. (Cette assemblée consultative a accordé le droit de vote aux femmes). A Decour, cette résistante de la première heure a pour collègue son ami Jean-Pierre Vernant mais aussi Edmond Lablénie et Jean Baby. A cette époque, elle est la seule parlementaire à avoir obtenu par dérogation le droit d'enseigner en même temps au lycée. Elle a comme élève Edmond Maire, le futur syndicaliste. Incroyablement active, elle fonde, seule, un journal féminin qui n'aura que treize numéros : *Privilège de femme*.

En 1946, Lucie Samuel accueille dans sa maison de Soisy le fondateur de la République du Vietnam, Hô Chi Minh. Celui-ci devient l'ami des époux Aubrac et le parrain de leur fille Babette. Raymond Aubrac a été le plus jeune commissaire de la République à Marseille. « J'avais des “accointances” vietnamiennes depuis mon séjour à

Marseille en 1944, comme commissaire de la République », se rappelle-t-il. « Ayant appris qu'une véritable ambiance de terreur et de gangstérisme régnait dans un camp de travailleurs indochinois d'Aubagne, j'avais fait chasser le directeur par un de mes adjoints. Les résidents m'en avaient été reconnaissants. D'où, disons, une bonne réputation dans les milieux indochinois. Lors du séjour d'Hô Chi Minh en France, je lui suis présenté à l'occasion d'une réception à Bagatelle. Il sait probablement que j'ai été apprécié de ses compatriotes de Marseille. En tout cas, son accueil est très amical : "J'étouffe à Paris, me confie-t-il. — Qu'à cela ne tienne. J'ai justement une maison avec jardin à Soisy-sous-Montmorency. Voulez-vous venir habiter chez moi ? J'en serais ravi." Hô Chi Minh a souri, puis il s'est incliné. Il est resté six semaines chez nous. C'est comme cela qu'il est devenu le parrain de notre fille Babette[1]. »

En 1947, Lucie Aubrac est nommée membre d'une commission d'enquête qui doit déterminer les responsabilités de la guerre et proposer des sanctions politiques et judiciaires. Non rémunérée, elle demande à conserver son poste au lycée. Le 23 juin 1948, son ami Jean Baby l'aide et écrit à Gustave Monod, alors directeur de l'Enseignement du second degré :

> Cher Monsieur Monod,
>
> Je me permets de vous écrire en faveur de Lucie Aubrac qui vous a demandé une audience mais à qui vous n'avez pas pu encore l'accorder. J'imagine que vous ne devez pas être en ce moment sans occupation. Vous savez que Lucie Aubrac, qui était ma collègue d'histoire au lycée Jacques-Decour, et qui a été envoyée à un service historique dont j'ignore le nom, n'a pas touché son traitement depuis le mois de février. Avec trois

1. Roger Faligot et Remi Kauffer, *Les Résistants. De la guerre de l'ombre aux allées du pouvoir 1944-1989*, Fayard, 1989.

> enfants à elle et deux enfants recueillis, sa situation matérielle est devenue très difficile. Elle demande vainement à pouvoir reprendre partiellement son travail au lycée, ce qui lui permettrait paraît-il d'être considérée comme détachée et toucher son traitement tout de suite. L'affaire est urgente car les vacances approchent. Il suffit paraît-il d'un mot de vous au proviseur de J.Decour pour que cette affaire soit réglée. Vous connaissez sans doute Mme Aubrac, c'est une femme pleine de mérites, de courage et de loyauté. Je crois qu'elle a mérité largement que l'on intervienne en sa faveur. En m'excusant de vous déranger, je vous prie, cher Monsieur Monod, de croire à mon respectueux et affectueux dévouement[1].

Par ailleurs, la jeune femme incontrôlable s'engage aussi dans le Mouvement pour la défense de la Paix. C'est le communiste Charles Tillon qui, en 1947, lance un appel à créer une organisation destinée à « soutenir le régime républicain et interdire le retour du fascisme et de la dictature ». A Decour, l'ambiance est électrique. L'Académie de Paris interdit « toutes conférences, causeries, réunions, votes, distributions de tracts ».

Si Lucie Aubrac quitte officiellement Jacques-Decour en juillet 1948, l'élève Samy Kossowsky se souvient de l'avoir eue comme professeur remplaçante en 1952 !

---

1. Archives nationales, F/17/28603. Lettre citée par Laurent Douzou dans *Lucie Aubrac*, Perrin, 2009.

Jean-Pierre Vernant

En 1946, un autre personnage découvre le cercle des professeurs. Jean-Pierre Vernant, 32 ans, est affecté au « nouveau » lycée. Nommé dans l'ordre des Compagnons de la Libération, ce jeune enseignant en philosophie à la silhouette imposante fut le chef des formations armées, chargé de préparer les opérations de libération de Toulouse. Aux yeux des gaullistes, le colonel FFI Vernant incarne « la République rouge des maquis ».

Pendant la guerre, Lucie et Raymond Aubrac avaient pris contact avec Vernant et lui avaient demandé d'assumer la responsabilité des groupes paramilitaires du mouvement Libération pour la Haute-Garonne. A la libération de Toulouse, Vernant est une des figures marquantes de la résistance. Les communistes occupent toutes les positions clés. Le climat est à l'insurrection. On parle de « République rouge ».

A Decour, là aussi, les esprits s'échauffent. Certains professeurs n'ont pas oublié les lâchetés de leurs collègues et veulent en découdre. Dans *La Traversée des frontières*, Vernant raconte : « Le seul document que je reçus fut une note de l'inspecteur général de philosophie Bridoux (inspecteur qui dénonça Vernant au ministre pétainiste Bonnard en 1944 !), toujours en place, m'avisant que, en raison de mes qualités professionnelles et de l'exceptionnel courage civique dont j'avais fait preuve, je faisais l'objet d'une promotion et gravissais d'un coup plusieurs échelons dans le cursus de ma carrière d'enseignant. J'ai trouvé la farce un peu lourde et sinistre. Mais j'avais alors d'autres chats à fouetter et nulle envie, pour jouer les justiciers, d'endosser l'affreux habit de dénonciateur. J'ai laissé tomber[1]. »

Parallèlement au poste à Decour, Vernant tient la page de politique étrangère du journal communiste *Action*. Ses rapports avec le Parti deviennent difficiles : l'ex-colonel FFI est qualifié de « termite ».

1. Jean-Pierre Vernant, *La Traversée des frontières*, Seuil, 2004.

EDMOND LABLÉNIE

Edmond Lablénie est affecté au lycée de 1946 à 1949. Sa présence au sein de l'établissement ne passe pas non plus inaperçue. Vêtu d'un costume démodé, la barbe taillée, il invente pour ses élèves des visites imaginaires dans la Rome antique. Mais surtout, ce professeur de lettres fait peur à ses collègues. En effet, Edmond Lablénie fut un acteur essentiel de la résistance universitaire. Le 30 mai 1945, celui-ci venait d'organiser une cérémonie à la mémoire du fondateur des *Lettres françaises,* Jacques Decour. Dans *L'Université libre* du 5 juin 1945, il écrit que « l'épuration est à refaire[1] ».

Le parcours de cet enseignant est prestigieux. En novembre 1940, Jacques Decour, Jacques Solomon et Georges Politzer publient le journal clandestin *L'Université libre*. Très vite, ils sont rejoints par Edmond Lablénie mais aussi Frédéric Joliot-Curie et René Maublanc. Sous l'Occupation, Lablénie est professeur au lycée Janson-de-Sailly. Il est le rédacteur du tract clandestin ronéotypé *Notre droit*. Le proviseur de Janson rassemble les élèves des grandes classes dans la salle des fêtes du lycée pour leur signifier l'interdiction de toute démonstration publique le 11 novembre 1940, ce qui donne paradoxalement un large écho à l'appel à manifester ! En mai 1941, une poignée de professeurs de l'enseignement secondaire et supérieur fondent le Front national universitaire (FNU).

1. Claude Singer, *L'Université libérée, l'Université épurée, 1943-1947*, Les Belles Lettres, 1997.

Le FNU est au départ essentiellement constitué de militants communistes avant de diversifier son recrutement. Son quartier général se situe au domicile de Lablénie, 4, rue Paul-Saunière dans le XVIe arrondissement, tout près du lycée Janson-de-Sailly. Le dimanche 20 août 1944, Lablénie, responsable du FNU, occupe le ministère de l'Education nationale, où il reçoit le nouveau ministre Henri Wallon qui retrace ce que furent la lutte clandestine et le 11 novembre 1940.

Après la guerre, parallèlement à son travail au lycée, Lablénie, communiste fervent, participe aux commissions d'épuration et cherche à réformer l'enseignement de manière radicale.

L'élève François Bénard n'oubliera jamais l'atmosphère de l'époque : « Le professeur Paul Tuffrau s'était gardé de toute évocation de son passé de combattant 14-18 et de 39-40. La rumeur du lycée nous était cependant parvenue de prises de positions courageuses qui, à l'occasion, pouvaient le conduire à d'âpres confrontations avec certains de ses collègues. J'ai vu, dans la cour d'honneur, Paul Tuffrau et Edmond Lablénie se disputer violemment[1]. » Pourtant les deux hommes sont d'authentiques résistants.

1. Entretien avec l'auteur, novembre 2007.

Jean-Louis Curtis

Alors qu'il enseigne l'anglais au lycée, Jean-Louis Curtis reçoit le prix Goncourt en 1947 pour son roman *Les Forêts de la nuit*. La nouvelle qui fait la une des journaux est un événement au sein de Jacques-Decour : du jour au lendemain, ce jeune agrégé d'anglais de trente ans, charmant et courtois, devient célèbre.

Jean-Louis Barsacq se souvient : « En math élem, il y avait eu Monsieur Laffitte, notre jeune prof d'anglais, qui, nous n'en revenions pas, avait obtenu cette année-là le prix Goncourt avec son roman *Les Forêts de la nuit*. Il l'avait signé d'un pseudonyme, Jean-Louis Curtis, mais les journaux avaient dévoilé le pot-aux-roses, et nous aurions volontiers porté M. Laffitte en triomphe ! Mais ça ne se faisait pas. Nous nous contentions donc de lire les quelques passages un peu lestes du roman, sans toutefois oser lui poser la moindre question à leur sujet. L'époque était pudique, alors. J'avais 17 ans[1]. »

Jean-Louis Curtis bénéficie d'une certaine aura auprès des jeunes gens. L'élève Dominique Foata précise : « Dès l'annonce de son prix, beaucoup d'entre nous se sont fait dédicacer son livre, avec l'indication supplémentaire "à lire plus tard[2]". » Un autre potache, Fernand Serge, admire son professeur et écrit dans le journal du lycée *Ici Decour* : « Jean-Louis Curtis était,

1. Entretien avec l'auteur, avril 2009.
2. *Ibid.*, mai 2009

lorsqu'il obtint le Goncourt en 1947, professeur d'Anglais dans notre lycée. Son livre, *Les Forêts de la nuit*, déçut ses lecteurs, et en particulier ses élèves, malheureusement peu de ceux-ci connaissent les deux autres œuvres : *Siegfried* et surtout *Les Jeunes Hommes* dont je veux vous entretenir ici. Ce livre nous met en présence de quatre étudiants, de milieux sociaux et de caractères différents ; nous suivons pas à pas leur vie au lycée et en famille, depuis leur prime jeunesse jusqu'à l'âge d'homme. Je ne vous en dirai pas plus, lisez *Les Jeunes Hommes*. Vous verrez que Jean-Louis Curtis n'est pas l'écrivain qu'éreinte une poignée de critiques plus ou moins qualifiés, il n'est pas l'écrivain ridiculisé, indirectement, par le prix Arcadius ; non Jean-Louis Curtis est avant tout un ancien étudiant qui n'a pas oublié, un jeune homme comme vous et comme moi ; son livre s'adresse aux jeunes et aussi aux vieux qui n'ont pas renié leur jeunesse, et vivra toujours dans le cœur de ceux qui ont compris qu'avant d'avoir quarante ans, on en a dix-huit. Et ceci n'est pas une lapalissade, du moins pour Jean-Louis Curtis[1]. »

Le 15 janvier 1948, Jacques Frantz, ex-chef jéciste de Rollin et ex-Waffen-SS, assiste au banquet annuel des anciens élèves. L'invité d'honneur est Jean-Louis Curtis ! Frantz retrouve ses frères d'armes, et connaît fort bien le destin tragique des antihéros raconté par le romancier Curtis, de son vrai nom Laffitte. Au moment de la Libération, le professeur s'était engagé dans un corps-franc. A Besançon, où il était blessé, il avait rencontré un combattant bizarre qui, avant de s'engager dans les FFI, s'était enrôlé dans la Milice. L'itinéraire de ce personnage ambigu lui donnera l'idée de rédiger la chronique d'une génération emportée dans la tourmente. Démobilisé, Curtis reprend le professorat et publie son premier

1. *Ici Decour*, bimensuel, n° 2, Paris, 25 janvier 1949.

roman, *Les Jeunes Hommes*, puis, l'année suivante, *Les Forêts de la nuit*, prix Goncourt 1947. En 1954, il écrit *Les Justes Causes*. Dans cette trilogie, Curtis dresse un portrait très réaliste d'adolescents fourvoyés dans la collaboration et dénonce avec talent le mythe de la France résistante[1].

1. Le thème sera repris plus tard par Louis Malle dans son film *Lacombe Lucien* (1971). Avec le scandale que l'on sait.

La fresque

Le 1er juin 1951 est inaugurée, au Grand Parloir, une fresque monumentale dans laquelle Alfred Lop-Montel, professeur de dessin, évoque le martyr de Jacques Decour. La fresque est du plus pur style « réalisme-socialiste ». Lop-Montel demande à Brigitte Decourdemanche, la fille du héros, de poser pour lui. « Lop-Montel m'a fait venir chez lui, comme s'il voulait exécuter mon portrait », témoigne Brigitte Decourdemanche. « Il me semble que j'avais au moins 16 ou 17 ans. Ces séances n'avaient aucun charme, le but final m'étant finalement étranger.

J'ai le souvenir d'un petit monsieur, plutôt laid et âgé, incolore[1]. »

Manifeste communiste à la gloire d'un résistant, la fresque s'inspire cependant des thèmes classiques de l'iconographie chrétienne : au centre, Jacques Decour, debout, torse nu et les mains liées évoque la Crucifixion ou le Christ au mont des Oliviers ; les déportés, longues figures esquissées au visage anonyme tels des fantômes, font référence aux âmes du Purgatoire ; au premier plan, la fille du martyr vêtue d'une robe blanche immaculée, les mains jointes, médite, telle la Vierge au pied de la croix. Près d'elle et de chaque côté du martyr, les amis du héros, parfaitement identifiables, forment les apôtres de la nouvelle foi communiste. On y reconnaît entre autres le proviseur Jacob et des professeurs comme Angrand, Baby, Thiédot, Cohen et Rolland. En bas à droite, la colombe, symbole chrétien, tient un rameau d'olivier. Comme dans les œuvres de Picasso, elle signifie la paix retrouvée.

Avec la guerre froide, le Parti communiste se rallie au « nouveau réalisme socialiste ». Le lycée, cité scolaire, accueille de nombreux artistes communistes. Le 6 mars 1952, *Les Lettres françaises* rendent compte notamment d'une exposition de « peintres au lycée Jacques-Decour ». « Dans les salles qu'orne la peinture murale d'Alfred Lop-Montel commémorant le sacrifice de Jacques Decour, est exposé un ensemble de peintures, gravures, dessins signés de MM. C. Foreau, E. Gaillard, Planes, A. Montel. Foreau, qui obtint avant-guerre une récompense au Prix national, s'est élevé à un style vigoureux et personnel. Gaillard est un coloriste qui traduit toujours une émotion. Planes, avec beaucoup de

1. Entretien avec l'auteur, novembre 2009.

sensibilité et de poésie intime, sait conserver une véritable vigueur à ses paysages. La gamme de Montel va de l'éclat des paysages méridionaux à la sobre fermeté des portraits au crayon. Ensemble varié et homogène, en raison de sa qualité et de la maîtrise qu'il révèle[1]. »

1. *Les Lettres françaises*, 6 mars 1952, « A travers les galeries », Pierre Descargues.

Annie Hervé

Annie Hervé, résistante au mouvement Libération-Sud pendant la guerre, enseigne les lettres au lycée Jacques-Decour de 1952 à 1959. Là encore, son arrivée au lycée ne laisse personne indifférent. Si Annie Hervé est si connue dans le milieu universitaire, c'est à cause du rôle joué par son mari dans l'intelligentsia communiste. Pendant la guerre, en effet, Pierre Hervé fut d'abord affecté à l'organisation clandestine des Etudiants communistes (EC) à Paris. Plus tard, Jacques Solomon, l'ami de Jacques Decour, lui confia la rédaction d'articles dans le journal clandestin *L'Université libre*. En 1941, Pierre Hervé épouse Annie Noël. Arrêté par la police française le 11 juin 1941, il est écroué à la Santé. Grâce à sa femme, il s'évade dans la nuit du 7 au 8 juillet du dépôt du Palais de justice avec vingt autres internés. En juillet 1942, à Lyon, Pierre et Annie Hervé se présentent chez Lucie Aubrac, que Pierre a connue avant guerre aux Jeunesses communistes. Leur tempérament bohème, la séduction d'Annie, « femme messagère infatigable qui s'évanouissait en tas tous les vingt kilomètres, comme en faisant une révérence », selon Emmanuel d'Astier, l'intelligence vive et la chaleur d'Hervé, leur goût commun pour la culture, les fondent en un rien de temps dans le groupe[1] ». A partir de 1943, Annie Hervé devient secrétaire de Georges Bidault, qui a pris la présidence du Conseil national de la Résistance, depuis la tragique disparition de Jean Moulin. Pierre

1. Laurent Douzou, *La Désobéissance*, Editions Odile Jacob, 1995.

Hervé est désigné au poste de chef régional de Libération-Sud. De mi-juin 1944 à la libération de Paris, il siège au Conseil national de la Résistance. Elu député du Finistère en 1945, il ne reprend sa carte du PCF qu'en 1946. Après avoir contribué à la fondation de l'hebdomadaire communiste *Action,* il devient rédacteur en chef adjoint de *L'Humanité.* En 1952, Annie est donc nommée professeur au lycée Jacques-Decour où elle retrouve ses anciens compagnons de lutte.

Le 30 mai 1953, elle prononce une allocution au Cercle du lycée à l'occasion de l'anniversaire de la disparition de Jacques Decour. L'émotion est à son comble. « Peut-être les élèves qui m'écoutent ne s'imaginent pas facilement combien la disparition de ces amis et camarades a marqué de son empreinte notre vie. Daniel Decourdemanche fut, à Reims, le jeune professeur qui fit partager à mon frère son enthousiasme pour les lettres allemandes et qui devint son ami. Mon frère est mort à Buchenwald. Je fis plus tard au quartier Latin la connaissance de Jacques Solomon : en 1945, sur une route d'Allemagne, au retour de déportation, je retrouvai sa femme, Hélène, qui en revenait comme moi. Avec Politzer et Solomon, nous travaillions à répandre l'Université libre en 1940 [...]. Moi qui fus libéré du bagne nazi par l'armée soviétique, comment pourrais-je ne pas en éprouver quelque reconnaissance ? Pardonnez-moi d'évoquer ces souvenirs personnels[1]. »

1. Archives privées.

Le lycée-mausolée

Le 11 novembre 1955, l'Association des anciens élèves appose deux plaques commémoratives consacrées aux victimes de la guerre 1939-1945 dans la cour d'honneur. Cent sept noms y sont inscrits. Jacques Kosciusko-Morizet, ancien élève, résistant, prononce un discours. Les anciens proviseurs sont invités, ainsi que les familles des disparus.

Le neuropsychiatre Boris Cyrulnik, spécialiste du concept de « résilience », a effectué toutes ses études secondaires au lycée, de 1948 à 1956, de la sixième à la terminale. « J'étais chargé de déposer une gerbe de fleurs dans l'entrée d'honneur devant le monument aux morts. Je passais devant une haie de professeurs et d'élèves qui saluaient. J'ai eu un sentiment de malaise à cause du silence des adultes. La période de l'après-guerre était bien plus violente qu'aujourd'hui. Autour du lycée, c'était le quartier des prostituées et des forains qui nous criaient : "Avec qui voulez-vous lutter ?" Les garçons se donnaient rendez-vous devant le kiosque du square d'Anvers. On organisait des bagarres constamment. Il y avait des bras cassés, des blessures graves. On allait alors à l'infirmerie mais on ne prévenait pas la Police. La violence était normale[1]. »

Presque toute la famille de Boris Cyrulnik a été exterminée dans les camps. Au début de la guerre, à Bordeaux, le petit Boris est sauvé par son institutrice qui l'a sorti de l'Assistance publique. Une nuit de janvier 1944, chez la mère de l'institutrice, des hommes portant des lunettes noires le

1. Entretien avec l'auteur, mars 2010.

réveillent et l'emmènent dans la synagogue de Bordeaux où sont enfermés les derniers juifs de la ville. Direction Drancy. A l'âge de 6 ans, Boris se cache dans les toilettes de la synagogue. Une infirmière le remarque seul dans un coin et le cache à nouveau dans une camionnette. L'orphelin est sauvé une seconde fois.

Jean Golgevit garde un souvenir poignant de l'hommage rendu au fondateur des *Lettres françaises*. Enfant caché pendant la guerre, sa mère résistante déportée à Auschwitz inscrit son fils au lycée en 1947. « J'ai appris à rire au lycée, j'avais 15 ans ! » déclare Jean Golgevit. « J'avais un camarade de classe qui avait une répartie sans retenue, incisive, précise, même avec les professeurs. Il riait, riait ! Riait de tout ! Il s'appelait... Roland Topor[1] ! »

Jusqu'au milieu des années 70, chaque année, dans les derniers jours de mai, le lycée Jacques-Decour commémore par une cérémonie le souvenir des jeunes martyrs fusillés ou morts en déportation. Parmi les anciens élèves, les plus fidèles à se recueillir devant le monument aux morts, on remarque le cinéaste Henri Diamant-Berger et son frère l'écrivain André Gillois, l'avocat Pierre Stibbe, des hommes politiques comme Joël Le Tac, Gaston Palewski et Jacques Kosciusko-Morizet, des patrons de presse comme Emile Servan-Schreiber ou Pierre Lazareff, de grands médecins résistants, tel Yves Cachin, médecin des fameux « Bataillons de la jeunesse » et lui aussi ancien élève de Rollin avant la guerre...

Le 25 mai 1967, le proviseur organise l'exposition du centenaire du lycée. L'institution, fière de son passé, ne voit rien venir... En mai 68, les élèves sifflent la cérémonie dédiée à Jacques Decour. Pourtant il y a parmi ces élèves beaucoup d'enfants de résistants et de déportés.

Mais le lycée n'est pas qu'un mausolée. Les héros ou les antihéros du lycée vont aussi devenir une source d'inspiration pour des romanciers ou des cinéastes.

1. Entretien avec l'auteur, avril 2010.

« Drôle de jeu »

Le cinéaste Pierre Kast est mort d'une crise cardiaque le 20 octobre 1984, un jour avant son ami François Truffaut. En 1967, Kast avait adapté le roman de Roger Vailland *Drôle de jeu* au cinéma. Il savait très bien de quoi il parlait puisque, à l'âge de 20 ans, il s'était lancé dans la résistance avec ses camarades Pierre Daix, Claude Lalet, Olivier Souef et les autres étudiants communistes. A la Libération, Kast rencontre Vailland qui le fait entrer comme critique de cinéma au journal *Action*, et l'encourage à faire du cinéma.

Le film, sorti en salle en mai 1968, est fidèle au roman de Roger Vailland. Jacques-Francis Rolland en est le coadaptateur. Le synopsis est le suivant : à Paris, en 1944 dans un hôtel de Montmartre, Marat est devenu le chef d'un réseau de résistance. Ancien journaliste désenchanté par la vie, il se considère comme un libertin. Rodrigue, son lieutenant, lui présente un copain, un étudiant communiste, Frédéric, qui a fui Toulouse car les parents de sa fiancée l'ont dénoncé à la Gestapo. La fiancée de Frédéric, Annie, quitte sa famille et se réfugie dans une ferme où se cachent des résistants. Un jeune radio du réseau est capturé. Au cours d'une nuit, Marat couche avec Annie et réfléchit à l'arrestation de son radio. Il soupçonne Mathilde, une résistante, d'avoir trahi. Le réseau sera sauvé, mais Frédéric, jaloux de Marat, se fera arrêter par la Gestapo.

Le film de Pierre Kast ne remporte pas grand succès car en mai 68 le public est dans la rue ! *Drôle de jeu* s'inspire de faits réels. Le personnage de Marat n'est autre que Roger Vailland lui-même. Rodrigue, c'est Jacques-Francis Rolland, et Frédéric, Claude Dreyfus. Leur « patron » est Daniel Cordier alias Caracalla, le secrétaire de Jean Moulin. En réalité, en 1943, Jacques-Francis Rolland avait proposé à Roger Vailland de faire entrer dans leur réseau de résistance son ami de lycée Claude Dreyfus qui avait toute sa confiance. A Toulouse, Claude Dreyfus faisait partie du même réseau que Joseph Récanati, Edgar Morin mais aussi l'ex-femme d'André Malraux, Clara. Claude Dreyfus avait fui Toulouse car il craignait d'y être dénoncé par les parents d'une jeune fille dont il était tombé amoureux. Les parents étaient en effet furieux que leur fille aime un juif communiste ! Ravi de cette histoire, Roger Vailland l'engage aussitôt. Le futur Frédéric de *Drôle de jeu* entre dans le réseau.

Jacques-Francis Rolland relate une de leurs fameuses « fêtes » et l'arrestation de son camarade au cœur de Montmartre occupé : « Roger [Vailland] préparait allégrement sa seringue. Je refusai la piqûre dans un sursaut de préjugé petit-bourgeois, me contentant de me bourrer le nez d'héroïne. Le résultat fut que mes deux compagnons, allongés, goûtèrent béatement les plaisirs de la "neige", tandis que malade, avide d'air frais, je descendis dans la rue désertée pour tenter inutilement de vomir sous un ciel qu'ébranlaient les explosions, du côté de la banlieue nord. Claude [Dreyfus] avait été transporté par l'expérience. Il s'était dégelé, vantait maintenant le charme de Roger [Vailland], appréciait le vin et les repas dans les restaurants de marché noir, regardait les filles. Il a été arrêté en juillet, un mois avant la Libération. Il m'avait recommandé de prendre toutes les dispositions nécessaires dans une telle éventualité, car il n'était pas sûr de résister à certaines formes d'interrogatoire. Les braves gens de la place Emile-Goudeau guettaient mon arrivée et m'adjurèrent de déguerpir, car la Gestapo était venue à l'Hôtel pour fouiller sa chambre. Plus tard, un communiste allemand, un des contacts qui nous permettaient de faire passer les doubles des renseignements importants au fameux réseau Rote Kapelle (L'Orchestre rouge), qui les transmettait aux services soviétiques, me raconta comment il avait retrouvé Claude à la prison de la Santé. Notre ami venait d'être interrogé et sur sa chemise il y avait un plastron de sang séché. Ses premiers mots furent : “Je n'ai pas parlé.” Il ajouta aussitôt : “Tu sais, je ne suis plus vierge[1]”. »

Claude Dreyfus est déporté dans le convoi du 15 août avec ses camarades du lycée Edmond Cigogne et Gerald Schrader en direction de Buchenwald, et mort d'épuisement dans les galeries souterraines de Dora. L'agent RX1501 avait 23 ans. Son nom est inscrit sur le monument aux morts du lycée Jacques-Decour.

1. Jacques-Francis Rolland, « Vailland le clandestin », *Le Nouvel Adam*, mars 1969.

Epilogue

Au pied de Montmartre, le lycée Rollin a accueilli de nombreuses personnalités au destin exceptionnel. Ils y ont poursuivi leurs études sous l'Occupation en nouant des amitiés ou en développant des querelles. Avant guerre, certains adolescents engagés à gauche avaient défilé, poing levé, vers le mur des Fédérés du cimetière du Père-Lachaise, d'autres, engagés à droite, avaient marché, bras tendu, devant la statue de Jeanne d'Arc, rue de Rivoli. Les murs du lycée ont été le théâtre de prises de conscience politique et d'engagements vers des voies radicalement opposées.

Durant les années sombres et troubles de la Seconde Guerre mondiale, ces jeunes exaltés animés d'une fougue hors normes ont eu à choisir entre le chemin risqué de l'honneur et celui, plus rassurant, de la soumission. Les manuels d'histoire ont oublié le rôle joué par les gavroches résistants de ce lycée, peut-être moins prestigieux que les autres établissements parisiens comme Henri-IV, Buffon, Carnot ou Janson-de-Sailly. Sous l'Occupation, les élèves qui accumulaient les zéros de conduite étaient considérés comme des terroristes. Mais c'est parfois au dernier rang d'une classe qu'il faut savoir chercher les héros...

Révélés par le contexte tragique de la guerre, les cancres du lycée Rollin ont inspiré les plus grands cinéastes pour des personnages inoubliables dans des films parmi lesquels *Drôle de jeu* de Pierre Kast, *Le Dernier Métro* de

François Truffaut, ou *Au Revoir les enfants* de Louis Malle.

Ces mauvais élèves devenus héros de la Résistance légueront plus tard à leurs propres enfants le même héritage idéologique, le même engagement politique. En mai 1968, le lycée Jacques-Decour revivra à sa façon les heures rebelles de la résistance (le danger de mort en moins !) et deviendra le principal foyer de la révolte lycéenne. C'est au sein de cet établissement que furent fondés les Comités d'action lycéens, les fameux CAL. Aujourd'hui, grâce à la redécouverte de ses archives inédites, au travail sur la mémoire et à la volonté de poursuivre la réhabilitation de ses héros oubliés, le lycée Jacques-Decour fait revivre cette période obscure de notre histoire. Telle une France-miniature, il fut le théâtre des ambiguïtés, des zones grises entre "salauds" et "héros", et des affrontements violents que les guerres favorisent.

Paris, 2007-2010.

ANNEXES

LES PHOTOS DE CLASSE

Claude Lalet

Sur les photos, Claude Lalet est toujours élégant. C'est un séducteur. Ses copains savent qu'il est passionné par la politique, surtout depuis l'arrivée au pouvoir du Front populaire. Claude Lalet est élève du lycée Rollin de 1930 à 1938, de la sixième A2 à la philosophie 1. Dirigeant des Etudiants communistes, il est l'un des organisateurs de la manifestation du 11 novembre 1940 à Paris contre les Allemands. A la fin du mois de novembre, il est arrêté et interné à la Santé puis à Fresnes. Claude Lalet sera fusillé le 22 octobre 1941 à la carrière de Châteaubriant avec son camarade Guy Môquet.

Jean Baby, Rouben Melik et Olivier Souef

Le professeur Jean Baby (1), communiste engagé, exercera une influence considérable sur ses élèves, notamment sur Rouben Melik (2) et Olivier Souef (3). Rouben Melik est inscrit au lycée Rollin de 1928 à 1939. Le jeune Arménien entre en résistance dès l'occupation allemande. Il sera agent de liaison du groupe de l'Affiche rouge de Missak Manouchian. Olivier Souef étudie à Rollin de 1932 à 1939. Dirigeant des Lycéens communistes, il mourra à Auschwitz.

Freddy Menahem et Charles Gélinet

Freddy Menahem (1), chef de troupe des Eclaireurs israélites de France (EIF), et Charles Gélinet (2), militant de la Jeunesse étudiante chrétienne (JEC), s'engageront dans la Résistance. Charles Gélinet sera déporté à Auschwitz et ne survivra pas.

Jean-Claude Levy et ses camarades

Jean-Claude Levy (1) fait ses études au lycée Rollin de 1932 à 1940, de la sixième à la classe de philosophie 1. C'est un mauvais élève qui redouble sa première. A l'âge de 17 ans, il entre dans la résistance lycéenne de l'Organisation spéciale puis dans les rangs de l'Armée secrète. Arrêté par la Gestapo, Jean-Claude est déporté en 1943 à Mauthausen puis à Melk. Après la guerre, il deviendra journaliste et écrivain.

Ces camarades Blaise Réties (2), Joseph Récanati (3), Jean Touzet (4) et Gaston Béraut (5) seront résistants chez les Etudiants communistes.

Edgar Morin et ses camarades

Edgar Morin (1), de son vrai nom Edgar Nahoum, est un élève « dissipé ». C'est au lycée Rollin qu'il rencontre ses premiers amis qu'il retrouvera dans la résistance et gardera toute sa vie. Ses camarades de classe (ici la classe de philosophie du professeur René Daude (2)) sont Jacques-Francis Rolland (3), Claude Dreyfus (4), Joseph Récanati (5), Charles Théodore (6), Henri Alleg (7), Léon Hovnanian (8).

Ferdinand Alquié et Rouben Melik

Le philosophe Ferdinand Alquié (1) enseigne au lycée Rollin durant l'année 1938-1939. Avec lui, Rouben Melik (2) et ses amis découvrent le surréalisme. Le 15 octobre 1940, « M. Alquié, professeur titulaire agrégé de philosophie au lycée Rollin est mis à la disposition de M. le Recteur de l'Académie de Paris pour occuper à titre provisoire la chaire de philosophie au Lycée Condorcet, en suppléant de M. Dreyfus Le Foyer[1]. » Ferdinand Alquié remplace ainsi un professeur juif révoqué. En octobre 1941, c'est Jean-Paul Sartre qui remplacera Ferdinand Alquié au lycée Condorcet.

1. Archives nationales, F17/14019

François Truffaut

Sous l'Occupation, François Truffaut, le cinéaste de la jeunesse enfuie, fait les quatre cents coups au lycée Rollin. Sur son dossier scolaire, il est indiqué : « mauvaise tenue en permanence ». Son oncle, Bernard de Montferrand, qui monte un réseau de résistance y effectua aussi toute sa scolarité.

Edouard Krakovski

Edouard Krakovski est né le 25 mai 1930 à Mulhouse. Sa famille habite au 57, rue de Flandre dans le XIXe arrondissement de Paris. Inscrit au lycée de 1940 à 1942, de la septième à la sixième, Edouard est déporté à Auschwitz à l'âge de 12 ans par le convoi n° 16, le 7 août 1942. Le convoi n° 16 compte 1 069 déportés, dont 311 enfants. En 1945, il y aura 6 survivants. Aucun enfant ne reviendra.

Jean Gay

Jean Gay (1), d'origine écossaise, est né le 13 juin 1923 à Paris. Ses parents l'inscrivent au lycée Rollin de 1935 à 1942. Militant à la Jeunesse étudiante chrétienne (JEC), il s'engagera dans les Jeunes chrétiens combattants (JCC), très actifs dans la guérilla urbaine contre l'occupant. Jean Gay est fusillé à la cascade du bois de Boulogne le 24 août 1944, à l'âge de 21 ans. Son ami d'enfance Jacques Frantz (2) s'engagera, lui, dans la Waffen-SS.

Jean Rubin

Jean Rubin est né le 5 novembre 1930 à Strasbourg. Sa famille habite au 9 *bis*, ruc de Maubeuge, dans le IXe arrondissement à Paris. Inscrit au lycée de 1936 à 1942, de la classe enfantine à la septième 3, Jean est déporté à Auschwitz à l'âge de 13 ans par le convoi n° 57, le 18 juillet 1943. Le convoi n° 57 comptait 1 000 déportés dont 141 enfants. En 1945, il y aura 43 survivants. Aucun enfant ne reviendra.

Jean-Claude Brisville

L'écrivain Jean-Claude Brisville (1) témoigne : « J'ai fait ma classe de philo au lycée qui s'appelait alors Rollin en 1942. Nous étions une quarantaine dans la classe et notre professeur était un certain M. Daude (2). Sur les quarante, il y avait deux résistants actifs, deux jeunes nazis qui, m'a-t-on dit, se sont engagés un peu plus tard dans la Milice et ont été tués au moment de la Libération sur les toits de Lyon. Et un pauvre petit juif que nous n'avons plus vu revenir un jour, arrêté et sans doute déporté avec sa famille. Il avait une sœur ravissante qui venait souvent l'attendre à midi à la sortie du cours[1]. »

1. Lettre de Jean-Claude Brisville à l'auteur, 31 octobre 2008.

Claude Hanriot

Claude Hanriot, 17 ans, est élève en première A1. Le 25 août 1944, au cours d'un accrochage entre les FFI et les soldats allemands, près de Moret-sur-Loing, Claude est accouru sans arme avec un brassard de la Croix-Rouge pour porter assistance à des blessés. Aussitôt arrêté, Claude est fusillé le 26 août 1944.

Jean Cohen

Jean Cohen, né en 1929, est le fils de Fernand Cohen, professeur agrégé de physique au lycée Rollin. Le 19 décembre 1940, en raison des lois « raciales », le professeur Fernand Cohen est exclu du lycée. Le 22 septembre 1942, Jean et son père sont internés à Drancy. Libéré le 15 décembre 1942 avec son père, Jean réintègre Rollin en janvier 1943. Au cours de l'année 1943-1944, Jean reçoit le premier prix de mathématiques. Son père est à nouveau envoyé à Drancy le 24 mai 1944 puis relâché au bout de quelques jours. Sa famille et lui échapperont à la déportation. Jean passera son bac au « nouveau » lycée Jacques-Decour.

Bibliographie

Outre les archives du lycée Jacques-Decour, les archives privées, les nombreux témoignages oraux, les ouvrages suivants ont été consultés :

Eric ALARY, *Un procès sous l'Occupation au Palais-Bourbon, mars 1942*, Assemblée nationale, 2000.

Henri ALLEG, *Mémoire algérienne*, Stock, 2005.

Antoine DE BAECQUE et Serge TOUBIANA, *François Truffaut*, Gallimard, 1996 et 2001.

Pierre-Louis BASSE, *Guy Môquet, une enfance fusillée*, Stock, 2000.

André BESSIERE, *L'Engrenage*, Editions Buchet-Chastel, 1991.

Jean BIRNBAUM, *Leur jeunesse et la nôtre*, Stock, 2005.

Gérald BLONCOURT, *Le Regard engagé*, Bourin Editeur, 2004.

Gérald BLONCOURT et Michael LOWY, *Messagers de la tempête*, Le Temps des Cerises, 2007.

Maryvonne BRAUNSCHWEIG et Bernard GIDEL, *Les Déportés d'Avon : Enquête autour du film de Louis Malle, « Au revoir, les enfants »*, Projet d'Action Educative du collège de la vallée d'Avon réalisé en 1987-1988.

Jean-Claude BRISVILLE, *Quartiers d'hiver*, Editions de Fallois, 2006.

Gilbert BRUSTLEIN, *Le Chant d'amour d'un terroriste à la retraite*, chez l'auteur, 1989.

Louis-Ferdinand CELINE, *Féerie pour une autre fois*, Gallimard, 1952.

Jean-François CHAIGNEAU, *Le Dernier Wagon*, Julliard, 1981.

Patrick et Philippe CHASTENET, *Citizen Hersant*, Seuil, 1998.

Abel CHATELAIN, *A Montmartre. Du collège Rollin au lycée Jacques-Decour. 1690-1867-1967*, lycée Jacques-Decour, 1967.

Louis CHEVALIER, *Les Ruines de Subure*, Robert Laffont, 1985.

Michèle Cointet, *L'Eglise sous Vichy*, Perrin, 1998.
Jean Collet, *A 20 ans dans la Résistance*, Graphein, 1999.
Stéphanie Corcy-Debeay, *Jérôme Carcopino : un historien à Vichy*, L'Harmattan, 2001.
Daniel Cordier, *Alias Caracalla*, Gallimard, 2009.
Jean-Louis Curtis, *Les Forêts de la nuit*, Julliard, 1947.
Pierre Daix, *J'ai cru au matin*, Baudoin, 1976.
— *Tout mon temps*, Fayard, 2001.
— *Dénis de mémoire*, Gallimard, 2008.
Jacques Debu-Bridel, *La Résistance intellectuelle*, Julliard, 1970.
Dominique Desanti, *Les Staliniens*, Fayard, 1975.
— *Ce que le siècle m'a dit*, Plon, 1977.
— *Robert Desnos. Le roman d'une vie*, Mercure de France, 1999.
David Diamant, *Jeune combat. La jeunesse juive dans la Résistance*, L'Harmattan, 1993.
Laurent Douzou, *La Désobéissance. Histoire d'un mouvement et d'un journal clandestins (1940-1944)*, Odile Jacob, 1995.
— *Lucie Aubrac*, Perrin, 2009.
Jean-Claude Dumoulin, *Du côté des vainqueurs*, Editions Tirésias, 1999.
Jacques Duquesne, *Les Catholiques français sous l'Occupation*, Grasset & Fasquelle, 1966, 1996.
Pierre Durand, *Danièle Casanova, l'indomptable*, Messidor, 1960.
Duras, Editions de l'Herne, 2005.
Jean Eparvier, *A Paris sous la botte des nazis*, Editions Shall, 1944.
Simon Epstein, *Les Dreyfusards sous l'Occupation*, Albin Michel, 2001.
— *Un paradoxe français. Antiracistes dans la collaboration, antisémites dans la Résistance*, Albin Michel, 2008.
André Essel, *Je voulais changer le monde*, Stock, 1985.
Roger Faligot et Remi Kauffer, *Les Résistants. De la guerre de l'ombre aux allées du pouvoir, 1944-1989*, Fayard, 1989.
Pierre Favre, *Jacques Decour, l'oublié des « Lettres françaises »*, Farrago, 2002.
Ania Francos, *Il était des femmes dans la Résistance*, Stock, 1978.
Alfred Gernoux, *Châteaubriand et ses martyrs*, Editions du Fleuve, 1946.
Anne Gillain, *Le Cinéma selon François Truffaut*, Flammarion, 1988.
Pierre Giolitto, *Histoire de la jeunesse sous Vichy*, Perrin, 1991.

— *Volontaires français sous l'uniforme allemand*, Perrin, 1999, et Tempus, 2007.

Marie GRANET, *Les Jeunes dans la Résistance*, France-Empire, 1996.

Félix HARTLAUB, *Paris 1941*, Actes Sud, 1999.

Katy HAZAN, *Les Orphelinats de la Shoah*, Les Belles Lettres, 2000.

Léon HOVNANIAN, *Français d'Arménie*, Glyphe, 2007.

André KASPI, *Les Juifs pendant l'Occupation*, Seuil, 1997.

Serge KLARSFELD, *Le Mémorial des enfants juifs déportés de France*, Fayard, 2001.

Edmond LABLENIE, *Aspects de la Résistance universitaire*, Taffard, Bordeaux, 1964.

Caroline LANGLOIS et Michel REYNAUD, *Elles et Eux de la Résistance*, Editions Tirésias, 2003.

Anny LATOUR, *La Résistance juive en France*, Stock, 1970.

Emmanuel LEMIEUX, *Edgar Morin l'indiscipliné*, Seuil, 2009.

Monique LE TAC, *Yvonne Le Tac : une femme dans le siècle*, Editions Tirésias.

Jean-Pierre LEVERT, *Un lycée dans la tourmente. Jean-Baptiste-Say 1934-1944*, Calmann-Lévy, 1994.

Jacques MADAULE, *L'Absent*, Gallimard, 1973.

Alain MICHEL, *Les Eclaireurs israélites de France pendant la Seconde Guerre mondiale*, Editions des EIF, 1984.

Henri MICHEL, *Paris allemand*, Albin Michel, 1981.

— *Paris résistant*, Albin Michel, 1982.

Edgar MORIN, *Autocritique*, Seuil, 1959, et Points Essais, n° 283, 1994.

— *Pour sortir du XXe siècle*, Seuil, Points Essais, n° 170, 1984.

— *Vidal et les siens*, Seuil, 1989.

— *Mes démons*, Stock, 1994.

Henri NOGUERES, Marcel DEGLIAME-FOUCHE et Jean-Louis VIGIER, *Histoire de la Résistance en France de 1940 à 1945*, Laffont, 5 vol., 1967-1981.

Albert OUZOULIAS, *Les Bataillons de la Jeunesse*, Editions Sociales, 1968.

— *Les Fils de la nuit*, Grasset, 1975.

Pierre PEAN, *Une jeunesse française : François Mitterrand*, Fayard, 1994.

Gilles RAGACHE, *Les Enfants et la guerre*, Perrin, 1997.

Jean RECANATI, *Un gentil stalinien*, Editions Mazarine, 1980.

Pierre Richard, *Le Petit Blond dans un grand parc*, Olivier Orban, 1989.
Denis Rodrigues, *Jean Bouzet, professeur d'espagnol*, Atlantica, 2003.
Jacques-Francis Rolland, *La Chute de Barcelone*, Gallimard, 1952.
— *Jadis, si je me souviens bien*, Editions du Félin, 2009.
André Rossel-Kirschen, *La Mort à quinze ans, entretiens avec Gilles Perrault*, Fayard, 2005.
Saint-Paulien, *Histoire de la collaboration*, Editions de l'Esprit Nouveau, 1964.
Gisèle Sapiro, *La Guerre des écrivains, 1940-1953*, Fayard, 1999.
Pierre Seghers, *La Résistance et ses poètes : France, 1940-1945*, Seghers, 1974.
Claude Singer, *Vichy, l'Université et les Juifs*, Les Belles Lettres, 1992.
— *L'Université libérée, l'Université épurée (1943-1947)*, Les Belles Lettres, 1997.
Maxime Tandonnet, *1940, un autre 11 Novembre*, Tallandier, 2009.
Paul Tuffrau, *De la « drôle de guerre » à la libération de Paris (1939-1944). Lettres et Carnets*, Editions Imago, 2002.
Jacques Varin, *Jeunes comme J.C.*, Editions sociales, 1975.
Jean-Pierre Vernant , *La Traversée des frontières*, Seuil, 2004.

Remerciements

Mes vifs remerciements vont aux encouragements et aux conseils judicieux d'Antoine Sabbagh.

Au soutien sans faille et à la confiance de Mme Jacqueline Bensamoun, proviseur-adjoint du lycée Jacques-Decour, pour son travail sur les Journées de la mémoire de l'Holocauste et de la prévention des crimes contre l'humanité.

A la bienveillance de Mme Lucie Aubrac (†) et Mme Simone Veil de l'Académie française.

A l'aide précieuse de Serge Klarsfeld, Saby Soulam et aux membres de l'Association pour la mémoire des enfants juifs déportés (AMEJD IXe).

Au Mémorial de la Shoah, notamment à Jérôme Aubignat.

A l'Association des anciens élèves de Rollin-Decour, notamment Jacques Brillot et Claude Unal de Capdenac.

A Sauvons le patrimoine, association pour la préservation et la valorisation des richesses patrimoniales du lycée Jacques-Decour.

A la Fédération nationale des déportés et internés résistants et patriotes, notamment à Danièle Baron.

A la Fondation de la Résistance.

Au Musée de la Résistance nationale.

A l'Office universitaire de recherche socialiste, notamment à Denis Lefebvre.

A tous ceux qui m'ont chaleureusement fait part de leurs souvenirs : Pierre Daix, Edgar Morin, Claude Souef, Jean Gallèpe, Henri Alleg, Léon Hovnanian (†), Rouben Melik (†) et sa fille, Séda Stepanian, Jeanne Mascolo, Jean-Louis Barsacq, André Bessière, Max Peyre, Roger Labille (†), Daniel Gaultier, Jacques

Pétine, Jean-Louis Blum, Raymond Fischer, Marc Meyer, Bernard Jerusalem, Freddy Menahem, Pierre Bas, Ange Leca, Jean Bugarel, Albert Saltiel, Guy Charlap (†), Jean-Claude Duru, François Bénard, Guy Letellier, Jean Natali, Pierre Voisin, Jean Terquem, Dominique Foata, Samy Kossovsky, Claude Misrachi, Etienne Caen, Jean Golgevit, Boris Cyrulnik.

A la complicité de Pierre Favre, à l'amitié de Daniel Moreau, Dovinia Angeli, Gérald Bloncourt, François Jouffa et Marc Alekan.

A la confiance de M. Frantz.

A la bienveillance de Brigitte Decourdemanche, Françoise Cambon, Isabelle Rollin-Royer, Yvonne Baby, Isabelle Lagresle, Mireille Dubezin, Sylvie Baumberger, Mme Lipple, Mme Jean-Claude Dumoulin, Mme Jacques-Francis Rolland, qui m'ont ouvert leurs archives personnelles.

A Henri Bovet, Emmanuel Lemieux, Jacques Cuisin, Pierre Madaule, Luc et Bruno Vitorge.

A la direction du lycée Jacques-Decour, Jean-Claude Roussel, Sylvie Bezat, Philippe Yvon et l'ensemble du personnel éducatif et administratif. A Hubert Tison, Elisabeth Brisson, Evelyne Senior, Michelle Duma, Robert Hirsch, Dominique Barbier, Gérard Cuellar, Jean-Christophe Livet, Denis Charmion.

A Patrick Modiano, qui a soutenu et parrainé mes recherches depuis le début avec une exceptionnelle bienveillance.

A Benoît Yvert et à Olivier Orban, qui ont accueilli ce projet avec enthousiasme.

A la confiance et à la persévérance de Charlotte Liebert.

Table des légendes et crédits*

* Malgré les soins apportés à la rédaction des crédits, des erreurs ou omissions peuvent apparaître. L'éditeur se tient à la disposition des photographes, des personnes représentées ou de leurs ayants droit en ce qui concerne d'éventuelles sources iconographiques non identifiées.

ANNEXES :

Table

1941-1942
LES DISPARUS

1942-1943
LES OGRES DE LA COLLABORATION

1943-1944
LE GRAND CHAHUT

1944-1945
LES ENFANTS PERDUS

1945-1968
LE TEMPS DES HÉROS

Composition et mise en page

NORD COMPO
multimédia

Achevé d'imprimer par Normandie Roto Impression s.a.s.
N° d'édition : 2617
N° d'impression : 102616
Dépôt légal : août 2010
Imprimé en France